教育部人文社科规划基金项目（14YJA740023）

外教社外语测试与教学丛书

基于语料库的中国理工科大学生英语写作能力研究

A CORPUS-BASED STUDY
ON ENGLISH WRITING PROFICIENCY
OF CHINESE SCIENCE
AND ENGINEERING MAJORS

刘 芹 张 乐 许家骏 著

上海外语教育出版社
SHANGHAI FOREIGN LANGUAGE EDUCATION PRESS
www.sflep.com

图书在版编目(CIP)数据

基于语料库的中国理工科大学生英语写作能力研究/刘芹,张乐,许家骏著.
—上海：上海外语教育出版社,2019
（外教社外语测试与教学丛书）
ISBN 978-7-5446-5781-5

Ⅰ.①基… Ⅱ.①刘…②张…③许… Ⅲ.①英语—写作—教学研究—高等学校 Ⅳ.①H319.36

中国版本图书馆 CIP 数据核字（2019）第 053227 号

出版发行：**上海外语教育出版社**
（上海外国语大学内）　邮编：200083
电　　话：021-65425300（总机）
电子邮箱：bookinfo@sflep.com.cn
网　　址：http://www.sflep.com
责任编辑：田慧肖

印　　刷：上海书刊印刷有限公司
开　　本：635×965　1/16　印张 21　字数 342千字
版　　次：2019年8月第1版　2019年8月第1次印刷
印　　数：1 100 册

书　　号：ISBN 978-7-5446-5781-5 / H
定　　价：66.00 元

本版图书如有印装质量问题，可向本社调换
质量服务热线：4008-213-263　电子邮箱：editorial@sflep.com

序

　　写作能力是语言能力的重要组成部分,但目前国内大学英语写作教学现状不容乐观。《大学英语教学指南》(征求意见稿)指出:"大学英语在注重发展学生通用语言能力的同时,应进一步增强其学术英语或职业英语交流能力和跨文化交际能力,以使学生在日常生活、专业学习和职业岗位等不同领域或语境中能够用英语有效地进行交流。"因此,对我国大学生英语写作能力进行全面深入研究至关重要。

　　《基于语料库的中国理工科大学生英语写作能力研究》是2014年教育部人文社科规划项目"基于语料库的中国理工科大学生英语写作教学体系研究"的结项著作,共分六章。第一章"总论"首先介绍研究缘起,然后从理论和实际两方面探讨了研究价值,并从研究目标、研究内容和研究过程三方面介绍研究实施方案。第二章"研究基础"详细呈现项目的研究基础,包括语料库和学习者语料库相关理论、理工科大学英语课程需求分析、国内高校英语写作评估研究以及写作能力标准研究。第三章"语料库构建、描述和统计"和第四章"理工科特色写作能力分析"是研究的核心所在。第三章从建设原则和步骤、描述和统计、学习者语料库和参照语料库的对比研究三个层面展示研究核心内容——语料库的构建过程、成果和基础统计描述。第四章首先以 that 为例介绍研究范式和整体脉络,然后从外壳名词、被动结构、语义韵和句干特征四个方面深入剖析理工学术英语特色。第五章为"教学反馈研究",着重介绍在课堂教学中对研究成果的初步应用,并从自主学习模式构建和写作教学方法研究两方面加以论述。第六章为"结论"部分,主要探讨研究的创新点、应用前景和局限性。

本书具有以下创新点。

1. 语料库构建

项目组完成了中国理工科大学生书面英语语料库(WECCSEM)和参照语料库的建设工作。在语料搜集、输入和整理的基础上,项目组最终建成的数据库包含约363.3万词次的学习者语料库和315万词次的本族语参照语料库。项目组成员在建库时充分考虑了学习者变量(含语料来源、英语学习年限、受教育程度和所学专业)以及任务变量(含文本类型、写作时限和工具书的使用),从而使语料库尽可能覆盖各层次的中国理工科学生在多种写作条件下的文本输出。通用英语(EGP)、职场英语(EOP)和学术英语(EAP)的区分研究也是该项目的一大创新特色。为了分析EOP和EAP子库的中介语特征,项目组专门建设了这两个子库的参照语料库,其来源包括教材、公司/产品主页、Pro-Quest数据库等。这五个子库的建成为深入分析中国理工科大学生的英语写作能力并进行中介语对比研究奠定了扎实的基础。

2. 写作能力分析

项目组根据已建成的语料库对中国理工科大学生的英语写作能力进行分析。为了剖析理工科学术英语特色,项目组经过反复论证,最终采用了中介语对比研究方法,使用语料库分析软件从外壳名词、被动结构、语义韵和句干特征四方面进行深入探讨。上述研究结果"窥一斑而知全豹",在一定程度上体现了中国理工科大学生的写作能力发展特征和主要问题。随着基于语料库的观察手段日渐普及,项目组建议在课堂教学和课后学习中,有效运用语料库方法,帮助学生更好地掌握地道的英语表达,提升英语写作整体水平。

3. 课堂教学反馈

在基于理论分析和实证研究结果的基础上,项目组开展了教学研究,探讨如何改进中国理工科大学英语写作教学的路径。首先,针对如何提高理工科大学生英语写作能力的问题,项目组结合自主学习理论与语料库技术，构建了基于语料库的中国理工科大学生英语写作自主学习模式，并运用行动研究方法在项目依托高校进行了两轮教学实验，验证该模式的有效性。此外，项目组采用问卷调查、测验、课堂观察及访谈的方法，在项目依托高校进行了为期一学期的基于主题的内容依托教学的实验。上述教学模式的构建和教学方法的设计可以为中国理工类高校开展类似教学提供参照。

总而言之，本书是一项高质量的研究成果。其理论基础扎实，研究角度新颖，研究方法科学，研究结果令人信服，对深入开展中国大学生写作能力研究具有较高的理论借鉴意义和应用参考价值。

是为序。

邹申[*]

于上海外国语大学

2019年2月

---

[*] 邹申：上海外国语大学教授、博士生导师，曾任教育部高等学校外语专业教学指导委员会委员(2002—2017)、英语专业教学分指导委员会副主任委员(2007—2017)。

前 言

《基于语料库的中国理工科大学生英语写作能力研究》一书是 2014 年度教育部人文社科规划项目"基于语料库的中国理工科大学生英语写作教学体系研究"(14YJA740023)的结项著作。该项目起始于 2014 年,历时三年半。项目的总体研究目标是构建中国理工科大学生英语写作教学体系,分为学习者语料库、写作能力标准和自主学习平台三部分。

写作语料搜集和后期整理工作从 2014 年 7 月开始至 2015 年 9 月结束,耗时一年多。建设完成含通用英语(EGP)、职场英语(EOP)和学术英语(EAP)三个层次总计 363.3 万词次的中国理工科大学生书面英语语料库(Written English Corpus of Chinese Science and Engineering Majors,简称 WECCSEM)[①],以及 315 万词次的职场英语和学术英语两个参照库。项目组同期开展关于写作能力标准和写作课程需求分析的师生问卷调查。在全国 12 所高校发放教师问卷 400 套,学生问卷 1,600 套,在数据统计分析的基础上制订了写作能力标准。2016 年上半年,项目组构建了理工科大学生英语写作自主学习平台,并在 2016 年 9 月至 2017 年 6 月期间开展了两轮教学实验行动研究,对其加以验证。

在此必须一提的是,项目的顺利完成离不开各位项目组成员的智慧和努力,以及团队协作精神。以下各位成员在不同阶段参与了项目的研究工作:张乐主持完成了 WECCSEM 及参照语料库的构建以及语料库的总体描述和统计;许家骏深入分析了学习者语料,给教学实验提供了实证数据参照;方秀才在写作能力标准的制订上提供了理论借鉴;泰中华完成

---

① WECCSEM 语料库目前尚未公开。读者如欲了解语料构成,敬请浏览以下网址获取语料样本:http://pan.baidu.com/s/1i5gogDn。

了写作能力标准的框架设计和细则制订工作；于金红和邹建玲完成了两轮教学实验；郑元丰完成了写作自主学习平台的搭建工作。可以说，作为项目结项成果之一的本书是全体成员集体智慧的结晶，是团队合作的产物。在此，我作为项目负责人向各位成员表示由衷的谢意。

上海理工大学的三届十几名英语研究生为语料的转写、标注和问卷调查数据的搜集和整理付出了辛勤的努力。该校两届非英语专业本科生和研究生积极配合语料搜集、问卷调查和教学实验工作。在此，我深表谢意。同时，我也要感谢为本研究数据收集作出积极贡献的重庆大学、上海交通大学、华南理工大学、哈尔滨工业大学、河北师范大学、重庆邮电大学、广东工业大学、广州大学、黑龙江大学、重庆师范大学、上海工程技术大学的老师和同学们。

在本书的撰写和修改过程中，上海外国语大学邹申教授、陈坚林教授、北京航空航天大学卫乃兴教授、广东外语外贸大学刘建达教授、上海交通大学金艳教授、湖南师范大学邓杰教授、上海外语教育出版社梁晓莉和田慧肖两位编辑以及匿名外审专家提出了诸多建议，在此一并表示衷心的感谢。

最后，我们期望本研究成果能够对深入了解中国理工科大学生英语写作能力的发展特征，对充实写作教学理论，更新写作教学和评估模式，以及提高写作教材编写的科学性、针对性和实用性起到积极推动作用。

刘芹

于上海理工大学

2019年1月

目 录

第一章 总论 ·· 1
   第一节 研究缘起 ·· 1
   第二节 研究价值 ·· 2
   第三节 研究实施 ·· 5
   第四节 章节安排 ·· 10

第二章 研究基础 ·· 11
   第一节 语料库和学习者语料库相关理论 ··· 11
   第二节 理工科大学英语课程需求分析 ·· 20
   第三节 国内高校英语写作评估研究 ··· 32
   第四节 写作能力标准研究 ·· 41

第三章 语料库构建、描述和统计 ··· 55
   第一节 语料库的建设原则和步骤 ·· 55
   第二节 学习者语料库的描述和统计 ··· 63
   第三节 学习者语料库和参照语料库的对比研究 ······························· 78

第四章 理工科特色写作能力分析 ·· 121
   第一节 全库分析——以 that 为例 ··· 121
   第二节 外壳名词 ··· 173
   第三节 被动结构 ··· 185

| 第四节 | 语义韵 | 213 |
| 第五节 | 句干特征 | 229 |

第五章 教学反馈研究 … 241

| 第一节 | 写作自主学习模式构建 | 241 |
| 第二节 | 写作教学方法研究 | 253 |

第六章 结论 … 267

第一节	创新点	267
第二节	应用前景	271
第三节	局限性	272

参考文献 … 273

附录 … 288

附录1　EGP 子库部分词表 … 288
附录2　EOP 子库部分词表 … 292
附录3　EAP 子库部分词表 … 295
附录4　CLEC 部分词表 … 298
附录5　LOCNESS 部分词表 … 301
附录6　BNC 部分词表 … 304
附录7　EOP－letter 部分词表 … 307
附录8　EOP－company 部分词表 … 310
附录9　EOP 参照库－letter 部分词表 … 313
附录10　EOP 参照库－company 部分词表 … 316
附录11　EAP 参照语料库部分词表 … 319
附录12　英语写作课程需求调查问卷 … 322

第一章 总 论

在本章中,我们探讨本书的研究缘起、研究价值、研究实施和章节安排。研究缘起围绕《大学英语课程教学要求》和《大学英语教学指南》(征求意见稿)展开。研究的理论价值体现在语料库构建、写作能力标准制订和教学体系研发三个方面,实践价值体现在基于语料库研究得出的中国理工科大学生英语写作主要问题可以直接反馈于课堂教学,研发出的理工科大学生英语写作自主学习平台可以使写作教学和语言实际使用真正结合起来,充分发挥学生自主学习能力,提高写作教学效能。

第一节 研究缘起

《大学英语课程教学要求》(2007)建议各高校根据实际情况,设计出各自的大学英语课程体系,确保不同层次的学生在英语应用能力方面得到充分训练和提高。教育部高等学校大学外语教学指导委员会颁布的《大学英语教学指南》(征求意见稿)(2015)(以下简称《教学指南》)指出:"大学英语的教学目标是培养学生的英语应用能力,增强跨文化交际意识和交际能力,同时发展自主学习能力,提高综合文化素养,使他们在学习、生活、社会交往和未来工作中能够有效地使用英语,满足国家、社会、学校和个人发展的需要。"

《教学指南》明确提出:"大学英语教学以英语的实际使用为导向,以培养学生的英语应用能力为重点。英语应用能力是指用英语在学习、生活和未来工作中进行沟通、交流的能力。大学英语在注重发展学生通用语言能力的同时，应进一步增强其学术英语或职业英语交流能力和跨文化交际能力，以使学生在日常生活、专业学习和职业岗位等不同领域或语境中能够用英语有效地进行交流。"基于此，"大学英语教学的主要内容可分为通用英语、专门用途英语和跨文化交际三个部分，由此形成相应的三大类课程。……各高校应根据学校类型、层次、生源、办学定位、人才培养目标等，遵循语言教学和学习规律，合理安排相应的教学内容和课时，形成反映本校特色、动态开放、科学合理的大学英语课程体系"（王守仁 2016：6）。

《教学指南》提出的三方面课程中，专门用途英语课程以英语使用领域为指向，以增强学生运用英语进行专业和学术交流、从事工作的能力，提升学生学术和职业素养为目的，具体包括"学术英语"和"职业英语"两类课程。专门用途英语课程凸显大学英语工具性的特征，各高校应以需求分析为基础，根据学校人才培养规格和学生需要开设体现学校特色的专门用途英语课程，供学生选择，也可在通用英语课程中融入学术英语和职业英语的内容。

鉴于此，本研究项目组立足于理工类院校，进行理工科大学生英语写作教学体系研究，以期在该领域探索理论突破的可能性，并使实际应用价值最大化。

第二节 研究价值

本项目在理论研究和实际应用两方面都体现相当的价值。

一、理论价值

1. 构建理工科大学生英语写作学习者语料库

学习者语料库的建设始于 20 世纪 80 年代。根据比利时鲁汶大学英语语料库语言学中心发布的最新数据，全世界约有 150 个有一定影响力的已建或在建的学习者语料库项目。学习者语料库的构建过程涉及语言信道、构建目的、库容大小、话题类型、任务类型等诸多因素。在语言信道上，现有的大多数学习者语料库为笔语语料库，如国际英语学习者语料库(International Corpus of Learner English,简称 ICLE)和国内的中国学习者英语语料库(Chinese Learner English Corpus,简称 CLEC)。在建库目的上,学习者语料库总体上是一种用以探索学习者二语/外语习得进程和机制的数据资源。学习者语料库的库容一般在数十万到数百万词次之间,话题和任务类型基本来自于学生日常写作练习和考试作文。

我国的语料库语言学经过20多年的历程,在学习者语料库领域的研究层出不穷,但鲜见针对某一类大学生构建的学习者写作语料库,在教学分类指导上尚缺乏实证依据。理工科大学生在我国高校数量众多,但由于缺乏学习兴趣和方法,他们的英语水平相比文科学生较低,写作能力尤其如此。为此,本研究尝试构建中国理工科大学生书面英语语料库,分为通用英语(English for General Purposes,简称 EGP)语料库、职场英语(English for Occupational Purposes,简称 EOP)语料库和学术英语(English for Academic Purposes,简称 EAP)语料库三个子库。研究采用 Granger(2002)提出的"中介语对比分析方法"(Contrastive Interlanguage Analysis,简称 CIA),将理工科大学生写作语篇与本族语写作语篇作对比,分析其不同于本族语者的语言特征,发现学生普遍存在的英语写作学习困难,以开展相应的教学活动(甄凤超、王华 2010)。

2. 制订语篇语言学层面英语写作能力标准

英语写作能力评估是语言测试界的热点领域之一。评估量表的制订需要有清晰的写作能力标准作为支撑,而对于写作本质的理解有助于写作能力标准的制订。关于写作本质的研究大致经历了句子层面结构、话语层面结构、写作过程本身和写作语言使用的特定语境四个阶段。目前,对于写作能力的认知与研究重点呈现"点—线—面—面"的发展特征。其中,语篇、语境和作者三点构成写作主体关系的一个面;写作过程和写作结果两线构成写作评价的另一个面,两者相辅相成。有别于传统的"以文本为中心"的结果评估法,"以作者为中心"的过程评估法开始显现,但缺乏将二者有机结合的综合性评估标准。

对于写作的研究,可以从写作过程和写作结果两个宏观的角度来把握。前者需分析作者从构思到执笔到修改的全过程;后者需分析产出语篇的有效性,具体反映在衔接(cohesion)、连贯(coherence)、目的性(intentionality)、可接受性(acceptability)、信息性(informativity)、情景性

(situationality)和篇际性(intertexuality)七个方面(Beaugrande & Dressler 1981)。写作过程和结果都与语篇生成有密切联系,可以在语篇语言学领域加以研究。语篇语言学以语篇为研究对象,关注语篇生产者和接受者生成和理解语篇所经历的过程,其中心任务是从功能(写作目的)和结构(语篇形式)两方面来研究语篇。项目组拟在语篇语言学框架下依托语料库研究方法构建多维度理工科大学生英语写作能力标准,综合考查理工科大学生的英语写作能力。

3. 整合语料库、教学、评估为一体的教学体系

近年来,基于学习者语料库的一系列相关研究为课程和大纲设计、教材编写和课堂教学活动提供了重要依据(Granger 2002)。首先,教师对于学习者语言习得困难的分析从直觉走向实证观察,在此过程中,学习者语料库在教学内容的选择和结构优化方面起到越来越重要的作用。其次,教材的设计和编写也从学习者语料库获益良多,比如,在一些词典编纂和计算机辅助教学项目中,学习者语料库成为主要的经验依据。第三,学习者语料库正日益成为语言课堂活动的主要工具之一,其与本族语语料库的对比使用能使学生充分意识到二者的差距,从而提高语言学习和正误判断的意识。最后,得益于语料库的数据规模,评价学生群体性的语言学习问题有了更充足的判断依据,在很大程度上有助于教师更为科学地检验语言教学效果,进一步明确教学目标,合理设计课堂任务。

虽然语料库已开始应用于课堂教学,但围绕学习者语料库开展的教学和评估一体化研究并不多见。目前国内相关研究基本停留在对语言偏误和语言特征的分析上。本研究把语料库、教学和评估三大研究领域有机结合,构建中国理工科大学生英语写作教学体系。项目组一方面总结该类学生的语言特征和学习困难,为制订英语写作能力标准提供实证支持,另一方面通过行动研究法(action research)在课堂中验证并完善英语写作能力标准,最终达到对教学材料编撰和教学方法改进提供理论支撑的目的。

二、实际应用

目前国内英语写作教学现状的情况不容乐观。大学英语四级考试各

个项目中,唯有写作成绩低于及格线(蔡少莲 2008)。写作教学逐渐形成了一个令人生畏而又缺乏对策的瓶颈现象(杨永林等 2004)。

国内外对二语写作能力及其发展的研究存在较大探索空间(王文宇、王立非 2004)。随着计算机和网络等信息技术的发展,英语写作能力的培养和测评走向数字化、自动化、网络化。在教学方面,出现了网络环境下写作能力培养模式的探索性研究(张艳红、程东元 2007),对学生进行"阅读—模仿—创新"的自主训练尝试(陈伟、许之所 2008)等。在测评方面,邓鹂鸣、岑粤(2010)经实证研究发现同伴互评反馈机制对中国学生二语写作能力的发展有着显著的影响。此外,王娜、张虹(2012)针对数字化写作平台在大学英语教学中的使用情况,进行了学习动机与写作能力的实证研究。赵珂等(2013)探索构建适合中国社会文化环境的学术英语写作能力发展模型,设计并实施计算机支持协作学习环境,考察了信息技术在提升写作产出能力中的作用。由此可见,写作领域相关研究呈现多元化发展态势,将理论研究和信息技术相结合的研究方向已然显现。

本研究的实际应用价值在于:通过自建中国理工科大学生书面英语语料库,将之与参照语料库作对比分析,以找出该类学生英语写作主要问题,并作为一部分授课内容反馈至课堂教学,以期突破写作教学的瓶颈;基于理论研究,尝试构建理工科大学生英语写作自主学习平台,探索"课内外融合的写作教学体系",使写作教学和语言实际使用真正结合起来,充分发挥学生自主学习能力,提高写作教学效能。

第三节 研究实施

一、研究目标

本研究的总体目标是构建中国理工科大学生英语写作教学体系,包括学习者语料库、写作能力标准和自主学习平台三部分,分五个阶段性目标加以实施(图 1-1 为研究逻辑图)。

(1) 构建中国理工科大学生书面英语语料库和本族语参照语料库

项目组在全国不同地区具有一定代表性的理工科院校搜集学生平时作业、考试作文和毕业论文(设计)英文摘要,构建中国理工科大学生书面

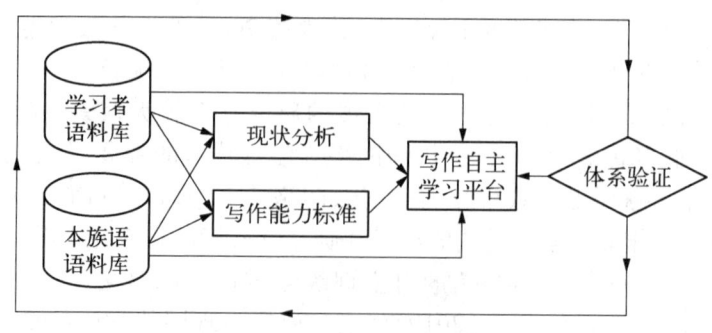

图1-1 本研究逻辑图

英语语料库,包括通用英语(EGP)、职场英语(EOP)和学术英语(EAP)三个子库,并运用 AntConc、WordSmith 等语料库分析软件将学习者语料库与本族语参照语料库进行对比分析,作为本研究的第一理论基础。

(2) 进行理工科大学生英语写作能力现状分析

将第一目标之研究成果通过数据统计对中国理工科大学生英语写作能力作现状分析,以提供实证基础,涉及到的统计方法有卡方检验、对数似然率、相关分析、聚类分析、对应分析、回归分析等。

(3) 制订多维度理工科大学生英语写作能力标准

语篇应满足的七个标准中,衔接和连贯是以语篇为中心的,目的性、可接受性、信息性、情景性和篇际性是以使用者为中心的,它们共同构成了语篇交际的原则(刘金明 2005)。项目组拟在中介语对比分析的基础上回归上述框架,一方面通过"本族语参照语料库"对写作能力标准的制订进行指导,另一方面通过"学习者语料库"提炼学习者写作主要特征;两者相辅相成,从而得出理工科大学生英语写作能力标准的各个指标。

(4) 搭建理工科大学生写作自主学习平台

将前面三阶段目标之研究成果整合成理工科大学生英语写作教学体系,并运用计算机和网络技术搭建自主学习平台,方便师生课内外使用。

(5) 教学体系验证和教学反馈

以行动研究理论为指导,通过两个学期的教学实验,对搭建完毕的理工科大学生英语写作教学体系进行循环验证。在教学实验过程中,项目组拟随时修正和完善教学体系,包括修正写作能力标准、完善学习者语料库、提供在线学习资料等,同时对教学材料编撰和教学方法改进提供反馈信息。

二、研究内容

1. 学习者语料库和参照语料库的构建

中国理工科大学生书面英语语料库(Written English Corpus of Chinese Science and Engineering Majors,简称 WECCSEM)的建设是本研究的核心工作内容之一,该语料库具有如下几个特点。

首先,对语料库变量的取舍作了较为全面的考虑。本研究的学习者变量包括语料来源、英语学习年限、受教育程度和所学专业。任务变量包括文本类型、写作时限和工具书的使用。其根本目的是为了使语料库尽可能覆盖各层次的中国理工科大学生在多种写作条件下的文本输出。其次,学习者和学科领域范围的确定均体现了"核心优先、多数优先、兼顾均衡"的思路。同时,依据《普通高等学校本科专业目录》(2012)、《学位授予和人才培养学科目录》(2011)、《国家中长期科学和技术发展规划纲要(2006—2020年)》等指导性文件,项目组确定了数学科学、机械制造、能源动力等10个核心领域,以及地球科学、安全工程、农林科技等10个延伸领域,按照"核心领域专业为主、延伸领域专业为辅"的原则采集学习者语料。第三,通用英语(EGP)、职场英语(EOP)和学术英语(EAP)的区别对待是一种大胆的尝试和探索。EGP考查学生对常见社会话题的描述与评判;EOP体现工作场所中的实际英语运用能力;EAP显示研究生撰写研究报告的必要技能。

综上所述,WECCSEM 的建设和开发有助于进一步考察中国理工科大学生的英语写作能力,为写作能力标准制订、自主学习平台搭建、中介语特征研究提供关键数据,是理工科大学生英语写作教学体系的重要组成部分。

2. 理工科大学生英语写作能力标准的制订

项目组从理论基础和实证基础两方面出发,构建理工科大学生英语写作能力标准。

在理论基础方面,语篇语言学家 Beaugrande & Dressler(1981)的语篇生成理论指出,语篇语言学与三方面密切联系:(1)语篇,既是过程又是产物,其特点主要是"语言的";(2)参与者,通常是语篇的生产者和接受者;(3)广义的语境,为语篇和参与者提供情景。该理论较全面地考虑了影响语篇生成的主要因素：语篇、参与者及语境，可为写作能力标准的制订提供基于语篇语言学的理论参考。然而，该理论并未对三大因素的关系作出分析。因此，项目组结合 Flower & Hayes(1980) 的认知写作模型和 Bachman(1990) 的交际语言能力模型，构建了英语写作能力标准的原始模型。该模型是由写作行为因素和写作能力维度构成的相关共同体，写作行为因素包括语篇、语境和作者，写作能力维度包括语篇构思、语篇生成和个体机制。其中，作者是写作主体，语篇是写作客体，语境是写作环境，三者之间存在联系和互动关系。

在实证基础方面，项目组研究了国内外主要英语考试的写作能力评分标准，提炼出数十条标准描述语，分别整合进原始模型的三个维度。并通过大范围问卷调查，统计分析出需保留的描述语，制订分项式评分标准。并在此基础上，制订出整体式评分标准。

3. 教学体系构建和验证

项目组构建理工科大学生英语写作教学体系，并利用计算机和网络技术整合成自主学习平台，提供学生高质量的全时在线英语学习环境，全面提高英语实际应用能力。

师生可通过准备、写作和评估三方面使用该体系。首先是写作资料的准备，项目组采用"读写结合"的方法，要求学生进行广泛大量的阅读，在阅读中培养批判性思维以及多视角看问题的习惯，鼓励自由和有创意的表达。写作过程也是考查学生对英语词汇、语篇、语体和写作体裁的掌握情况的过程，在写作时应特别关注各种写作能力的培养，其理论依据是能为写作提供较真实语境并在此语境中训练提高语言使用能力的行动研究理论。评估可分为形成性评估和终结性评估两种形式，包含学生自评、学生互评、教师评估和计算机智能评估等多个方面。

在对教学体系的验证中，需随时注意修正写作能力指标，完善学习者语料库和参照语料库，并阶段性地积累资料，以期对教学材料编撰和教学方法改进提供借鉴。

三、研究过程

项目组根据分层抽样的原则，在华北、华东、华南和中西部四个区域抽取"985工程"高校、地方重点高校和地方一般高校各一所,组成搜集语料以及开展项目所需写作能力标准和需求分析问卷调查的目标学校,每个学校推荐一名联系人,统一收取原稿、分发资料、回收资料、发送项目组整理。进入本项目调研及写作语料搜集计划的高校为"985工程"高校(哈尔滨工业大学、上海交通大学、华南理工大学和重庆大学),地方重点高校(河北师范大学、上海理工大学、广东工业大学和重庆邮电大学),以及地方一般高校(黑龙江大学、上海工程技术大学、广州大学和重庆师范大学)。同时在项目所在学校上海理工大学搭建"理工科大学生英语写作自主学习平台",设计教学实验,开展教学行动研究。

项目组在2014年7月至2015年2月进行写作语料的收集工作。搜集EGP、EOP和EAP三个层次语料总计363.3万词次,包含来自"985工程"高校的语料共计95.2万词次,来自地方重点院校的语料共计182.4万词次,来自地方一般院校的语料共计85.9万词次。同时,选取英国国家语料库(British National Corpus,简称BNC)作为通用英语的参照库。由于职场英语和学术英语方面并没有合适的语料库可以参照,因此,项目组尝试进行自主构建,通过整合世界500强公司的英文介绍和Pro-Quest数据库中的英语本族语理工科硕士学位论文摘要构建了这两个参照库,总库容达到315万词次。经过后期整理,于2015年9月完成项目所需的学习者语料库(WECCSEM)和参照语料库的构建工作。

项目组在2014年7月至2015年8月开展关于写作能力标准和写作课程需求分析的师生问卷调查。首先于2014年7月至8月进行文献综述,草拟写作能力标准问卷(教师版和学生版)以及写作课程需求分析调查问卷(教师版和学生版)。于2014年10月在上海理工大学进行试测,并以此为依据,结合理论研究结果构建写作能力标准初稿。对数据进行统计分析后形成终稿;2014年12月统一发送12所高校予以实施;在2015年8月完成问卷的全部回收工作,进行数据分析。共计发放教师问卷400套,学生问卷1,600套,回收有效问卷分别为384套和1,490套。在进一步数据统计分析的基础上完成了写作能力标准的制订。

项目组于2016年1月开始构建理工科大学生英语写作自主学习平台。基于此平台和构建完成的语料库,项目组成员在2016年9月至2017年6月开展了两轮教学实验行动研究,检验其可操作性。

第四节　章节安排

本书共分六章。

第一章"总论"首先介绍研究缘起；然后从理论和实践两方面探讨本研究的价值；接下来从研究目标、研究内容和研究过程三方面介绍本研究的实施方案。

第二章"研究基础"详细呈现本项目的研究基础，包括语料库和学习者语料库相关理论、理工科大学英语课程需求分析、国内高校英语写作评估研究以及写作能力标准研究。

第三章"语料库构建、描述和统计"和第四章"理工科特色写作能力分析"是本研究的核心所在。第三章从建设原则和步骤、描述和统计、学习者语料库和参照语料库的对比研究三个层面展示本研究核心内容——语料库的构建过程、成果和基础统计描述。第四章首先以 that 为例，介绍本项目的研究范式和整体脉络，然后从外壳名词、被动结构、语义韵和句干特征四个方面深入剖析理工科学术英语的特色。

第五章"教学反馈研究"从自主学习模式构建和写作教学方法研究两方面加以论述，反映本项目在课堂教学中的初步应用研究成果。

第六章为"结论"，探讨本研究的创新点、应用前景和局限性。

本章首先围绕《大学英语课程教学要求》和《大学英语教学指南》(征求意见稿)探讨了本项目的研究缘起，并从理论和实践两方面分析了其研究价值。本项目的总体研究目标是构建中国理工科大学生英语写作教学体系，分为学习者语料库、写作能力标准和自主学习平台三部分。为此，项目组在华北、华东、华南和中西部四个区域选取"985 工程"高校、地方重点高校和地方一般高校各一所，组成搜集语料以及开展项目所需写作能力标准和需求分析问卷调查的目标学校，总计 12 所高校，涉及人员 2,000 余人。项目组在依托单位上海理工大学构建完成理工科大学生英语写作自主学习平台，并开展了两轮教学实验行动研究，对其加以验证。

第二章 研究基础

在本章中,我们首先就语料库和学习者语料库相关理论和研究方法进行阐述。其次,从理工科大学英语课程需求分析、国内高校英语写作评估研究和写作能力标准研究三个方面确定实证基础。最后,基于篇章语境理论、篇章功能分析理论和篇章结构分析理论制订理工科大学生英语写作能力标准框架。

第一节 语料库和学习者语料库相关理论

一、语料库语言学概说

语料库(corpus,复数为 corpora)指的是"按照一定的语言学原则,运用随机抽样方法,收集自然出现的、连续的语言运用文本或话语片段而建成的具有一定容量的大型电子文库"(杨惠中 2002:33)。corpus 作为专业术语最早出现于 20 世纪 80 年代。在此之前,基于语料库的语言学研究已经从"星星之火"逐步展现出"燎原之势"。在乔姆斯基语言学理论大行其道之前,部分结构主义语言学家已经开始采用语料库方法来调查语言现象。语料库方法和理念早在计算机时代全面开启之前就已经深入人心,McEnery & Wilson(2001)认为,利用语料库开展语言研究活动最早可追溯到 20 世纪初。

在 20 世纪 50 年代,语料库方法受到前所未有的质疑。在那个时期,语料库规模普遍很小,所使用的是手工方法收集而来的语料,这和现代语料库语言学所使用的计算机存储技术明显不同,语言研究的对象至多也只是简单的语法描述。在当时的背景下,批评和质疑之声不断,几乎将语料库方法置于边缘地位。然而,仅仅过了20年,计算机技术飞速发展,存储能力明显提高,大大加快了大规模、高速度收集和处理语料的步伐。60年代,第一个真正意义上的现代语料库 Brown Corpus(Brown University Standard Corpus of Present-Day Edited American English)建成。自那以后,尤其是从80年代开始,基于语料库的语言学研究彻底摆脱了计算机处理能力和容量的限制,并且可以说对所有语言学分支领域都产生了直接或间接的深刻影响。

基于语料库的语言学研究或利用已建成的语料库,或自建语料库。自建语料库常常是出于研究项目的特定用途和任务考虑。根据黄昌宁、李涓子(2002)的分类,语料库大致有四种类型:(1)异质的(heterogeneous):没有特定的语料收集原则,广泛收集并原样存储各种语料;(2)同质的(homogeneous):只收集同一类内容的语料;(3)系统的(systematic):根据预先确定的原则和比例收集语料,使语料具有平衡性和系统性,能够代表某一范围内的语言事实;(4)专用的(specialized):只收集用于某一特定用途的语料。除此之外,按照语料的语种,语料库也可以分成单语的(monolingual)、双语的(bilingual)和多语的(multilingual)(王克非、胡开宝 2014)。

根据具体的研究目的,我们还可以将语料库主要分为(但不限于)如下种类:

(1)通用语料库、专门用途语料库;
(2)口语语料库、笔语语料库;
(3)共时语料库、历时语料库;
(4)单语语料库、多语语料库;
(5)可比语料库、平行语料库;
(6)学习者语料库、本族语语料库;
(7)生文本语料库、标注语料库。

在研究目标的驱动下,不同语料库需要采用相应的语料设计、采集、加工、管理和应用方法。近些年的语料库建设项目中,多用途、多目标相结合成为主流,小型子语料库的灵活组合为语料库研究带来极大的便利。比如,中国英语学习者语料库既可以和一般的本族语者对比,也可以和相同教育程度的本族语学生对比;学习者语料库既可以是口语语料库(如对话、演讲),也可以是笔语语料库(如写作);中国学生的口语会话可以和本族语学生的口语会话对比,也可以和他们自己的书面语对比;笔语语料库既可以是共时语料库(如同时检查10个班级的学生同一话题的写作),也可以是历时语料库(如跟踪同一批学生在两年内的写作质量变化);共时语料库可以是生文本语料库(只有学生写作的原始文本),也可以是标注语料库(比如标注出写作中的各种语言失误)。

在研究方法上,目前比较认同的有"基于语料库"(corpus-based)的研究方法和"语料库驱动"(corpus-driven)的研究方法。"基于语料库"的方法主要用于验证已有的语言学理论或语言描述(Tognini-Bonelli 2001)。这种方法以语料库索引为基本依据,在传统的句法框架内建立关键词的类联接,然后参照该类联接框架,观察、检查证据并概括关键词的搭配行为。一部分批评者认为,当我们使用这种方法来验证已有理论时,总会有意无意地选取有助于得出研究结论的数据,摒弃那些和研究结论背道而驰的证据。"语料库驱动"的方法需要研究者自己建立一套完整的概念体系和方法,一切由数据导向和驱动,人为干扰因素极少。因此,大多数人认为,这种研究范式更能真实反映出语言学理论在多大程度上符合语言数据。

二、学习者语料库研究的理论、方法和现状

1. 学习者语料库概说

目前经常谈的学习者语料库(learner corpus),实质上应称为计算机学习者语料库(computer learner corpus),简称CLC(Granger 1998)。这个专门术语表明了一个基本事实:没有计算机的发展,学习者语料库便无从谈起。计算机技术的突飞猛进极大地提高了文本处理的效率,使语言学家能够集中注意力观察文本本身,而不是忙碌于烦琐的统计和整理工作。

学习者输出或学习者数据(learner data)受到重视与二语习得领域的诸多理论和方法有直接关联。二语习得研究的主要目标是揭示控制外语学习过程的原理。外语学习的过程是"不可视"的,要掌握其运作机制,最佳途径(尽管不是唯一途径)是观察学习者数据。Ellis(1994:670)曾区分出三类数据形式:

(1) 语言使用数据(language use data),该数据类型反映出学习者如

何在输入和输出两端使用外语。该数据类型又可分为两类。第一类为自然数据(natural data),即对数据产生过程不施加多余的控制;第二类为诱导数据(elicited data),也就是通过实验得到的数据;

（2）元语言评判(metalingual judgments),即通过提问等形式来获得学习者对外语的直觉性判断;

（3）自我报告数据(self-report data),即通过调查问卷或有声思维等形式来探索学习者的语言学习策略。

此前,自然数据长期存在争议,甚至被弃用。有人认为,学习者不可能按照设计者的要求写出或说出设计中的语言。例如,即便学习者很少使用某个词语,也并不代表他不会用。也有人认为,学习者会在潜意识中优先使用自己熟悉的词语和结构,尽量避免不熟悉或容易犯错误的语言形式;从这个意义上说,自然数据似乎无法验证学生究竟会什么、不会什么。

类型(2)和类型(3)以及类型(1)中的诱导数据一直是语言习得领域的主要数据类型。但它们也有无法克服的问题。无论设计如何精密,实验环境下的学习者输出与正常交际的学习者输出都有明显的差异。而且,许多研究仅仅包括了几名或是几十名的受试,很难保证研究结果的效度。种种背景之下,学习者语料库最终给出了答案。

学习者语料库最早可追溯到偏误分析(Error Analysis,简称 EA)。在20世纪80年代,语料库语言学本身还未得到长足进步,学习者语料库也只是雏形,初见端倪。由于计算机技术的制约,常常只能收集几十个学生的数千词语的语料,而且语料的收集过程常常缺乏严密的设计和规划,也没有有效的变量控制,因此,早期的偏误分析学家所得到的研究结论"很难解读,也难以重复验证"(Ellis 1994:49)。有些偏误分析学家似乎过于专注于偏误,他们收集语料的目的仅仅是为了从中寻觅各式各样的偏误,随后弃之。这一类研究(无论数据量多大)恐怕很难被称为语料库语言学研究。

真正意义上的学习者语料库研究有这样几个特点(Granger 1998:6):

（1）库容规模大大升级,从而能够尽可能全面地覆盖学习者的语言使用特征,包括高频特征和低频特征;

（2）学习者语料库的设计者比以往更注重设计标准的制订;

（3）语料库和文本处理软件的有机结合提供了以往未能注意到的量化信息,尤其是通过对比学习者和本族语者的词语、结构特征,能够发现早期偏误分析方法未能确认的语言使用策略。

2. 学习者文本的经典研究路径：CIA 和 EA

中介语对比分析(Contrastive Interlanguage Analysis，简称 CIA)是学习者数据的基本分析方法。该方法包含两种不同类型的对比研究(引自 Granger 2002：12)，如图 2-1 所示。

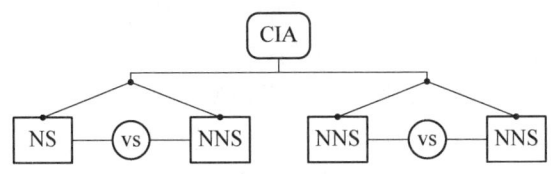

图 2-1　Granger 的中介语对比分析路径

NS(native speaker，本族语者)和 NNS(non-native speaker，非本族语者/学习者)的对比能够揭示学习者语料中的"非本族语"特征，具体方法是对比分析学习者语料库和本族语者语料库中的语言特征。这个研究路径的最难部分是本族语者语料库的选择。本族语者既可以是学生，也可以是专业人员。不难想象，本族语学生语料库和本族语专业人员语料库必然有显著区别。有关 NS 和 NNS 的另一个争议是多用和少用的标准问题。不少人认为，中介语本身就构成一种语言变体，无须通过与某种标准对比来找出其缺陷。现在看来，采用某种"标准"已经成为主流研究手段。毕竟，中介语分析的最终目的是提高学习者的语言水平。系统观察和描述中介语特征是重要一步，确立其偏离本族语的程度可能更有教学价值。

NS 和 NNS 的对比内容是不同群体的学习者语言，目的在于掌握一系列中介语特征。例如，中国学生和日本学生写出来的英语作文很可能在许多方面有显著差异。差异的原因也可能是多样的，如母语的影响、英语教材和教学法的影响、整体语言教育背景等。

中介语研究的另一范式是"新型偏误分析"。与"旧式偏误分析"不同，此处所倡导的分析工具是计算机辅助的大规模数据库。和语料库的 key word in context 理念相一致，语言偏误不再孤立显示，而是时刻处于某种语境之中。我们所观察的，一定同时包括正确和错误的语言形式。

计算机辅助的偏误分析一般有如下两种手段(Granger 2002：14)：

(1) 预先确定一个学习者可能错误使用的表达（如词语、短语、词类、句法结构等），借助检索软件，可在较短的时间内掌握这类表达的偏误类型和程度。但其缺点是，分析者难免先入为主地"决定"哪些表达最有可能是语料库中的错误表达；

(2) 设计一套标准化偏误赋码体系，制作赋码语料库。这个过程耗时、耗力，但其优势相当明显：分析者可迅速获得所有与该偏误相关的学习者语言表达，从而批量地分析中介语偏误特征。

和 CIA 类似的是，如果从教学角度考虑，EA 也是必不可少的。要提高课堂和教材质量，教师和课堂设计者需要认真观察学习者的实际产出，而学生所犯的典型偏误恰恰是产出中最有价值的信息。

3. 国外学习者语料库发展背景与现状

国外的学习者语料库建设从摸索到逐渐成熟历经了 20 多年。最早的学习者语料库是 20 世纪 80 年代末建设的 Longman Learners' Corpus。该语料库收集了来自多个国家的学习者所写的作文，目前总库容达到1,000 万词次。90 年代初，各种各样的专门用途语料库逐渐发展起来，如学术用途、文学分析用途等。学习者语料库作为一种专门用途语料库得到了进一步发展。90 年代中期，比利时鲁汶大学以 Sylviane Granger 为首开展了迄今为止影响力最大的多国合作项目——国际学习者英语语料库（ICLE）。该库的语料来自德国、荷兰、西班牙等 16 种母语背景的学习者，第一版为 100 万词次，目前已升级为 300 万词次。

根据鲁汶大学英语语料库语言学中心的统计，截至 2017 年 8 月，世界各地已经完成或正在建设中的各类学习者语料库项目超过 150 个。①

(1) 从目的语来说，英语语料库超过 2/3，其次为西班牙语、法语、德语、意大利语等。有趣的是，根据现有的文献，唯一一个学习者汉语语料库是由 Maolin Wang、Shervin Malmasi、Mingxuan Huang 等人开发的 Jinan Chinese Learner Corpus（JCLC）。该库囊括了来自 50 个国家的初级、中级和高级汉语学习者的作业和考试写作，总库容为 600 万汉字；

(2) 从学习者母语背景来说，除了以英语、法语、德语、瑞典语等为母语的欧美国家，亚洲地区的中国、日本、韩国也贡献了相当数量的针对本

---

① 本小节主要聚焦于该中心收录的语料库。国内外还有大量高质量学习者语料库出于种种原因未列入其中，因此本节只能说是部分描述。

国学生的学习者语料库。许多学习者语料库收集了有诸多母语背景的学习者所产出的语料,母语标记为 various,故无法准确计算每种母语对应的语料数目;

（3）从语料库的性质上说,笔语语料库超过 2/3。口语语料库的研发比笔语语料库艰难许多,但发展势头同样迅猛。在清单中,已有近 40 个专门的学习者口语语料库。另有 14 个语料库为口、笔语综合语料库;

（4）从规模上说,笔语语料库词次通常从几万到几百万不等。一般来说,百万词次级别为大型学习者语料库,千万词次级别可称为超大型学习者语料库,数量屈指可数。目前,世界上规模最大的学习者语料库是由剑桥大学出版社和剑桥 English for Speakers of Other Languages(ESOL)中心建设的 Cambridge Learner Corpus(CLC),总库容为 5,000 万词次。其次是香港科技大学由 John Milton 率队开发的 Hong Kong University of Science & Technology Learner Corpus(HKUST Learner Corpus),总库容为 2,500 万词次。库容超过 1,000 万词次的还有华威大学、雷丁大学、牛津布鲁克斯大学联合研发的 British Academic Written English(BAWE)语料库以及上文提及的 Longman Learners' Corpus;

（5）从时间跨度上看,现有的绝大多数学习者语料库为共时语料库。一些项目做了不同范围的历时语料库尝试,如巴塞罗那大学的 Barcelona English Language Corpus,比利时鲁汶大学的 LONGDALE 项目,赫瑞瓦特大学的 LINCS Corpus 等(LONGDALE 和 LINCS 仍在研发中)。有一部分历时数据采集自生源质量接近、属于不同年级(层级)的学生,亦能反映出很多问题。也有一些项目追踪调查同一批学生在若干年内的写作。如 LONGDALE 项目收集若干年内同一批英语学习者的语料,以期观察其英语学习和发展的过程;

（6）从语料的内容来说,课堂或课后的议论文、说明文写作占了绝大多数。最著名的 ICLE 语料库所收集的主要文本即为议论性和文学性短文。近年来,一股新的力量异军突起,即学习者特殊用途英语(ESP)语料库。这一类学习者语料库的兴起,与各国学生越来越多地参与国际交流的大背景密不可分。典型代表如上文提及的 BAWE 语料库,该库建设于 2004 年至 2007 年期间,学习者为以英语为母语(占大多数)或第二语言的四个级别的学生,得益于建设者的无私分享,在国内外被广泛用于学习者的学术英语对比研究。密歇根大学的 Michigan Corpus of Upper-level Student Papers(MICUSP)也是早期代表。MICUSP 是一个准平衡语料库:

英语为母语和非英语为母语的学习者各占一半。语料主要为 ESP 论文、A 级论文以及未作评分但经过评估后同意接收的论文,目前库容约为 260 万词次。

除此之外,其他一些已完成或正在建设的 ESP 语料库亦产生了不小的影响力。德国不来梅大学正在研发的 Corpus of Academic Learner English(CALE)涵盖了德国学生在大学课程里所写的各种类型的学术英语文本,主要有学期论文、读书报告、研究计划、摘要、综述、小结等。芬兰的埃博学术大学所建设的 BATMAT Corpus 涵盖了瑞典和芬兰的高级英语学习者所完成的本科和硕士论文,目前库容为 250 万词次,且仍在不断扩充。鲁汶大学由 Magali Paquot 领衔建设了 Varieties of English for Specific Purposes dAtabase(VESPA),包括学期论文、报告、本科毕业论文等,目前库容为 22 万词次,同样在扩充当中。

除了学术英语,还有为数不多的几个项目致力于职业英语等其他专门用途学习者语料库的研发。比如,由美国印第安纳大学研发的 Indianapolis Business Learner Corpus(IBLC)收录了由美国、比利时、芬兰、德国和泰国学生于 1990 年至 1998 年完成的求职信和履历写作。但此类学习者语料库一直未能得到规模化发展,许多研究话题的探索仍有待新的语料库的开发。

4. 与中国学习者有关的语料库建设

杨惠中(2002:62—63)曾这样阐述我国发展中国学习者英语语料库的意义:"就我国外语教学而言,建立学习者英语专用语料库,并以语料库为基础展开学习者语言分析,无论是对我国 21 世纪外语教学,还是对我国语言学与应用语言学研究,都具有重大意义。""重大意义"主要体现在四个维度上:第一,通过观察中国学习者的写作能力,可以衡量其总体英语水平,并能衍生出大量有关语言迁移的研究。第二,语料库的研发将为语言测试和评估提供重要的实证支持。第三,学习者语料库的研发能够进一步推动"数据驱动"这一理念在课堂上的应用。第四,这也是应对国外学习者语料库蓬勃发展、推动相关领域国际交流的必然选择。

我国第一代学习者英语语料库是由著名语言学家桂诗春和杨惠中牵头开发的中国学习者英语语料库(CLEC)。该语料库收集了包括中学生、大学英语四、六级水平学生、英语专业低年级和高年级学生在内的五种学生的 100 万词次的语料。CLEC 有这样几个特点:第一,通过设立严格的标准,尽可能控制影响外语学习的变量,比如学生类型、性别、作文完成方式等。第二,在语料库中附加作文分数、水平等级等教师评估信息。第三,CLEC 设计了一套完整严密的偏误赋码体系,帮助教师和研究者更直观地了解某一类偏误的表现形式。CLEC 始建于 1997 年,迄今已走过了 20 个年头。但基于 CLEC 的研究或以 CLEC 为辅助数据的研究仍然涌现在国内外期刊论文和语言学学生的毕业论文中,其旺盛的生命力使之成为中国学习者中介语研究领域的一座高峰。在此基础上,国内第一个中国大学学习者英语口语语料库(College Learners' Spoken English Corpus,简称 COLSEC)也随之诞生。

一般而言,中国学习者英语语料库指的是完全由中国(包括香港、澳门、台湾地区)学生写作构成的数据库。除了 CLEC 以外,影响力较大的还有由文秋芳、王立非、梁茂成主持开发的中国学生英语口笔语语料库(Spoken and Written English Corpus of Chinese Learners,分为 SECCL 和 WECCL 两个子库)、文秋芳主持开发的中国英语学习者双语语料库(Bilingual Corpus of Chinese English Learners,简称 BICCEL)、邹申主持开发的英语专业学习者语料库(Corpus for English Majors,简称 CEM)、许家金主持开发的中国学生万篇作文语料库(Ten-thousand English Compositions of Chinese Learners,简称 TECCL)、香港大学的 TELEC Secondary Learner Corpus(TSLC)等。

ESP 领域的中国学习者语料库主要发展于香港地区的高校。香港城市大学开发了两个重要的语料库。第一个是中国学术英语笔语语料库(Chinese Academic Written English Corpus,简称 CAWE)。该库收录了语言学或应用语言学专业的中国本科生毕业论文,库容为 40 万词次。第二个是香港城市大学学术英语口语语料库(City University Corpus of Academic Spoken English,简称 CUCASE),这是一个囊括中国学生和本族语学生的多模态学术英语口语语料库,库容达 200 万词次。香港理工大学建设的 Learner Corpus of English for Business Communication 收录了中国学生完成的职业英语作文,如商务信函、备忘录、投诉信等,库容约为 12 万词次。总的来说,学习者专门用途英语语料库的发展相对缓慢。我们需要鼓励学生写更多学术性和商务性的文章,这样才能弥补这类研究的不足。

本项目正是在这样一个背景下,决定建设包含通用英语、职业英语、学术英语三种类型数据的综合性学习者语料库。

第二节　理工科大学英语课程需求分析①

一、概述

《大学英语课程教学要求》指出，大学英语课程是高等教育的重要组成部分，"兼具工具性和人文性"（教育部高等教育司 2007：5），其工具性可落实在包括学术英语和职场英语的专门用途英语教学上（王守仁 2013）。与此同时，"随着教育国际化、大学功能一体化、教育信息化、学科交叉综合化的总体趋势的出现，现代高等教育对大学英语教育提出了新的要求：培养出符合社会需要的既具有扎实的语言基础，又具有语言文化素养且不乏语言技能的复合型人才"（黄芳 2011：17）。

虽然近年来国内出现很多与大学英语课程设置相关的需求分析研究（如王斌华、刘辉 2003；王海啸 2004；管春林 2005；蔡基刚 2012；孔繁霞 2012；祝珣 2015；邹晓燕、陈坚林 2016；王银泉等 2016），但鲜见针对理工科大学英语课程的研究。因此，项目组以项目依托单位上海理工大学为例，对理工类院校在校生（包括低年级和高年级学生）、历届毕业生和任课教师等1,000余人进行了问卷调查，从不同角度进行理工科大学英语课程需求分析，以期提出较为全面的反馈建议，提升大学英语的教学效果。

二、研究基础

1. 需求分析

Richterich（1972）首先提出了外语教学需求分析模式。国外的需求分析大致经历了如下四个阶段：20世纪70年代围绕专门用途英语基于目标情景分析进行研究（Richterich 1973/1980；Munby 1978）；80年代的需求分析加入了通用英语教学，除了目标情景分析，亦开展了缺陷分析、策略分析、语言审查等方面的研究（Chambers 1980；Allwright 1982；Halliday & Cooke 1982；Hutchinson & Waters 1987）；90年代重新将专门用途英语定为研究重心，将基于计算机的分析和材料选择加入研究范围（Johns

---

① 本节主要内容曾发表于《当代外语研究》2017年第2期，此处略作修改。

1991);21世纪以来的研究以任务型需求分析为主(Long & Norris 2000; Gilabert 2005;Long 2005)。20世纪末和21世纪初,中国学者开始对外语教学进行需求分析研究,如夏纪梅、孔宪辉(1999)提出基于需求分析对教学对象加强了解,王海啸(2004)尝试从社会、学生、教师和管理者四个角度对大学英语教学进行需求分析。

2. 需求定义

Kemp(1998)把需求定义为"学生、社会和其他有关方面指望得到的东西和现存状况之间的距离"(转引自夏纪梅、孔宪辉1999:26)。余卫华(2002)认为教学中的需求可以从多方面加以定义,如学生对目前学习和未来工作的要求、希望在课堂中获得的知识、在学习和使用语言中不清楚的地方、社会环境认为学生应该掌握的内容等。夏纪梅、孔宪辉(1999)指出外语教学的需求分析应针对如下三个方面进行:"总体情况分析(即学生情况、教师情况及其他相关的教学情况);学生需求分析(即学生学习外语的目的,需要哪些语言技能、哪种语域、要达到何种水平等);社会/职业需求分析(即社会/职业对所需人才在外语方面的要求)"(转引自刘芹、胡银萍2010:86)。本研究基本按照上述框架开展,参照蔡基刚、陈宁阳(2013)的研究方法设计低年级学生、高年级学生、历届毕业生与任课教师四个群体的调查问卷,以期获得理工科院校大学英语实际教学需求。

三、研究实施

1. 问卷构成

问卷分低年级学生、高年级学生、历届毕业生及任课教师四个版本,均由本人信息和主体部分组成。其中,低年级学生问卷和历届毕业生问卷都要求对当前大学英语课程及教学提出意见和建议。高年级学生问卷和教师问卷的主体部分分为目前大学英语教学现状、结果、教学目标等方面,都涉及到了当前大学英语教学目标、内容及评价三个方面的内容。为了方便统计,该部分设计成李克特五级量表形式,要求受试根据自身实际情况选择认同程度(5为完全同意;4为基本同意;3为不能确定;2为基本不同意;1为完全不同意)。低年级学生问卷的主体部分分为对当前英语教学的看法和对当前实施的大学英语教学的意见和建议;历届毕业生问卷的主体部分分为目前英语使用情况、对经历的大学英语教学的评价和对当前转型期的大学英语课程设置的评价。

2. 研究对象

上海理工大学的理工科在校生、历届毕业生及任课教师参与了此次调查。共发出低年级学生问卷 850 份、高年级学生问卷 200 份、历届毕业生问卷 30 份、任课教师问卷 35 份。

3. 研究过程

项目组在 2016 年对四组群体进行了问卷调查。问卷采用纸质版和电子版两种形式。低年级与高年级学生采用纸质版问卷的形式,历届毕业生与任课教师采用电子邮件的形式。问卷填写完毕后,低年级与高年级学生的问卷直接交给项目组,历届毕业生与任课教师的问卷通过邮件发到指定的邮箱。剔除无效问卷,回收的有效问卷数分别为 837 份、199 份、27 份和 35 份,问卷回收率分别为 98.5%、99.5%、90% 和 100%。随后,我们使用社会科学统计软件 SPSS 19.0 对收集的数据进行描述性统计、独立样本 t 检验和单因素方差分析(One-Way ANOVA)。

四、数据分析与讨论

1. 共性分析

高年级学生、历届毕业生与任课教师分析

高年级学生(1)、历届毕业生(2)与任课教师(3)三个群体的调查问卷共同涉及了三个问题,分别是大学英语课程目标主要以应试为目的(Q1),大学英语教学内容与高中重复(Q2),大学英语课程培养了工作或专业上所需要的英语听说读写能力(Q3)。三个不同群体对于同三个问题的回答如何?项目组通过单因素方差分析进行讨论,结果如表 2-1 所示:

表 2-1 需求分析方差分析表

	Sum of Squares	df	Mean Square	F	Sig.
Q1 Between Groups	6.359	2	3.179	2.697	0.069
Within Groups	303.007	257	1.179		
Total	309.365	259			

（续表）

	Sum of Squares	df	Mean Square	F	Sig.
Q2 Between Groups	4.579	2	2.289	2.323	0.100
Within Groups	253.267	257	0.985		
Total	257.846	259			
Q3 Between Groups	61.034	2	30.517	24.084	0.000
Within Groups	325.654	257	1.267		
Total	386.688	259			

根据上述方差分析结果，在 Q1 和 Q2 这两个问题上，p 值均大于 0.05，未有显著差异；在 Q3 问题上，p 值为 $0.000<0.05$，说明三组群体的回答有显著差异。项目组继而在多重比较窗口，选择了 S-N-K 检验以进一步探索究竟是哪个组在 Q3 的问题回答上差异性显著。多重检验结果为：

表 2-2　Q3 Student-Newman-Keuls[a, b] 检验结果

Group	N	Subset for alpha=0.05	
		1	2
3	35	2.2286	
2	27	2.6538	
1	199		3.5276
Sig.		0.086	1.000

上述分析结果表明，任课教师和历届毕业生与高年级学生在 Q3 "大学英语课程培养了工作或专业上所需要的英语听说读写能力"的回答上存在差异，而任课教师和历届毕业生的差异不显著。换言之，对于大学英语课程培养了工作或专业上所需要的英语听说读写能力问题的看法，高年级学生与任课教师和历届毕业生的回答不一。

任课教师与高年级学生分析

任课教师与高年级学生问卷共同涉及了同样的六个问题，项目组通过独立样本 t 检验分析得到如下结果：

表 2-3 需求分析独立样本 t 检验

问　题	t	Sig.（2-tailed）
大学英语教学基本能满足我（学生）用英语从事专业学习和研究的需求	-3.816 -4.684	0.000 0.000
对目前我校的大学英语教学和课程基本满意	-3.882 -5.582	0.000 0.000
对我（学生）英语水平提高的幅度感到满意	-4.096 -5.473	0.000 0.000
大学英语教学不同程度上重复中学内容	0.601 0.680	0.548 0.500
大学英语学习主要是应对四、六级考试	0.706 0.787	0.481 0.435
大学英语是一门素质教育课程，应多开设英美文化、英美文学等通识类课程	-0.706 -0.930	0.481 0.356

表 2-3 结果显示，任课教师与高年级学生在大学英语教学能否满足学生用英语从事专业学习和研究的需求，对本校的大学教学和课程是否满意，以及通过这几年的大学英语学习，对自己英语水平提高的幅度是否感到满意的问题回答上，差异非常显著（$t = -4.096 \sim -3.816$，$p = 0.000 < 0.05$）；而在大学英语教学目标及课程本质，以及教授内容上，没有显著差异（$t = 0.601 \sim 0.706$，$p = 0.481 \sim 0.548 > 0.05$）。

2. 个性化分析

低年级学生问卷

针对低年级学生问卷的设置，主体部分包括对大学英语教学的意见和对本校当前实施的大学英语教学的意见及建议两大模块；前一模块主要包括课堂气氛、教材、教师的帮助、教学目标与内容几个方面，后一个模块包括教材、教师、教学方法、教学管理、教学设备及评估方式和其他等。统计分析结果如下：

表 2-4 低年级学生对大学英语教学的看法

问　题	完全同意（%）	基本同意（%）	不能确定（%）	基本不同意（%）	完全不同意（%）
课堂气氛活跃	8.3	41.5	40.3	7.5	2.2
教材适合水平	7.0	47.8	33.1	10.8	1.2

(续表)

问题	完全同意(%)	基本同意(%)	不能确定(%)	基本不同意(%)	完全不同意(%)
教师对学生帮助大	21.4	53.4	23.4	1.7	0.1
教学目标和教学内容合适	16.6	65.5	9.3	8.6	0
师生交流时间多	2.4	13.1	47.9	30.5	6.2
生生交流时间多	2.1	10.5	48.9	32.5	5.9
学习进步大	2.1	16.4	52.1	24.4	5.0

表2-4显示,有49.8%的同学认为上课时班级课堂气氛非常活跃或者比较活跃,54.8%的同学认为所用的英语教材非常适合或者比较适合他们的水平,74.8%的同学认为英语任课老师对他们的学习帮助非常大或者比较大,82.1%的同学认为所在班级的教学目标和教学内容非常适合或者比较适合他们的英语水平;然而,只有15.5%的同学认为他们与老师的主动交流时间非常多或者比较多,12.6%的同学认为平时与同学的交流时间非常多或者比较多,18.5%的同学认为通过大学英语学习自己取得了非常大或者比较大的进步。

通过上述调查结果我们可以发现,大部分同学比较满意英语教师及其教学目标和教学内容,但课堂上教师与学生的交流时间太少,所以取得的教学效果甚微,只有极少数的学生能够通过大学英语学习取得显著或者比较显著的进步。另外,学生对所用的英语教材不太满意。

为了更好地了解学生的需求,问卷部分还增设了对本校当前实施的大学英语教学的意见及建议。这一部分包括六大模块:教材、教师、教学方法、教学管理、教学设备及评估方式。在所调查的837名低年级学生中,共计114人提出了意见与建议。针对教材方面:42.1%的学生认为内容应该更贴近生活,更富时代性,加重世界文化知识比重,增强趣味性,提高教材和练习题质量,教材应难度适当,题材要多样化,平衡各个主题模块所占比重,增加配套教材,增加听说教程、交流模块,加强词汇注解及重点词汇积累。针对教师方面:47.7%的学生认为要加强师生、生生互动交流,以学生为中心,根据学生能力安排课程,引导学生进行自主学习并教授自主学习方法,课堂气氛应该轻松、严格并行相济,不能只求活跃气氛,忽略实质教学。针对教学方法方面:60%的学生认为上课方式应该轻松愉悦,循序渐进,引导为主,增强学生自主性,以学生为主,少讲多练,改变哑巴式英语教学现状,鼓励学生多说,不要过分注重语法,应该注重听说能力的培养;教学方法应该避免单调,讲课有重点,灵活多样,不应只局限于课本教学,讲课要有趣味性,平衡好网络教学与课堂教学时间分配。针对教学管理方面:56%的学生认为应注重平时考勤,管理要宽松与严格并济,营造轻松愉悦的学习氛围,并且要合理分配英语教学资源。针对教学设备方面:60%的学生认为应该完善教室的多媒体设备,升级管理系统,提高音箱质量,增加活动桌椅,改善网络自主学习系统等。针对评估方式方面:84.17%的学生认为应该采取形成性评估方式,平衡平时表现、期中与期末成绩所占比重。

高年级学生问卷

高年级学生问卷主要询问受试对已经经历的大学英语课程的评价及改善意见,共有10个选择题供受试回答,调查结果如下所示:

表2-5 高年级学生对大学英语教学的看法

问 题	完全同意(%)	基本同意(%)	不能确定(%)	基本不同意(%)	完全不同意(%)
我校大学英语教学能满足专业学习和研究需要	9.5	36.7	2.0	43.2	8.5
满意目前我校的大学英语教学和课程	15.6	47.7	0	28.1	8.5
通过这几年的英语学习,满意英语水平提高的幅度	15.6	31.7	2.0	43.2	7.5
大学英语教学内容与中学重复	15.6	55.3	1.5	22.6	5.0
大学英语学习主要是应对四、六级考试	21.6	45.2	3.5	23.6	6.0
目前的大学英语教学让学生对英语学习产生厌倦	16.1	52.3	2.0	27.6	2.0
大学英语需要新的定位	26.1	49.7	1.5	19.6	3.0

(续表)

问　　题	完全同意 (%)	基本同意 (%)	不能确定 (%)	基本不同意 (%)	完全不同意 (%)
学术英语教学更有效	15.6	59.3	3.0	19.1	3.0
大学英语提供素质教育,应该多开设英美文化、英美文学等通识类课程	15.6	59.3	2.0	21.1	2.0
控制学术英语教材的内容及语言	12.6	66.8	0	19.1	1.5

　　表 2-5 显示,46.2%的学生完全或基本同意本校的大学英语教学基本能满足自己用英语从事专业学习和研究的需求;63.3%的学生完全或基本满意目前本校的大学英语教学和课程;47.3%的学生对英语水平提高的幅度非常或比较满意;70.9%的学生完全或基本同意大学里目前的通用英语教学不同程度上重复中学英语教学内容;66.8%的学生完全或基本同意大学生学习英语的目的主要是应对各种英语考试,如四、六级等;78.4%的学生完全或基本同意大学开展的通用英语是造成大学生英语学习懈怠和厌倦的主要原因之一;75.8%的学生完全或基本同意新的大学英语定位是:培养大学生用英语进行专业学习和研究的语言能力;74.9%的学生完全或基本同意学术英语教学比通用英语教学在调动学生英语学习积极性方面更有效;74.9%的学生完全或基本同意大学英语是一门素质教育课程,应多开设英美文化、英美文学等通识类课程;79.4%的学生完全或基本同意学术英语教材要和学生学科内容有点关系,但不要太专,在内容和语言上有所控制。

　　上述调查结果显示,当前的受试学校的大学英语教学还不能完全满足绝大部分学生用英语从事专业学习和研究的需求,还不能完全有效提高大部分学生的英语水平;此外,当前的大学英语教学应该做好中学英语与大学英语教学内容的衔接过渡,重新定位大学英语的培养目标,增加相应的课程以满足学生的需求。

任课教师问卷

　　项目组在该部分共设计了 16 个问题,调查任课教师所观察到的学生对课程的需求及自己对目前大学英语课程的评价及改革意见,调查结果如下所示:

表 2-6 任课教师问卷调查结果

问题		完全同意(%)	基本同意(%)	不能确定(%)	基本不同意(%)	完全不同意(%)
学生课程需求	用英语阅读专业文献	14.3	65.7	14.3	2.9	2.9
	用英语听讲座或讲课	5.7	68.6	17.1	8.6	0
	用英语写文献、小论文摘要	14.3	48.6	22.9	5.7	8.6
	用英语作学术口头阐述	8.6	28.6	42.9	17.1	2.9
	出国留学	5.7	77.2	17.1	0	0
学生不习惯听外国专家讲座,不会做笔记		5.7	54.3	28.6	8.6	2.9
学生阅读原版教材和专业文献速度慢		11.4	57.1	22.9	8.6	0
学生用英语作学术论文口头陈述讨论有困难		14.3	62.9	14.3	5.7	2.9
学生用英语写文献综述,论文摘要和小论文等有困难		5.7	57.1	22.9	14.3	0
学生在英语论文写作中缺少规避学术剽窃的各种策略和方法		14.3	54.3	22.9	5.7	2.9
大学英语教学能基本满足学生专业学习和研究需要		20.0	37.1	14.3	25.7	2.9
学生对目前大学英语教学和课程基本满意		28.6	34.3	25.7	11.4	0
学生对自己英语水平提高的幅度感到满意		22.9	34.3	22.9	20.0	0

(续表)

问题	完全同意(%)	基本同意(%)	不能确定(%)	基本不同意(%)	完全不同意(%)
大英英语教学内容与中学重复	8.6	31.4	11.4	17.1	31.4
学生学习大学英语主要是应对四、六级考试	11.4	25.7	8.6	20.0	34.3
大学英语是一门素质教育课程	8.6	40.0	22.9	20.0	8.6

调查结果显示,根据任课教师的日常观察,学生普遍都有用英语阅读专业文献,写文献、论文摘要或小论文及出国留学的需求。虽然学生有上述需求,但语言能力还是很欠缺的,表现为不习惯听外语讲座,用英语写文献综述、论文摘要有困难,缺乏规避学术剽窃的策略和方法。之所以出现这样的结果,是因为目前的大学英语教学内容与中学重复,以应试为主要目的,远远不能满足学生的需求。因此,大学英语教学应该根据学生的课程需求,调整英语教学内容与目标。

历届毕业生问卷

该问卷主要包括三个部分内容,即对目前英语的使用情况、对曾经经历的大学英语课程的评价及对大学英语课程设置改革的意见和建议。

表2-7 历届毕业生对目前英语使用情况的评价

工作单位对英语有一定或较高要求	工作中英语使用最多的是阅读和商务写作	在大学英语教学中急需提高的能力		
		听说能力	商务口语交流能力	学术文献阅读和跨文化交际能力
61.5%	57.7%	69.2%	34.6%	26.9%

表2-7显示,61.5%的历届毕业生认为他们所在的工作单位对英语有一定或较高的要求;57.7%的历届毕业生认为在平时的工作中,英语用得最多的是阅读(文献、邮件、报告等)和商务写作(邮件、信件、报告等);在大学英语教学中急需提高的能力分别是听说能力(69.2%)、商务口语交流能力(34.6%)及学术文献阅读和跨文化交际能力(26.9%)。

表 2-8　历届毕业生对曾经经历的大学英语课程的评价

大学英语课程评价	完全同意或基本同意(%)
大学英语课程主要以应试为目的	61.5
大学英语教学内容与中学重复	73.1
大学英语课程主要以语言教学为基础	46.2
大学英语课程培养了学生综合应用能力	23.1
大学英语课程满足了工作或专业上所需要的英语听说读写能力	26.9
大学英语课程提升了学生跨文化意识,扩大了国际化视野	19.2
大学英语课程强调英语(阅读/翻译/写作)在解决专业或学术方面的重要性	15.3
强调学生在专业或学术方面的阅读/翻译/写作能力	19.2
大学英语课程可以提供出国留学的机会	19.2

上表显示,历届毕业生认为他们曾经经历的大学英语课程教学内容与中学的学习内容并无太大差异,还停留在以应试为目的、以语言教学为基础的层面;忽略了对学生跨文化意识的培养,忽视了学生用英语(阅读/翻译/写作)在解决专业或学术方面问题的重要性,以及学生在专业或学术方面的阅读/翻译/写作能力。

另外,项目组用开放式问题形式调查了历届毕业生对大学英语课程设置改革的意见和建议,其回答结果可归纳总结如下:73%的历届毕业生建议大学英语课程应转型为培养学生用英语从事专业学习和今后工作的课程;92.3%建议大学英语课程应加强在实际工作环境的英语运用能力的培养;84.6%建议大学英语课程应强化实际工作中的英语口头沟通能力的培养,包括商务谈判和学术交流等;73.1%建议大学英语课程应强化实际工作中的英语写作能力的培养,包括学术论文、实验报告、文献综述和商务计划、函电、电邮、报告等的撰写能力;50%建议大学英语课程应着重培养用英语完成批判性阅读与专业相关的资料与文献的能力,独立分析和解决问题等学术能力;80.8%建议大学英语课程应加强对跨文化沟通能力的培养,提升全球就业实力;61.5%建议大学英语课程应通过对英语(阅读/翻译/写作)的使用,培养学生在专业或学术方面协作创造新知的能力;此外还有一些历届毕业生建议改进目前英语教学方法,教学应该激发学生对学习的兴趣和积极性,增加一些情景模拟练习,促使学生在互动中学习,老师应尽量全英语授课。

五、结论

本次调查反映了任课教师、在校生及历届毕业生对大学英语的评价及对当前实施的大学英语课程的意见及建议,基本体现了理工科大学对英语课程的需求。为了促进大学英语课程的改善,本文提出如下建议:

(1) 转移教学方向

蔡基刚(2011:615)提出:"大学英语教学重点应从目前通用英语立即向专门用途英语,尤其是学术英语转移,并明确提出为专业学习和今后工作服务的大学英语教学目标。"根据本研究,我们认为无论是教师还是学生,都已意识到大学英语教学应服务于学生的专业学习和今后工作。因此,教学方向的转移势在必行。

(2) 调整教学目标

大学英语教学应侧重对学生在实际工作环境中的英语运用能力的培养,如专业方面的听、说、读、写、译;应强化实际工作中的英语写作能力的培养,包括学术论文、实验报告、文献综述等的撰写能力;应着重培养用英语完成批判性阅读与专业相关的资料与文献的能力,独立分析和解决问题等学术写作能力;应加强跨文化沟通能力的培养,提升全球就业实力;应强调通过使用英语(阅读/翻译/写作),培养学生在专业和学术方面协作创造新知的能力。这符合《教学指南》中提出的培养学生英语应用能力的要求(王守仁 2016)。

(3) 革新教学方法

以上调查结果显示,学生希望能主动而非被动地学习英语。学生在大学入学前就积累了一定的语言知识,可以借助自身的认知能力通过自主学习去掌握新的知识。教师应该给予学生更多的自主权利,让学生积极投身到英语学习中去。此外,参与本研究的学生还希望教师能在课堂上讲解学习策略。这与文秋芳(2000:8)指出的"外语教师应该是学习策略的培训者,而使用策略的目的在于提高学习效率"相吻合。

本研究从低年级学生、高年级学生、历届毕业生和任课教师四个角度对上海市的一所理工类高校进行了大学英语课程需求分析,并对课程设置提出了建议。我们在将来的研究中,将尝试构建理工科专门用途或学术英语系列课程,以充实大学英语课程构架,并在教学实践中予以检验。

第三节 国内高校英语写作评估研究

一、引言

写作评估是写作教学活动中不可或缺的一部分,也是语言测试领域中值得关注的问题。然而,写作评估作为一种主观性评估方式,在研究数据搜集和分析上存在较大难度,因而相对于阅读评估,其相关研究开展得不够丰富。近年来,国外学者对于写作测试的评分方法、评估软件、评分员因素等方面的研究皆初具规模(高海英 2010),而国内在二语写作评估研究方面相对滞后,尤其是对高校英语写作评估的关注度不高,该方向研究至今在国内外语写作研究领域中所占比重仍然较小。针对此研究现状,项目组回顾了我国高校英语写作评估的研究成果,分析总结出近年来该领域的研究新动态,指出当前研究的不足与盲点,并对未来研究提出建议,为今后国内学者的研究提供一定线索。

二、文献来源及检索

项目组以"写作"和"评估/评分"为关键词,在中国知网《中国期刊全文数据库》[①]中收录的 1991—2014 年的所有文献中检索并筛选出与高校英语写作评估相关的文献,共获得论文总数 320 篇。其中,绝大多数文献来源于非核心期刊,少数来源于核心期刊[②],来自外语类核心期刊中的文献量更是屈指可数(见表 2-9)。具体文献分布情况见表 2-10。

表 2-9 中国知网收录的国内高校英语写作评估研究相关文献

	非核心期刊	核心期刊		总计
		外语类	非外语类	
篇数	239	48	33	320
所占比例	75%	25%		100%
		15%	10%	

[①] 本研究中数据截止到中国知网《中国期刊全文数据库》2014 年 12 月 31 日。
[②] 本研究中统计的核心期刊为中国知网中的 SCI、CSSCI 来源期刊以及其他核心期刊。

从表2-9的文献来源来看,长期以来国内核心期刊上发表的相关文献量偏少,1990年以来发表的文献总量为81篇,仅占所有期刊上登载的相关文献总量的四分之一左右。其中外语类核心期刊上发表的文献数量仅达48篇,占总量的15%。这表明,高校英语写作评估研究在国内尚未取得突破性进展,难以在高层次的研究刊物上形成一定规模。

据表2-10可知,国内高校英语写作评估研究在外语类核心期刊上分布极不平衡。1991—2014年,《外语学刊》上并未刊载过一篇相关文献。《外国语》《解放军外国语学院学报》《外语研究》等刊物上也仅分别刊载了一至两篇相关文章。相对而言,《外语界》《外语电化教学》中刊载的相关文献所占比重较高。在非外语类核心期刊中,以教育类期刊中收录的相关文献量居多,其中最主要的刊物包括《现代教育技术》《中国成人教育》《教育理论与实践》《江西教育科研》等。

表2-10 中国外语类核心期刊收录的国内高校英语写作评估研究相关文献

	年份 期刊名	1991—1996	1997—2002	2003—2008	2009—2014	总计
外语类核心期刊	外语教学	0	0	2	2	4
	外语与外语教学	0	0	0	3	3
	外语界	1	1	7	3	12
	外语教学与研究	0	1	0	1	2
	现代外语	0	1	0	4	5
	山东外语教学	0	0	0	2	2
	外语教学理论与实践①	0	0	2	1	3
	外语电化教学	0	0	0	10	10
	解放军外国语学院学报	0	1	0	0	1
	中国外语	0	0	1	1	2
	外语研究	0	0	1	0	1
	外国语	0	0	1	0	1
	外国语文	0	0	0	1	1
	外语学刊	0	0	0	0	0

① 《外语教学理论与实践》2008年前刊名为《国外外语教学》,为统计方便,此处统一采用更名后刊名。

（续表）

类别\年份	1991—1996	1997—2002	2003—2008	2009—2014	总计
非外语类核心期刊 — 高校综合性学报	1	1	2	4	8
非外语类核心期刊 — 教育类核心期刊	0	0	6	15	21
非外语类核心期刊 — 综合性社科类核心期刊	0	0	0	1	1
非外语类核心期刊 — 其他核心期刊	0	0	0	3	3

三、统计结果分析

1. 基本趋势

图 2-2 显示，国内关于高校英语写作评估方面的研究起步颇晚，1991年才开始出现相关研究。研究数量偏少，但总体呈持续增长趋势。1991—2006 年，研究数量波动不大，增幅较小，2007 年以后开始上升，增长态势迅猛，这表明该领域相关研究日益受到国内研究者的关注。

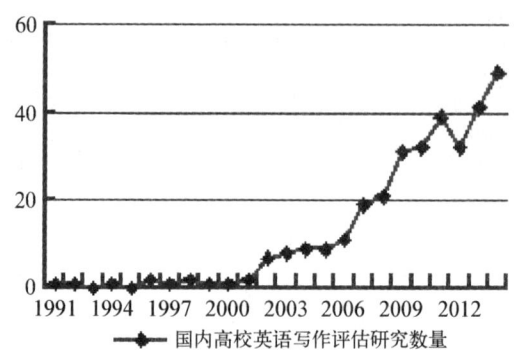

图 2-2　国内高校英语写作评估研究趋势分析

高校英语写作评估，从 20 世纪 90 年代的鲜有问津到现今成为外语写作测试与评估领域的新兴热点，其发展历程与国内英语写作教学的发展轨迹密不可分。2007 年以前高校英语写作主要侧重于对学生英语习作中词汇、语法等语言层面错误的纠正与评改，以及大学英语四、六级考试中写作评分标准的探讨与研究，在此期间英语写作评估未得到外语教学研究者的足够重视。而 2007 年以后，随着大学英语及英语专业考试改革的推进,以及仅通过对写作中语言表层错误的纠正与评改难以提高学生的英语写作水平这一弊端的日益凸显,国内研究者开始探索更为便捷的评估过程、更为合理的评估模式、更为有效的评估手段,以期促进日常英语写作教学(高海英 2010)。

2. 研究方法

外语教学的研究方法主要分为实证研究和非实证研究。前者以系统的、有计划的采集分类为特点,包括定量研究、定性研究以及二者的结合运用(黄建滨、于书林 2009)。定性研究即李志雪、李绍山(2003)研究中提及的非材料性研究,它不以系统采集的材料为基础,而是主要包括文献综述、理论述评、个人经验总结和观点陈述、理论思辨等(文秋芳 2001)。

据表 2-11 可知,总体而言,非实证研究和实证研究比重几乎相当,非实证研究比重略超实证研究比重。1991—2008 年,非实证研究比重大大高于实证研究比重,而 2009—2014 年,实证研究比重开始反超非实证研究比重,到 2014 年底,实证研究数量占总研究的一半以上,逐渐上升为主流。随着语言测试与教学研究的不断发展,实证研究凭借其直观而有说服力的优越性备受青睐,与此同时,研究者的实证研究意识与素质也大幅提高。

表 2-11 国内高校英语写作评估研究方法统计

研究方法 \ 年份	1991—2008		2009—2014		总 计	
	数量	百分比	数量	百分比	数量	百分比
非实证研究	60	62%	105	47%	165	52%
实证研究	36	38%	119	53%	155	48%
总 计	96	100%	224	100%	320	100%

3. 研究内容

我们依据研究的内容,对检索到的文献进行分类(详见表 2-12)。

表 2-12 国内高校英语写作评估研究内容分类

类 别	主 要 内 容	篇 数	所占比例
1	评分方法和评估标准问题	105	33%
2	优化写作评估的形式与手段	93	29%

（续表）

类 别	主 要 内 容	篇 数	所占比例
3	智能评估	62	19%
4	写作评估理论研究	29	9%
5	影响人工评估的因素	8	3%
6	其他	23	7%

表2-12显示，现今国内高校英语写作评估研究的重点主要集中在评分方法和评估标准问题、优化写作的评估形式与手段以及智能评估三方面。对影响人工评估的因素，写作评估理论研究的探讨相对较少。

长期以来，对于大学英语四、六级及英语专业四、八级等大型英语测试中写作部分评分标准、评分细则、评分方法的信度（邹申、杨任明2002；蔡基刚2002；费茜、赵毓琴2008；李清华、孔文2010a）等问题的分析与探讨经久不衰。在优化写作评估的形式与手段方面，研究者们主要提出并检验了以档案袋评估为代表的形成性评估、自我评估、同伴互评与教师反馈（曹荣平等2004；谢敏2008；陈芳2009；周莉红2006；韩宝成、赵鹏2007；邵名莉2009；王颖、刘振前2012；孔文等2013）等多种评估手段在高校英语写作教学中的有效性问题。在智能评估方面，主要侧重于以计算机应用、网络媒介为依托的电子软件评估、自动评分系统（万鹏杰2005；葛诗利、陈潇潇2009；鲁艳辉等2010；杨玲2013）在大学英语写作中的应用研究。在影响人工评估的因素方面，主要着眼于评分员差异、评估人员主观因素（刘建达、杨满珍2010；张艳莉、彭康洲2012）等对写作评估的影响研究。在评估理论方面，侧重于写作教学与评估的发展历程的系统性阐述（孔文、郭泉江2012），以及相关评估理论与书籍的述评。

4. 研究对象

本文将研究对象按写作主体和写作环境两类进行区分。图2-3显示，从写作主体来看，对普通高校本科学生英语写作评估研究占绝大比重，而对高职高专院校学生或研究生英语写作研究比重偏低，这与普通高校本科学生为国内高校英语写作的最大群体有关。

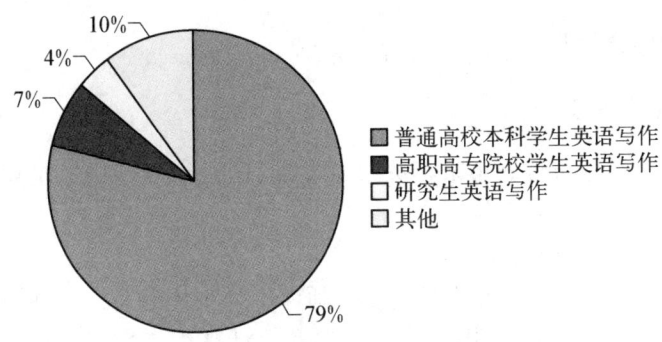

图 2-3　国内高校英语写作评估研究对象统计

由图 2-4 可知,从写作环境角度而言,考试环境下的写作评估研究持续不断,而近年来课堂环境下的写作评估研究逐渐兴起。考试环境下的写作评估研究起步早,24 年间研究数量波动上升。而课堂写作评估研究起步滞后,自 2006 年起数量才迅猛增长,近年来呈现赶超写作测试评估研究的趋势。国内的写作测试研究有相当一部分着眼于大学英语四、六级及英语专业四、八级考试中的写作评估。这是由于此类考试普及范围广、权威性高、影响力大,以及写作在此类测试中占较大权重。而课堂评估研究的兴起直接得益于"以改促学"理念的深入人心,以及外语教学领域中各种新型评估方式的蓬勃发展。考试固然是对学生语言能力评估的有效方式之一,但国内教学研究者日益发觉其在外语写作教学中的巨大局限性。因而学生自评、同伴互评、档案袋评估等较为新颖的过程性评估方式开始融入课堂教学中,以期更好地提升学生的习作质量与写作能力。

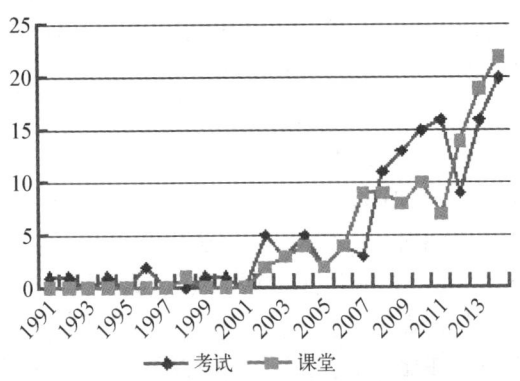

图 2-4　国内高校英语写作考试与课堂环境写作评估研究趋势

四、统计结果讨论

1. 研究的新特点

通过总结分析近六年来相关文献发现,国内该领域研究呈现出以下新特点:

形成性评估异军突起

国内教育工作者逐渐意识到以教师评价为主体的写作评估方式具有较大的局限性与片面性,因而尝试提出并设计更为丰富、新颖、有效的评估方式,如此既可以减轻教师的工作负担,又有利于充分调动学生的主观能动性。近年来,形成性评估凭借其科学的理念、特点与评估手段成为高校英语写作课堂中的常见教学方式。作为一种注重对学生的学习过程行为进行研究性评估的方式,形成性评估能够为教师及时提供教学反馈,以便其及时调整课堂教学方法,从而满足不同层次学生的学习需求。

形成性评估方式多样,具体表现有:档案袋评估、个别检查、学生自评、同伴互评、学期作品评估、教师评估与学生评估相结合、自动评估、人工评估与智能评估相结合,以及其他评分系统与评分体系。张漱梅(2012)通过实证研究证明了通过档案袋进行过程评价,可以满足学生的情感需要,充分挖掘学生的写作潜能。人文与建构主义思潮的兴起引发了对于形成性评估在写作教学中作用的日益激烈的探讨。谢敏(2008)从人文和社会建构思想的理论角度出发,研究形成性评估在写作教学中的应用对大学生英语写作自主能力的影响。陈伟、许之所(2008)归纳并探讨了在网络资源的宏观语境下大学生英语写作能力的培养模式,概括出一个操作简便、设计精细、具有反抄袭作用的新型写作评分体系。葛诗利、陈潇潇(2009)提出运用文本聚类的方式识别学生习作中的跑题现象,以节约人力、提高写作评价准确性。白云(2011)提出应将限时作文与课后作文相结合,将结果写作法与过程写作法相结合,计算机评估与教师评价等多种方式相结合的使用策略。综上所述,国内研究者们皆针对教学实践活动中的困难和问题,尝试性地采用多种形成性评估方法,设计并实施了一定周期的教学实验,通过实证研究检验该方式是否有益于高效地培养学习者的自主写作能力。

写作文本类型具体化

依照文体特征与用途功能差异,可将写作文本分为通用英语写作与专门用途英语写作。而依据学科门类的不同,专门用途英语写作又可进一步细分为商务英语写作、科技英语写作、法律英语写作等。近年来随着高校内部专业的细分以及人才市场对于专门用途人才需求的激增,高校英语写作课程的设置也更为细致化。依据写作文本类型的不同特点,针对不同类型的英语写作文本采用不同的写作评估方式会收获不同的效果。陈晓平(2013)针对成人高校商务英语写作的特点,将"翻转课堂"这一新型教学与评估模式引入商务英语写作,实践效果显著。同时,商务英语写作课程当中也引入了形成性评估体系与动态评估模式,诸多研究表明该评估模式适用于商务英语写作课程,有利于促进评估的合作性和交互性。此外,部分研究者探讨了形成性课堂评估在非英语专业博士研究生科技英语论文写作教学中的应用与效果,证明了该评估手段对科技类学术英语写作的积极作用。

评估人员素质研究崭露头角

在语言测试评估中,人工评估方式作为传统的评估方式在国内写作测试评估中长期占绝对优势。与此同时,近年来随着教育评估领域的热点愈发集中于注重学生学习过程的课堂评估,加之其有效性取决于教师在课堂评估中的知识与实践(许悦婷 2013),教师在课堂评估中的主体地位愈加不容忽视。因而无论在测试评分还是课堂评估中,评估人员素质皆起到举足轻重的作用。张艳莉、彭康洲(2012)通过对比分析语言学专家和语言测试方向研究生两类评分者在英语专业八级考试写作评分中的异同,探讨了初学评分者的评分质量,为培养合格的写作测试评分员提供一定的参考价值。陆远(2010)在探讨写作评分效度的过程中提到了评分员素养的差异是造成评分过程偏颇现象的一大因素,指出提升评分员素养对于实现写作测试的公平性有积极作用。许悦婷(2013)梳理整合了教师评估素质研究的相关文献,对教师评估素质发展的现状、原因进行了简要述评,探讨了如何有效提高我国外语教师的评估素质,这一定程度上为我国英语写作课堂评估人员素质的研究打下了基础。

2. 问题与建议

综合以上统计结果与近年来相关研究的新趋势可知,国内在高校英语写作评估领域已采撷了部分成果,但仍有些许不足,研究数量和质量皆有待提高。国内高校英语写作评估研究走过的20多年来,相关领域核心研究成果长期处于低产出状态,近年来才有迅猛增长的势头。但总体而言,其研究数量无论在外语写作研究领域还是外语测试领域都处于无足轻重的尴尬地位。尤其是核心刊物上相关领域研究的贫乏状况反映了国内相关高水平、高质量研究的稀缺。针对此不足,本文建议未来可以从以下几个方面提升研究的数量和质量。

深化发展智能评估研究

近几十年来,随着计算机性能与自然语言处理技术、语料库应用技术等科技的日新月异,作文自动评估系统与软件也相应不断升级与更新。国外研究者率先在二语写作测试研究中探索计算机辅助下的智能评估的应用。然而,该类型研究在我国尚处于起步阶段,研究的焦点主要集中在国内现有的自动评估系统在大学英语写作教学中的有效性的实证研究(鲁艳辉等 2010;白云 2011),而对于国外先进的写作评估软件的引进方面,或对适用于国内高校英语学习者的软件、系统、网络平台(康卉、史子明 2014)的研发方面的探索相对滞后。吴丹、张青妹(2011)对大学英语写作中的智能评估与人工评估进行了对比分析,提出只有将人工评估与智能评估相结合才能有效测试出学生的实际语言能力。如何建立有效的人机共评模式成了一个亟待解决的问题,值得未来研究者作进一步深入探讨。

促进写作主体对象与写作文本类型研究的多样性

鉴于当前国内对于普通高校本科学生英语写作评估研究占绝对优势,而对于高职高专院校学生和研究生英语写作评估研究数量稀缺,建议未来可从后两个写作主体对象入手,寻求高校英语写作评估的新突破口。而国内研究在写作文本类型方面也偏向于对通用英语写作评估的研究,对于学术英语或专门用途英语的写作评估研究关注度不够。对于高职高专院校和普通高校非英语专业学生来说,专门用途英语写作在学生的未来职业生涯中具备极强的实用性,因而对于该种类型的写作评估研究也必然具备极强的现实意义。而对硕、博士研究生来说,学术英语写作是最为普遍的写作类型,因而对学术英语写作评估的研究也具有较高的实用价值,有助于促进学术英语写作的严谨化与专业化。

加强影响人工评估的因素研究

人工评估是写作评估必不可少的评估方式,评估人员因素对于写作评分的效度有很大影响,因而开展影响人工评估因素的研究极为必要。疲劳因素、情感因素和不一致性因素等都会影响人工评估的质量。国内目前在此方面的研究主要侧重于评分员的差异性研究,对于评估员素质的研究也才刚刚起步,而对影响人工评估的其他类别的因素探讨较少。针对此现状,未来可以进一步深入评估员素质研究,增强影响人工评估的其他因素的研究,为提高写作评估的效度奠定基石。

五、结论

我国现阶段高校英语写作评估领域的研究,整体而言趋于平稳发展状态,研究方法趋于科学化,研究内容和研究对象也朝多样化发展,但研究的数量和质量仍有很大提升空间。因此,国内对于写作评估与测试的研究力度还有待加强。建议未来可从智能评估、写作文本对象和写作文本类型的多样性、影响人工评估的因素等方面寻找相关研究的新突破口。以写作教学实验为基础,针对不同类型高校学生的写作特点,发现并解决学生英语写作中的实际困难。毋庸置疑,对于英语写作评估的深入研究有利于促进英语写作测试朝规范化与标准化方向发展,从而进一步推动高校英语写作教与学质量的提升。

第四节 写作能力标准研究[①]

一、引言

英语写作能力评估是语言测评界的热点领域之一。评估量表的制订需要有清晰的写作能力标准作为支撑,而对于写作本质的理解有助于写作能力标准的制订。写作本质的特征研究大致经历了四个阶段。20世纪60年代初,ESL写作仅被视为TESL的一个方面,其教学以口语和听力语言输入为主,写作的产出是完全受控的方式,该阶段的写作能力特点是句子层面结构(writing as sentence-level structure)。60年代后期,以逻辑组织和修辞为特点的话语层面结构(writing as discourse-level structure)逐渐构成写作能力的又一特征,尤其是80年代初美国和欧洲的语篇语言学及话语分析的兴起,极大地强化了写作能力的语篇特征。70年代末80年代

---

① 本节部分内容曾发表于《外语测试与教学》2016年第1期,此处略作修改,并在标准制订方面进行了理论扩充。

初,以 Flower & Hayes(1980)为代表的学者对写作的研究兴趣从篇章特征转到了写作过程本身(writing as process)。首次正式把写作看成一个过程引入二语学习的研究者是 Zamel(1982,1983),他强调这个过程既包括组织,也包括意义的形成。此阶段的特征在于将研究重点放在写作行为的过程和实施主体上,这使得"写作能力"的概念更加全面。80年代末90年代初,随着 ESP 和 EAP 的出现,写作的研究重点转移到语言使用的特定语境上,形成了语境中语言使用(writing as language use in context)的能力特征。

从以上对写作能力本质的认识过程来看,这四个阶段的发展并非是完全割裂的,而对于写作能力的认知与研究重点呈现"点—线—面—面"的发展特征,其中:写作语篇、语境和作者三线构成写作主体关系的一个面;写作过程和写作结果两线构成写作评价的另一个面。这两个面相辅相成,互相渗透。比如在单独研究语篇的主体特征时,可从其形成过程和结果两方面分析;在评估写作过程的研究中,需要全面考虑语篇、语境及写作主体的动态构成特征。写作能力标准的制订呈现具体化的趋势,因此需对以上写作能力本质特征作综合考虑。下面旨在根据写作语篇、语境及作者间的互动关系探讨写作能力标准的多维度构成。

二、理论基础

1. 语篇生成理论

语篇语言学家 Beaugrande & Dressler(1981)的语篇生成理论指出,语篇语言学与三个方面密切联系:(1) 语篇,既是过程,又是产物,其特点主要是"语言的";(2) 参与者,通常是语篇的生产者和接受者;(3) 广义的语境,为语篇和参与者提供情景。

该理论较全面地考虑了影响语篇生成的主要因素:语篇、参与者及语境,可为写作能力标准的制订提供基于语篇语言学的理论参考。然而,该理论并未对三大因素的关系作出分析。就写作能力具体而言:从写作的过程来看,研究者要分析作者写作的全过程,即从构思到执笔到修改,包括如何确定主题和提炼主题,如何搜集、选择和使用写作材料,如何谋篇构局,如何安排写作的表达方式以及如何选择适合于特定语域和语境的语言,该过程体现了参与者即作者,同写作语境间的互动,可概述为"语篇构思"维度;从写作的结果来看,研究者要分析具体产出语篇的有效性,需考虑诸多因素,如语言、内容、衔接、连贯、规范等,该过程体现了参与者与写作语篇间的互动,可概述为"语篇生成"维度。

2. 认知写作模型

Flower & Hayes(1980)强调了写作过程的重要性,指出写作过程分为构思(planning)、转译(translating)和修改(reviewing)三个阶段,而构思技能是首要的,是写作过程的核心。写作构思又分为观念产生、观念组织和目标设定三个阶段。观念产生是指从长时记忆中把与写作题目相关的信息检索出来,即确定表达什么信息;观念组织指选取由观念产生过程检索所得最有用的信息,并把它们组织成为一个写作计划,即确定如何表达信息;目标设定是指建议用一般标准,如"使文章尽量简明",引导写作计划的执行。

该模型强调语篇构思在写作中的重要性。其中,观念产生层面的"对写作题目有关信息的检索"可解读为题目解读和信息检索两个具体能力。观念组织层面的"选取最有用信息"可解读为信息选取能力,"组织"解读为信息整合能力,"写作计划"则解读为提纲形成能力。"目标设定"根据定义可分为语言使用目标设定能力和计划执行控制能力。

3. 交际语言能力理论

Bachman(1990)指出,学习者交际语言能力分为语言能力(language competence)、知识结构(knowledge structures)、策略能力(strategic competence)、生理心理机制(psycho-physiological mechanisms)和语境因素(context of situation)五个方面。

语言使用者会因语境等因素的不同采取不同的语言使用策略,而语言能力和知识结构是构成语言交际能力的主要方面。在英语写作过程中,作者会根据语境的不同采用相应的写作策略,以充分反映自身的语言能力和知识结构,这是衡量交际语言能力的重要方面。在写作能力方面可概述为作者的"个体机制"(individual mechanisms)维度,此能力贯穿写作行为的始末。

4. 专门用途语言能力理论

Douglas(2000)基于对交际语言能力模型的分析,首次提出专门用途语言能力(special purpose language ability)概念,认为专门用途语言能力由语言知识(language knowledge)、策略能力(strategic competence)、背景知识

(background knowledge)三个维度构成。其中,语言知识分为语法知识、语篇知识、功能知识和社会语言知识;策略能力分为评估(assessment)、目标设定(goal setting)、计划(planning)和实施控制(control of execution);背景知识在这里专指学术、专业或职场语境(academic, professional or occupational context)。另外,Douglas 指出策略能力从认知的角度可分为元认知策略(meta-cognitive strategies)和交际策略(communication strategies)两种。

可以看到,Douglas 将 Bachman 理论中的生理心理机制和语境因素有效地融入策略能力之中。他强调了策略能力的重要性,与 Chapelle(1998)提出需重视语言使用者特征和语境之间关系的观点不谋而合。同时,背景知识与语言知识的关系在多大程度上影响语言使用者的表现成为关注的重点。该理论对学术英语写作能力标准的制订具有较好的参考价值。

5. 小结

以上四个理论从不同侧面均肯定了语言使用者、语言知识或背景知识、语境三方面的互动。对于英语写作能力标准制订的启示是:首先,写作是一个过程,需采用形成性评价与终结性评价相结合的方式予以评估,英语写作能力初步分为语篇构思能力、语篇生成能力和个体机制三个维度,每个维度子项目的构成需综合考虑一般英语写作和学术英语写作两种写作能力的概念构成特征;第二,语篇构思维度根据 Flower & Hayes 的写作构思模型可划分为观念产生、观念组织和目标设定三个次级维度,并生成若干具体项目;第三,个体机制维度根据交际语言能力理论可分为身体素质、心理素质两个项目;最后,语篇生成维度可根据实证研究的结果作为理据进一步细化。

三、实证基础

1. 国内主要英语考试写作能力评分标准

目前,英语专业及大学英语写作能力评分标准是衡量中国大学生英语写作能力的两大重要指标。相比之下,英语专业写作能力评分标准采用分项式评分法(analytic scoring),维度描述要更详细些,而大学英语写作评分标准则属于整体式评分法(holistic scoring),但主要评分点仍有所体现,如思想内容、逻辑衔接、词汇语法等。

对评分方法的选择应当取决于测试的目的和当地的实际条件

(Barkaoui 2007；Knoch 2009)。比较来看,英语专业写作能力标准对维度的划分更为清晰具体,但描述语中各项特征的比重和相对价值仍然模糊,易造成维度内给分点的侧重性差异。如"思想与表达"维度共有三个子维度10个项目,由于每个子维度的项目数不同且无具体量表,评分员在给分时只能根据实际情况和个人经验笼统给出每个子维度的总分,而具体项目的给分及比重只能模糊化处理。另外,目前所采用的评分标准均属于终结性评估,对写作语篇的构思与形成过程并无描述,缺乏形成性评估标准特征,有待进一步构建。

2. 国外主要英语考试写作能力评分标准

国际上的主要英语考试 TOEFL、IELTS、TOEIC、FCE 的写作任务均采用整体式评分法。其中,TOEFL 写作评分标准主要从任务完成情况、结构组织、论据细节、语言连贯、句子丰富度、词汇选择(ETS 2000)六个方面进行描述;IELTS 的写作评分标准涵盖任务完成、连贯与衔接、词汇丰富程度、语法多样性及准确性(UCLES 2002)四个方面;TOEIC 的写作评分标准包括语法、切题、句子、词汇、论点与论据、组织(ETS 2000)六个方面;FCE 的写作评分标准概括为任务完成、内容切题、词汇结构、组织连贯、整体印象(UCLES 1997)五个方面。分析显示,无论是图表作文还是独立作文,这些国际考试的写作评分标准均涵盖任务完成、结构组织、衔接与连贯、论据与细节、观点与切题、词法与句法、选词与造句等维度。

在分项式评分法方面,Jacobs et al. (1981)的 ESL 写作评分标准将写作能力划分为内容、组织、词汇、语言使用和写作规范五个维度,其中内容维度所占比重为30%,包含对主题解读、内容广度、论证深度、切题程度、细节方面的描述;组织维度占20%,包括表达流畅、论点清晰、论据明确、表达简明、组织结构、逻辑顺序、连贯衔接;词汇维度占20%,包括词汇丰富度、用词准确性、习语选择与使用、词义明确、词汇形态;语言使用维度占25%,包括语言有效性、语言丰富性、句法使用、词法使用;写作规范维度占5%,包括写作格式、标点使用、大小写、书法规范、拼写、分段等方面。Weir(1990)的英语考试测评系统(Test of English for Educational Purposes,简称 TEEP)将写作评分标准分为七个维度:内容相关性、内容丰富性、组织结构、衔接与连贯、词汇使用、语法使用和写作规范。

国外研究中虽然采用整体评分法的写作考试相对较多,但此类考试多为大型选拔类考试,考试的设计更侧重测评的可操作性和效率,不能有效地测量写作能力的微观结构及发挥测试的形成性反馈作用。分项式写作能力评分的维度划分为中国大学生写作能力标准的制订提供了借鉴，但仍需通过实证研究加以检验。

3. 来自实证研究的证据

近些年来，关于中国大学生英语写作能力标准的研究（范林、朱立霞 2004；文秋芳 2006；张晓华 2007；费茜、赵毓琴 2008；颜静兰 2012 等）逐年增多。其中，在实证标准构建方面，李清华、孔文（2010b）借鉴现有研究成果及其他大规模 ESL/EFL 写作评分标准，从教师、专家视角对英语专业学生的写作能力进行了构建研究，设计 36 项有效写作文本特征，通过因子分析得出包括"思想表达、准确性、丰富性、组织结构、写作规范、卷面、独创性、流利度和得体性"在内的九大维度。孙毅（2013）从 TEM-4 受试文本和评分员两个角度对英语专业写作能力标准进行了研究，发现两种视角下写作能力维度的重要性大小顺序基本相同，即语言能力、内容、结构、卷面、完成任务，共形成 30 项文本特征。

国内的实证研究多基于前期研究成果及英语写作教学大纲，但覆盖面仅限于一般用途英语或英语专业写作，并未涵盖如专门用途英语或具有学科特色的理工科英语写作。因此，中国大学生英语写作能力标准的内容应有所扩大，以更全面地评估写作能力。

4. 学术英语写作评估标准

虽然不同科目的学术英语写作的表达不尽相同，但除主题内容外又遵循着极为相似的构成特征。Weigle（2002）把学术英语写作课程评估标准分为三个维度：内容、组织和语言使用。其中，内容维度占 40% 比重，要求文章内容准确、完整、全面、重要观点明确、重要关系阐释清楚、论述充分、包含细节例证、相关切题；组织维度占 40% 比重，要求逻辑清晰、主题引入准确、采用"一般到具体"论证模式、利用语言结构和衔接手段实现表达连贯；语言使用维度占 20% 比重，要求语言错误较少、语言错误不影响理解、学术词汇使用准确且重复率低、用词形态及动词时态使用准确、句子使用准确丰富、引用语同作者语言融合充分自然。

即使学术英语与一般用途英语写作能力评估标准的维度划分接近，但维度的比重和子项目的内容略有差异。比如，学术英语更侧重内容和组织维度，相对而言，一般用途英语则更侧重语言使用。同样，学术英语对论证内容的具体描述更为详细,且具有显著学术性。

5. 理工科英语写作特征

理工科学生学习的课程是大学英语,与英语专业及其他文科专业不同,理工科专业的毕业论文英文摘要写作部分的专业术语较多,因此对于专业术语的使用需纳入写作能力标准范畴。另外,对课堂作业及大学英语测试写作的样本分析显示,理工科学生写作最常见的两大问题是书面语表达口语化和重复表达(管淑红 2003;文秋芳等 2003;于琴妹 2008;罗卫华、邓耀臣 2009 等),这两项负面特征在相当程度上反映了学生的写作能力,因而应当补充纳入写作能力标准范畴。最后,由于中国理工科大学生属 EFL 教学对象,为了更好地把握学生的能力发展细节与动态,更适合采用分项式评分法。与整体评分法相比,该方法具有更好的信度,也更适合评估二语习得者的构念效度(Weigle 2002)。

6. 小结

综合以上五种实证研究基础,英语写作能力标准的语篇生成(即终结性评估部分)维度可分为若干子项目,由于国内外研究对英语写作能力终结性评估标准的次维度划分并不一致,应考虑采用探索性因子分析法(Exploratory Factor Analysis,简称 EFA)进行全面构建与验证。

四、理工科大学生英语写作能力标准框架

1. 语篇相关理论

语篇语境理论

"语境"是指与篇章联系的社会、语言和物质世界与语篇的相互作用。国外相关研究比较成熟的是 Halliday(1975)的语境理论。Halliday 将语境分为"语言性语境"和"非语言性语境"。前者包括篇内语境和篇际语境;后者包括情景语境和文化语境。我们认为这是对语境的宏观分类。在 Halliday 的语境理论中还有一种我们认为的微观分类,即语场(field)、语式(mode)和语旨(tenor)。"语场"指话语的内容范围;"语式"指语言交际所采用的口头或书面表达方式;"语旨"指参与者之间的关系。

本书的研究对象是中国理工科大学生英语写作能力,其语场就是中国理工科大学生写作理工类文章的内容,语式就是书面表达方式,语旨主

要是理工科大学生和理工类学者之间在理解层次上的沟通。

这里语式最好理解,不加详述,我们对语旨和语场略微予以展开。语旨虽然主要是理工科大学生和理工类学者之间在理解层次上的沟通,但这类沟通本身也包括了理工科大学生之间和理工类学者之间的沟通。这是因为任何理工类语篇都基于前人研究基础写作完成,文章本身的承前启后就包括了三种组合关系:学生之间、学者之间以及学生和学者之间。

语场的内容笼统而言是理工大类。但是理工大类到底有哪些子门类?我们拟根据Halliday语境理论中所称的精密度等级进行如下划分。理科类包括数学、物理学、化学、天文学、地理学、大气科学、海洋科学、地球物理学、地质学、生物学、系统科学和人工智能基础理论等。工科类包括力学、机械工程、光学工程、仪器科学与技术、材料科学与工程、冶金工程、功力工程及工程热物理、电气工程、电子科学与技术、信息与通信工程、控制科学与工程、计算机科学与技术、建筑土木工程、水利工程、测绘科技、化学工程、地质工程、采矿工程、石油与天然气工程、纺织工程、轻工技术、交通运输工程、船舶海洋工程、航空宇航科技、兵器工程、核工程、农业工程、林业工程、环境工程、生物工程和食品工程等。在上述任何类别下还可以不断逐级细分。这样做可以达到术语的精密度等级细化。精密度等级细分是Halliday理论的精髓,为系统功能语言学的语境理论提供了强大的支撑,这也为我们研究理工类语篇的语境提供了思路。

理工类语篇所属的学科众多,研究者在术语世界里往往会迷失自己,容易从研究一开始就陷入茫然。学科的精密度等级细分本身就是专业类语篇的语类细分,更是术语含义外延的细分。如果学生面对一个理工类语篇,理解不了其中某些术语,在查询这些术语的过程中又发现了无法理解的其他术语,这样循环往复,会从根本上影响他对篇章的理解效果。因此,可以把术语中所包含的其他术语本身不断解释到通俗易懂,逐步完成每一个术语的理解,最终理解整个语篇。例如,测度(Measure)是一个函数,它赋予给定集合的某些子集一个数,这个数可以比作大小、体积、概率等。传统的积分是在区间上进行的,后来人们希望把积分推广到任意的集合上,就发展出测度的概念,它在数学分析和概率论上有重要的地位。在对于测度这个术语的理解中,包含了积分的术语词汇,如果学生对积分本身不理解,那么就必须向他们重新解释积分直至完全理解。

总而言之,语篇参与者以书面方式对基于一定精密度等级的语篇的生成过程就是整个语篇所存在的语境,这也是本研究的前提所在。在这个前提下,语场的精密度则是研究理工类语篇写作本身最主要的语境。

语篇功能分析理论

项目组认为理工科学术英语语篇的语篇功能级可以从 Beaugrande & Dressler(1981)的著作《语篇语言学导论》(*Introduction to Text Linguistics*)的语篇性标准的七要素受到启发。这七个要素,即衔接、连贯、目的性、可接受性、信息性、情景性、篇际性,概括了四个视角:(1)从语言本体看语篇的视角;(2)作为主观能动性的人的心智与认知的视角;(3)社会文化语境的视角;(4)语篇生成和理解的视角。这四个视角的集体呈现对语篇语言学的研究作出了突出性贡献。

从语篇的形功一体化角度来说,我们认为这七个要素可以解决语篇,当然包括理工科学术英语语篇功能属性的方方面面。以下逐一展开:

"衔接"指的是表层语篇的语言成分,即人们听到或看到的实在语词,在一个序列中、在语言的语法规则基础上有意义地相互连接的方式。Halliday & Hasan(1976)认为,衔接是一种语义上的概念。科技语篇的衔接层面就是为了探讨 Halliday & Hasan(1976)所区分的五种衔接手段,即照应(reference)、替代(substitution)、省略(ellipsis)、连接成分(conjunction)和词汇搭配(lexical cohesion),如何存在于科技语篇中并成为科技语篇的意义间的联系。

"连贯"指的是语篇世界的组成成分互相影响和互相关联的方式。理工科学术英语语篇通过信息的起承转合与衔接、不同概念和术语的有机组合,形成一个语义整体,并在情景语境中表现恰当的功能。连贯更多的是心理层面的格式塔整合,离不开人对语篇的认知加工和互动体验。解释语篇的连贯需要参照认知语言学的范畴化理论、意象图式理论、认知模型理论以及概念隐喻和转喻理论等。如果说衔接是理工学术英语语篇的显性意义关联,那么可以说连贯是其隐性意义关联。

"目的性"是语篇生产者的主观态度,指的是语篇生产者有目的地为实现某个计划的目标而创造一个衔接与连贯的语篇。目的性这一语义统一的层面,可以显性地表达为采用传统写作的观点,即通过使用叙述、描写、说明、论辩、劝说乃至抒情(理工科学术英语语篇中较少采用)等表达方式烘托出整个学术语篇的目的语义。

"可接受性"是语篇接受者的主观态度,指的是语篇接受者希望语篇应该是衔接、连贯并且与其本人相关的。这一态度是对语篇类型、社会或文化背景以及目标合意性等诸多因素的反应。联系到理工科学术英语语篇,就是学习者对专家构建的学术语篇的理解和掌握程度,学习者的知识体系的补充和扩展,乃至该语篇的建构为了达到使得具备"知情意"的主体——人,在学习完各个语篇之后迈向整个知识系统的"真善美"的效果反应。目的性和可接受性反映了主体客体化和客体主体化的辩证统一的过程。

"信息性"指的是所描述的语篇事件是在预料之中还是出乎意料,和已知还是未知的程度,它可能影响读者的兴趣。联系到理工科学术英语语篇,就是专家构建的学术语篇在知识点出现的逻辑顺序、难易安排、与整个知识系统的关联,以及学习者自身的知识背景和对语篇理解的能力等方面的综合反映。这里的知识系统指的是人类的三大学科分野系统,即自然科学系统、社会科学系统、人文学科系统。这三大学科分野系统囊括了文学、历史学、哲学、教育学、艺术学、经济学、管理学、法学、理学、工学、农学、军事学和医学的各个语类。语篇的信息性要素可以派生出语篇的情景性要素和篇际性要素。

"情景性"指的是使一个语篇与事件情景相关联的因素。联系到理工科学术英语语篇,就是其写作时间、写作地点、写作背景乃至该语篇在整个知识系统的定位等方面的综合反映。

"篇际性"指的是一个语篇的使用依赖于使用者对其他语篇的知识。

如果说情景性和理工学术英语语篇的创作者紧密联系,篇际性和理工科学术英语语篇的学习者密不可分,那么信息性则是理工科学术英语语篇创作者和学习者在以理工科学术英语语篇话语系统为媒介的整个知识交际过程的衔接、连贯的整体概括。

理工科学术英语语篇功能级七要素的内在联系可概括为下图:

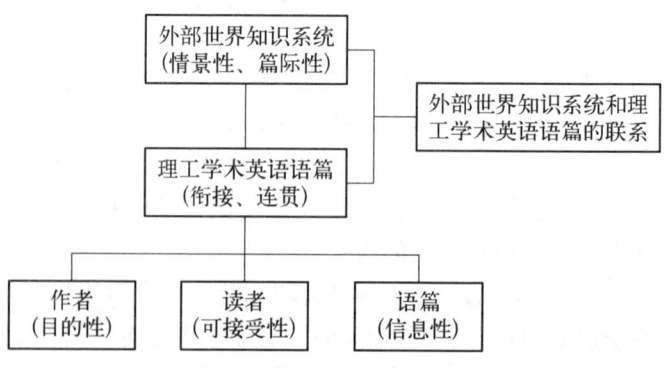

图2-5 理工学术英语语篇功能级七要素的内在联系

语篇结构分析理论

理工科学术英语语篇的语篇结构要以表现客观对象的固有结构形态和特征功能为基础，但又并非对客观对象原始结构形态的简单镜像映射，而是结合客观事物存在、运动所固有的条理、秩序、联系和作者观察以认识表现客观外界事物的独特思路的辩证整合。此类语篇的结构是主体和客体的辩证统一，整个创作结构时刻反映"惟人参之"的体验哲学观。基于上述认识，我们认为理工科学术英语语篇的语篇结构应该包括部分与部分、部分与整体之间的外部形式和内在联系的统一。理工科学术英语语篇的外部形式是可见的，如标题、摘要、关键词、开头、各个章节段落、结尾、行文线索和参考文献等。其内在联系是深藏的，既可以包括整个语篇的逻辑条理、意义脉络和严密论证等静态过程，又可以包括安排结构、谋篇构局、按照主次之分有步骤地组织文章等动态过程。正是理工科学术英语语篇所深藏的种种内在联系使其成为严密、辩证、有机、统一的整体。

理工科学术英语语篇的结构关系不仅可以反映其表达质量，而且在一定意义上可以生成和改变整个语篇的思想内容。理工科学术英语语篇的结构安排本身也是辩证思维、批判思维、创造性思维的综合运用。虽然对结构的分析自古就有"文无定法"的理念，但是理工科学术英语语篇的结构从以语料库为方法的语言研究中至少可以概括出几大模式。本章节拟采用胡曙中(2005)对英语语篇的模式研究的研究成果作一概括性的论述。

从大量的理工科学术英语语篇实例来看，其语篇结构包括下述几个模式：问题-解决模式(Problem-Solution pattern)、一般-特殊模式(General-Specific pattern)、主张-反应模式(Claim-Response pattern)、机会-获取模式(Opportunity-Taking pattern)、提问-回答模式(Question-Answer pattern)。在此，我们把在今后语篇语料的深入研究中还将发现的语篇模式称为其他潜在模式(Other potential patterns)。问题-解决模式的宏观结构一般由情景、问题、反应、评价或结果四个成分组成；一般-特殊模式又可称作概括-具体模式，该模式的宏观结构由三个成分组成：概括陈述、具体陈述和总结陈述；主张-反应模式又可称作主张-反主张模式或假设-真实模式。该模式的宏观结构为：情景、主张、反应；机会-获取模式的宏观结构为：情景、机会、获取、结果；提问-回答模式的宏观结构为：情景、提问、回答、肯定和否定评价。一种语篇模式可以独立存在，也可以与其他模式结合一起出现(胡曙中 2005)。

可见，这种模式分析的好处就是能以理工科学术英语语篇的宏观结构为统一线索来剖析其具体结构。

2. 标准内容

基于前述相关理论和实证研究,理工科大学生英语写作能力标准的原始模型框架如下:

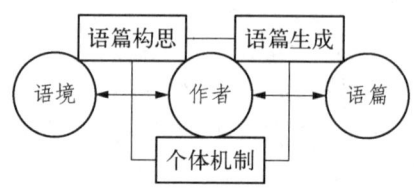

图 2-6　本研究理工科大学生英语写作能力标准原始模型

如图 2-6 所示,理工科大学生英语写作能力标准的原始模型是由写作行为因素和写作能力维度构成的相关共同体,写作行为因素包括作者、语境和语篇,写作能力维度包括语篇构思、语篇生成和个体机制。其中,作者是写作主体,语境是写作环境,语篇是写作客体,三者用双向箭头连接表示各行为因素间存在联系和互动关系。

写作主体与语境的互动定义为语篇构思,总共包括三方面:观念产生、观念组织及目标设定。其中,观念产生由题目解读和信息检索两个子项目构成,观念组织分为信息选取、信息整合和提纲形成,目标设定分为写作风格设定和计划执行控制,共七个指标。

写作主体与语篇的互动定义为语篇生成,其能力由下列 53 项具体指标构成:内容切题、内容准确、内容丰富、内容完整、观点明确、背景知识使用准确、重要关系阐述清楚、论据有力、数据使用准确、论据与论点一致、分论点与主要观点统一、分论点有较好独立性、论述充分、表达清晰、表达连贯、逻辑清晰、主题引入准确、说服力强、有独到见解、区分事实与观点、论证方式合理、达到交际目的、完成写作任务、句间衔接自然、句法正确、句子简明、用词准确、词法正确、固定搭配正确、习语正确、专业术语正确、引用语融合自然、用词简明、词汇丰富、句子形式多样、衔接手段多样、分段合理、段间过渡自然、每段有主题句、第一段提出观点、最后一段得出结论、全文只有一个中心、单词拼写正确、标点符号正确、大小写正确、段落排列清楚、书写美观、卷面整洁、书面语特征显著、符合格式要求、修辞手段得当、完成规定词数和语言地道。

写作主体与自身的互动定义为个体机制,其指标由心理素质(如克服紧张、沉着冷静等)和身体素质(如反应敏捷、抵抗疲劳等)两项构成,旨在评估写作主体在写作过程中的心理和身体状态。总结来看,大学生英语写作能力标准共涵盖 62 项具体能力。

3. 测评方式

三大维度中语篇生成能力可由写作样本语料的直接评估给分来判断,采用分项评分法,显现终结性评估的特征。语篇构思能力和个体机制能力不能直接根据语料给分,可通过问卷调查获得。具体来说,设计问卷让考生写作结束后立即作答,问卷内容是考生对每项语篇构思能力和个体机制能力的自我评价,问卷作答形式采用由"完成得很不好"到"完成得很好"的李克特五级量表形式。该方式属短期回顾式评估(short-term retrospection assessment),呈现形成性评估(formative assessment)特征。另外,语篇构思能力的评估可结合提纲分析。考试开始前发给考生草稿纸,在正式写作前给学生留出一定时间根据题目做简要提纲或草稿,考试结束后立即回收草稿纸,以便从考生写作草稿或提纲的视角进行分析。

考生对写作构思的自我评估反映了写作主体对写作语境的适应能力以及认知水平。通过问卷中语篇构思能力和个体机制能力两项的量化分数与语篇生成能力分值的相关性分析,可以了解考生的写作构思方式及身体、心理状态对生成写作语篇的影响。以月或学期为时间单位,定期采用此种测评方式可较为全面地把握学生写作能力的发展情况,进而为写作教学及学生写作自主学习能力培养提供反馈(feedback)与反拨(backwash effect)报告。

五、结论

大学生英语写作能力的评估是多维度的、动态的。写作主体同语篇和语境的互动,及与自身的互动体现在写作的整个过程之中,形成语篇构思、语篇生成和个体机制三方面能力特征。本研究中提出的理工科大学生英语写作能力标准覆盖了写作主体的认知、语言输出及状态调节等诸多层面,采用评分员评估与问卷自评相结合的测评模式。该评估模型的最大特征是明确阐释了写作行为各因素间的关系,增加了除写作篇章评分外的自省式(introspection)认知能力评估,较为全面地探索了写作主体的写作能力构念。本研究提出的标准既适合以课堂教学为主的形成性写作能力评估，也适合大规模写作能力测试的反馈与反拨研究。

本章展示了本项目的研究基础。

首先，我们探讨了语料库相关理论，具体讨论了语料库一般学说、学习者语料库概述、中介语对比分析方法和偏误分析以及国内外语料库建设情况。

其次，以项目依托单位理工类院校上海理工大学为例，对在校生（包括低年级学生和高年级学生）、历届毕业生和任课教师等1,000余人进行了问卷调查，从不同角度开展理工科大学英语课程需求分析，从教学方向、教学目标、教学方法等方面对理工类院校大学英语课程设置提出建议。

第三，在中国知网《中国期刊全文数据库》中收录的所有文献中检索并筛选与高校英语写作评估相关的文献，从基本趋势、研究方法、研究内容、研究对象等方面进行深入分析，得出国内该领域研究呈现出的新特点和新趋势。

最后，简要介绍了国内外知名学者对语篇语境理论的研究成果，论述了理工学术英语语篇的功能级和语篇结构分析理论。基于写作评估理论和实证基础探索构建了理工科大学生英语写作能力标准，涵盖写作主体的认知、语言输出及状态调节等诸多层面，采用评分员评估与问卷自评相结合的测评模式进行衡量。

第三章 语料库构建、描述和统计

中国理工科大学生书面英语语料库(WECCSEM)是本项目的研究基础之一。该库从 2014 年 7 月正式启动建设,于 2015 年 9 月全部完成。WECCSEM 的核心是三个学习者子语料库,分别为通用英语(EGP)语料库、职场英语(EOP)语料库和学术英语(EAP)语料库。本章概述 WECCSEM 语料库的研制背景,介绍设计要素和建设步骤,并以该库和参照语料库的文本证据为基础,对三个学习者子库作总体性的描述和统计。

第一节 语料库的建设原则和步骤[①]

一、研制背景

学习者语料库指的是"按照一定设计标准、以改进外语教学为目的而采集的真实学习者语言电子文本集"(Granger 2002:7)。过去 30 多年来,语料库语言学借助大量真实文本与强大的检索统计工具为语言描述和分析开辟了新的路径。20 世纪 90 年代初至今,学习者语料库的快速建设和深度开发大大推进了基于语料库的学习者语言输出研究,也不断改变着传统二语习得与外语教学研究

---

① 本节部分内容曾发表于《当代外语研究》2017 年第 3 期,此处略作修改。

的面貌。

根据比利时鲁汶大学英语语料库语言学中心统计,截至目前,全世界已有超过 150 个有一定影响力的在建或已建学习者语料库。其中,以汉语为母语的学习者英语语料库约占 10%,其主要特点可概括如下:绝大多数为书面语语料库,库容规模在 50 万—200 万词次之间;写作任务通常分为当堂(考试)写作与课后练习;文本类型以话题作文为主,涉及家庭、校园、就业等热点社会问题;横向(共时)研究占主流地位,几乎没有真正意义上的纵向(历时)数据。

国内学习者语料库建设的一般标准是该语料库能否代表中国学生——尤其是中国大学生——这一群体的英语使用能力。文本类型集中于普通命题作文,极少触及特殊用途英语学习者语料。香港城市大学开发的 CAWE 语料库是为数不多的学术英语学习者语料库。再者,除了少数项目涉及英语专业—非英语专业的区隔,其余基本不作专业领域划分。事实上,随着语料库建设技术手段的不断提高和研究者对语言变体认识的日趋加深,检查不同专业学习者的语言输出变得日渐可行且迫切。从国家教育改革和发展战略角度来说,这是高校分类教学体系的必然结果;从高校人才培养机制和社会需求角度来说,社会经济的增长极大地依赖于自然科学技术的发展。理工科大学生是国家高科技人才后备军,对掌握英语文献阅读、科技英语写作、职场英语交流等英语使用技能有迫切需求;从语言特征层面上讲,隶属于不同学科领域的专业人员所使用的惯例化语言表达形式常常有明显区别。因此,有必要系统考察中国理工科大学生的英语写作能力,以期获得尽可能多的真实教学反馈,从而改进外语教学手段。

二、总体考虑

学习者语料库在外语教学研究中的具体作用取决于可控因素(Granger 2002)。这些因素/变量大致分为两类:学习者相关和任务相关。前者包括学习环境、母语、外语水平等要素;后者包括任务时限、环境、工具书等要素。图 3-1 显示了本项目在设计标准上的总体考虑。

就学习者而言,我们重点考虑四个方面的要素:其一为来源院校,即中介语的样本采集点。这里既有对院校层次的考虑,也有对所在地理位置的考虑;其二为英语学习年限,其依据为学生的入学时间;其三为受教

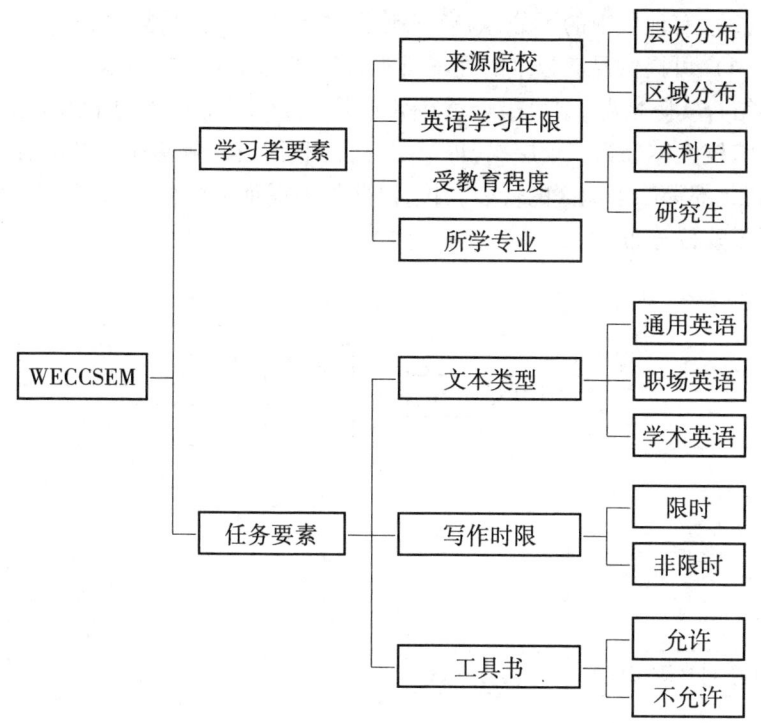

图 3-1 WECCSEM 的变量要素

育程度,主要用以区隔本科生和研究生;其四为所学专业,或是所从事的领域。就任务而言,我们将三个变量要素纳入设计:其一为文本类型,这是对写作话题和内容的限定。主要分为通用英语、职场英语和学术英语;其二为写作时限,这是对写作环境的限定。考试作文和课堂作文通常有一定的时间限制,课后作文则正好相反;其三为工具书,这是对写作资源的限定。考试作文不存在使用工具书的可能性,课后作文能最大程度地利用外部资源,课堂作文则介于两者之间。

三、语料来源院校

为了保证语料的多样性、均衡性,根据项目的研究目的和需求,拟定的目标院校应满足如下条件:

(1) 数量上至少达到 10 所;

(2) 有层次上的区分,如"985 工程"高校、地方院校等;

(3) 有地域上的区分,如华东地区、华南地区、华北地区等;
(4) 可提供足够数量的理工科本科生和研究生语料样本。

结合实际情况,项目组最终确定收取来自 12 所院校的学习者语料。这些院校大体分为三个层次,每个层次含四所院校,分别作为东部、南部、西南、北部等四个地区的代表高校,以此尽力保证区域分布均衡。图 3-2 说明了院校分布。

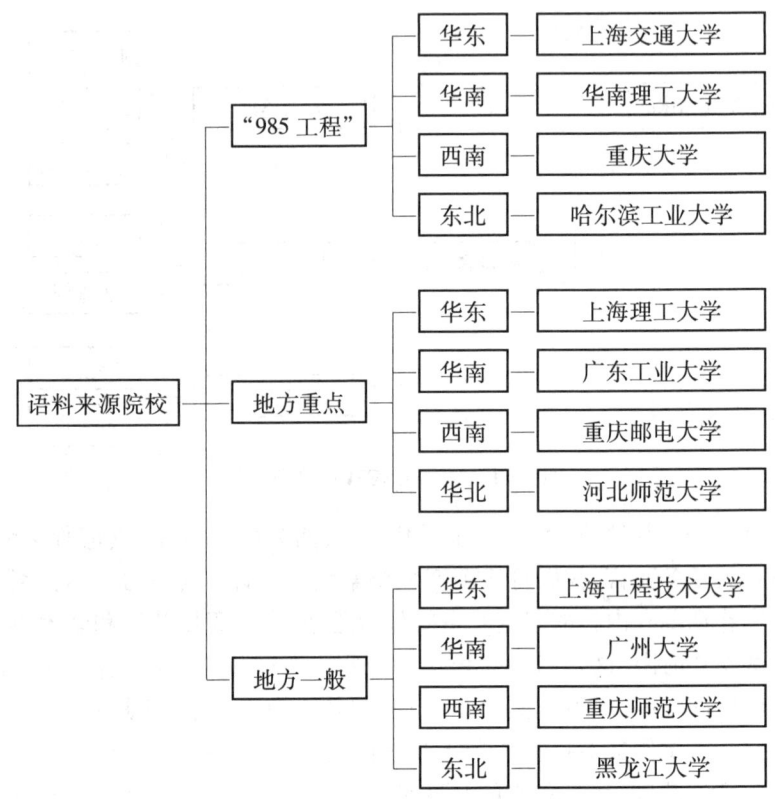

图 3-2 本研究语料库目标院校的区域和层次分布

四、学科分类

理工科专业领域的认定涉及两种不同性质的分类:
(1) 自然科学与人文社会科学之划分;
(2) 理工科内部专业领域之划分。

学科划分方案的依据主要为国务院及其组成部门颁布的如下文件：
(1) 教育部印发的《普通高等学校本科专业目录》(2012)；
(2) 国务院学位委员会、教育部印发的《学位授予和人才培养学科目录》(2011)；
(3) 国务院发布的《国家中长期科学和技术发展规划纲要(2006—2020年)》。

《普通高等学校本科专业目录》和《学位授予和人才培养学科目录》分别是我国本科生与研究生的学科建设指导性文件，二者详细说明了理学、工学、农学等理工科学科门类及一级学科划分。《国家中长期科学和技术发展规划纲要(2006—2020年)》(以下简称《纲要》)指明了2006—2020年期间我国科技工作的指导方针、发展目标和总体部署，明确了重点发展领域、优先主题和前沿技术。我们有理由认为，《纲要》所述及的关键领域、技术和研究项目是21世纪以来发展最迅猛、前景最广阔的科技战略重点。因此，以这些学科为专业的中国大学生无疑应成为本项目的主要抽样对象。最后，在实际语料采集过程中，对各院校招生数量普遍较多的基础性学科也应给予一定的优先考虑，尽管有些并未在《纲要》中明确提及。

基于上述考虑，我们确定了10个核心领域和10个延伸领域，如图3-3所示。专业领域分类的首要意义是认定目标学习者群体范围。项目组按照"核心领域专业为主，延伸领域专业为辅"的原则采集学习者语料。

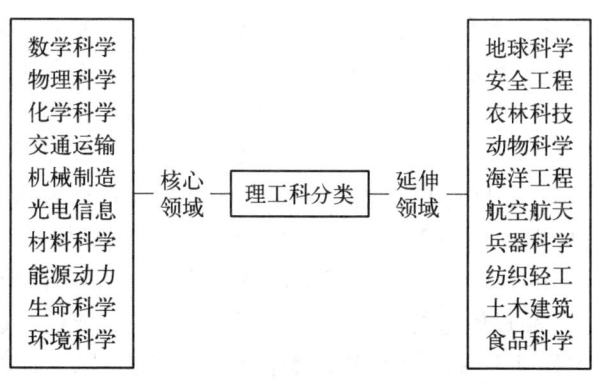

图3-3 本研究语料库学科领域分类

五、文本类型

　　文本类型的区分直接回答这样一个问题：学习者因何学习语言？Hutchinson & Waters(1987)提出"专门用途英语"(ESP)这一概念，而后Dudley-Evans & St. John(1999)进一步区分了"职业用途英语"(EOP)和"学术用途英语"(EAP)，皆视学习者需求为语言教学出发点。多年以来的大学英语教学实践使我们感到，中国大学生亟需掌握三类文本的写作技巧：通用英语(EGP)、职场英语(EOP)和学术英语(EAP)(参见王守仁2010)。EGP考查学生对常见社会话题的描述与评判；EOP体现工作场所中的实用英语运用能力；EAP显示研究生撰写研究报告的必要技能。王守仁认为，EGP是基础，而ESP(包括EOP与EAP)是"我国高校大学英语教学向更高水平发展的方向之一"(王守仁2010：7)。而且，三类文本具有极不相同的交际目的、主题、语篇结构、词汇-语法等特征。因此，有必要围绕文本类型构建三个子语料库，分别为EGP子库、EOP子库和EAP子库。

　　(1) EGP子库

　　EGP子库采集本科生的一般话题作文。学生根据任课教师指定的话题，完成若干篇120词左右的作文。其中，限时作文与非限时作文各取一半，以保证语料库覆盖不同环境下的写作任务。在数量上，根据实际情况，按照"中间大、两头小"的原则进行抽样，即：第一、第三层次院校共提供50%的样本，第二层次院校提供另外50%。

　　(2) EOP子库

　　EOP子库采集本科生的职场英语作文，其目的是考察大学生在常见的职业场景中运用英语进行基本沟通的能力。职场英语写作涉及求职申请、企业(产品)介绍、业务交流、信函往来等方方面面的内容；如由各院校任课教师自主命题，容易产生语料异质问题。鉴于此，拟由项目组提供指定话题，要求学生根据材料完成若干篇200词左右的职场应用文。抽样原则、任务完成方式与EGP语料库一致。作文材料举例如下：

　　如图3-4和图3-5所示，任务(a)提供了求职申请书的典型要素，任务(b)提供了产品宣传书的写作要点，便于学生参考、依循。这些要点的罗列可在很大程度上保证学生作文遵循EOP体裁规范，从而便于检查中介语特征。

> In this task, you are required to write to a company an **APPLICATION LETTER** of **no less than 200 words**.
>
> The APPLICATION LETTER may include the following aspects:
> (1) the information source,
> (2) the position you are interested in,
> (3) your background and experience,
> (4) benefits to both the company and yourself,
> (5) determination to work hard and anticipation for the future,
> (6) desire for an interview.
>
> You are required to finish the task in **60 minutes**. Consultation of information is not allowed during your writing.

图 3-4　EOP 写作任务实例(a)

> In this task, you are required to imagine yourself as a salesperson who works for the company which you have introduced in EOP Writing Task One. Write an article of no less than 200 words under the title "SALES PROMOTION". You may select one or several products to talk about according to your own preference.
>
> The following main points may be included in your writing: (1) product specifications, (2) pricing strategies, (3) package strategies, (4) means of delivery, (5) marketing strategies, and (6) possible after-sales services.
>
> You are encouraged to consult any information, written or electronic, before or during your writing but direct copy is forbidden. Since there is no time limit for this task, please hand in the best version you've worked out.

图 3-5　EOP 写作任务实例(b)

(3) EAP 子库

EAP 子库按照"以核心领域为先、以近期论文为先"的原则采集理工科硕士研究生的毕业论文英文摘要。摘要是学术论文的高度概括,在语言风格、语篇结构、词汇-语法特征等层面上,二者通常具有较高的一致性。项目组由此推断,英文摘要能够在一定程度上体现研究生的学术英语运用能力。

六、参照语料库

EGP 子库的主要参照对象是大型通用本族语语料库,如 BNC。辅助参照对象为本族语学生日常作文语料库。鲁汶大学的 LOCNESS(Louvain

Corpus of Native English Essays)是最早的本族语作文语料库之一。近几年的 NESSIE[①] (Native English Speakers' Similarly- and Identically-promoted Essays)语料库在国内外作文话题一致性方面是一个积极的尝试,也可作为 EGP 语料库的参照对象。此外,还可以通过对比观察学习者之间的语言使用差异。比如,利用中国学习者英语语料库(CLEC)中的数据有助于分析 EGP 子库语料和大学英语四、六级考试中的作文有哪些共性和不同之处。

EOP 子库包含两种类型的文本:个人信件和企业及产品介绍。尽管近些年学习者语料库的建设已取得明显进展,但令人遗憾的是,迄今为止,基于学习者语料库与本族语语料库的职场英语对比研究仍受限于参照语料库的缺失。EOP 子库含大量信函类文本。由于信函的私密性质,文本的真实性和获取途径是难以突破的瓶颈。在这方面,项目组拟建设教学语料库(pedagogical corpus,参见 Willis 1993)作为信函写作的参照对象。具体做法为:根据预先设定的工作场景,按照一定比例,从国内外职业英语教材中抽样选取合适的范例,最终形成范文语料库,据此检查学生作文在何种程度上接近或偏离范文标准。针对企业及产品介绍类的写作任务,拟从欧美知名企业主页中选取企业概况、产品介绍等文本信息,与上述范文语料库共同组成 EOP 子库的参照语料库。

EAP 子库含学术英语文本。英国的 BAWE 语料库是一个本族语学生学术英语语料库,收录了包括生命科学、物理科学等在内的四个学科领域的学术英语文本,可视为 EAP 子库的一般参照语料库。然而,学术论文摘要毕竟只是论文的浓缩,它们与论文之间的差异不可忽视。比如,正文中的许多词语手段并不为摘要所容;又或者,摘要中的某些词语或短语高频出现,致使标准化频数远远超过一般的学术论文。出于对这些因素的考虑,项目组从国外研究生学位论文数据库中抽取了大致相同学科比例的、同等规模的本族语研究生学术论文摘要,汇总建库后便于与 EAP 子库对照。

七、语料库的元信息标注

WECCSEM 的元信息置于语料库文本的头部,主要分为两类:

[①] 根据北京外国语大学在线语料库检索平台的说明,NESSIE(2.0 版)是一个 32 万词次左右规模的英美本族语者英语作文语料库。所收文本主要是英美本族语者依照中国大学四、六、专业八级作文题所撰写的英语作文。也有部分文本取自 BAWE、MICSUP 等英美大学生语料库中话题近似的文本。但目前只有 NESSIE(1.0 版)可下载文本,2.0 版为网络版。

（1）文本说明信息：包括文本分类、文本统计信息、文件序号等；

（2）文献信息：包括作者（学生）信息、时间、标题（话题）、来源、学科领域、专业等。

图 3-6 显示了 EAP 子库的标注实例。

```
<school = cqnu> </school>
<field = hjkx> </field>
<major = human geography> </major>
<title = > </title>
<year = 2004> </year>
<number = 001> </number>
<studentname = Wu Xiaoping> </studentname>
<length = 340> </length>
< key words = regionalization, System Dynamics, ecological regionalization, eco-function regionalization, eco-environmental protects and planning> </key words>
<writing>
    Based on the ecological regionalization and ecological function regionalization, eco-system, eco-function, remote sensing and geographic information system approaches to eco-environment protect planning is offered in this paper. It is deduced from five different logical steps, the statement of the theoretical opinion.
    ...
</writing>
```

图 3-6　EAP 子库的元信息示例

同时，图 3-6 中的部分主要元信息（如学校、学科领域和年份）共同构成了 txt 文本的文件名，其目的是便于研究人员更快速、便捷地围绕特定的元信息构建更小的子语料库。

第二节　学习者语料库的描述和统计

一、WECCSEM 概览

WECCSEM 项目的初始设计规模为总计 200 万词次。截至目前，实际入库的学习者语料达 363.3 万词次。自主建设的 EOP 参照语料库和 EAP 参照语料库分别为 95 万词次和 220 万词次。表 3-1 显示了 WECCSEM 的架构和语料来源，表 3-2 说明了语料的学科分布（按库容总计排序）。

本书为了语料的真实性和代表性,不对语料进行改动,原有的语法错误及语言使用不当之处也作保留处理。

表3-1 WECCSEM的架构和语料来源

		EGP		EOP		EAP	
		文本数	库容(万)	文本数	库容(万)	文本数	库容(万)
"985工程"高校	上海交通大学	263	20.6	267	20.6	339	54
	华南理工大学	36		103		301	
	重庆大学	379		318		300	
	哈尔滨工业大学	231		134		300	
地方重点高校	上海理工大学	530	39.1	457	46.8	793	96.5
	广东工业大学	761		738		600	
	重庆邮电大学	626		622		318	
	河北师范大学	462		566		337	
地方一般高校	上海工程技术大学	157	20.4	94	18.4	247	47.1
	广州大学	435		205		295	
	重庆师范大学	226		316		240	
	黑龙江大学	357		327		309	
总计		4,463	80.1	4,147	85.8	4,379	197.6
参照语料库		—	—	1,877	95	6,553	220

表3-2 WECCSEM的学科领域分布

		EGP		EOP		EAP		库容总计(万)
		文本数	库容(万)	文本数	库容(万)	文本数	库容(万)	
核心领域	光电信息	2,331	42.7	1,732	36.3	662	27	106
	物理科学	152	2.5	307	6.3	496	23.6	32.4
	数学科学	374	5.8	429	9	480	15.4	30.2
	化学科学	301	5.2	324	7.1	321	16.4	28.7
	机械制造	231	4	154	3.1	393	16.4	23.5
	材料科学	215	3.6	253	5.4	264	14.1	23.1
	环境科学	85	1.6	72	1.5	324	18	21.1
	生命科学	194	3.5	158	2.9	264	13	19.4

（续表）

		EGP		EOP		EAP		库容总计（万）
		文本数	库容（万）	文本数	库容（万）	文本数	库容（万）	
核心领域	能源动力	70	1.3	77	1.5	301	14.2	17
	交通运输	—	—	—	—	289	11.6	11.6
	小计	**3,953**	**70.2**	**3,506**	**73.1**	**3,794**	**169.7**	**313**
延伸领域	土木建筑	200	3.7	232	4	304	14.3	22
	食品科学	153	3	193	4.4	60	2.5	9.9
	地球科学	9	0.2	34	0.7	75	4	4.9
	农林科技	24	0.6	23	0.7	60	2.6	3.9
	纺织轻工	—	—	1	—	56	3	3
	动物科学	5	0.2	3	—	30	1.7	1.9
	航空航天	12	0.3	7	0.2	—	—	0.5
	兵器科学	12	0.3	—	—	—	—	0.3
	安全工程	—	—	1	—	—	—	0
	海洋工程	1	—	—	—	—	—	0
	小计	**416**	**8.3**	**494**	**10**	**585**	**28.1**	**46.4**

注：经核验，共有 241 个文本无法确定学生的专业领域，因而未计入此表的统计。各领域分库统计少于 0.1 万的项目亦不显示于表内。

二、子语料库的对比

WECCSEM 项目的核心是三个文本性质极不相同的学习者语料库，分别代表中国理工科大学生在通用英语（EGP）、职场英语（EOP）和学术英语（EAP）领域的写作能力。表 3-3 显示了它们的主要数据对比情况。

表 3-3 WECCSEM 子语料库的对比

	EGP	EOP	EAP
形符数	800,465	856,645	1,974,799
类符数	16,511	23,804	46,091
标准类符/形符比	35.50	39.90	37.12
平均文本长	179.16	203.80	451

(续表)

	EGP	EOP	EAP
平均句长	15.64	15.72	29.33
平均词长	4.50	4.83	5.38
1字母词	29,267	40,634	64,270
2字母词	155,315	147,667	287,348
3字母词	151,061	157,743	363,312
4字母词	154,110	134,528	220,413
5字母词	82,030	82,207	174,244
6字母词	62,584	62,189	149,344
7字母词	59,532	78,391	164,923
8字母词	39,209	51,360	143,190
9字母词	28,437	38,086	120,730
10字母词	800,465	856,645	91,462

我们以表3-3所显示的部分关键数据为基础,对三个子库的总体面貌作尝试性的描述和解释。

1. 类符/形符比

类符/形符比(type-token ratio)也称为形次比,指的是语篇中所用的类符与该语篇的总形符的比例,是观察语料库用词,特别是衡量文本中词汇密度的常用参数。由于子库之间的文本性质和规模有较大差异,故此处采用标准化形次比为对比手段,以规避文本长度对比值的影响。从表3-3可以看出,就本项目而言,三个子库的标准化形次比在35—40之间。相对而言,EOP子库的形次比最高,可能有如下三个原因:其一,EOP子库所包含的专业文本涉及大量企业介绍,保证了较高的词汇密度;其二,EOP子库的命题作文提供了较为详尽的写作指南;其三,对于EOP写作而言,可供学生参考的互联网资源非常丰富。EAP子库的形次比高于EGP子库,一则是因为科技文本是信息量极大的语篇类型;二则是摘要中词语的选用往往经过了不断推敲和反复修改。总体来说,专门用途英语写作的形次比高于普通英语写作。

2. 文本长、句长和词长

文本长、句长和词长同样也是反映学习者水平的主要参数。统计表明,无论是文本长、句长还是词长,平均值从高到低次序均为 EAP>EOP>EGP。利用堆积折线图(图 3-7)可以清楚地看出这一点:

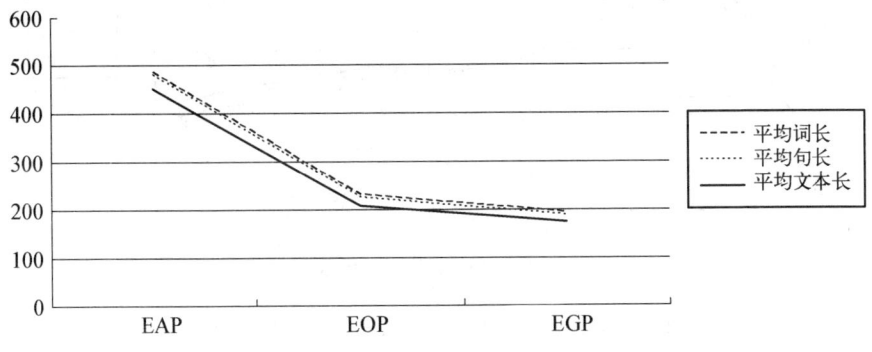

图 3-7 WECCSEM 的文本长、句长和词长趋势
注:此图仅反映趋势,纵坐标并非实际数值。

文本长度主要受制于写作规范和惯例。EAP 子库中的硕士论文摘要有着大体一致的文本长度惯例,而 EGP 子库和 EOP 子库的写作指南包含了作文的词数规定。因此,文本长度的差异主要是基于任务的差异。

从平均句长来看,EAP 子库最高,这是由于科技文本使用大量互相依附、错综复杂的从属结构;即便是简单句,也往往带有较长的定语和状语。与 EAP 相反的是 EGP 文本,后者往往显示出明显的口语化特征,因此 EGP 的句子普遍简单短小。虽然 EOP 与 EAP 同属专门用途英语,但是理工科本科生在职场英语的初学和初写阶段,仍难以避免口语化特征,能熟练使用的长句比较有限。

平均词长方面,EAP 子库的平均词长值最高(5.38),主要有三方面原因:第一,研究生的英语水平,特别是词汇量水平,总体上高于本科生;第二,科技文本富含技术词汇,选词精确、细腻,确保不发生歧义;第三,科技语篇中的某些词语特征(如名词化趋势)也是重要因素。EOP 子库(4.83)略高于 EGP 子库(4.50),可能是因为在 EOP 话题的约束下,学生大量甚至超量使用某些与话题相关的复杂词语(如 marketing、challenge、development、company 等)。另一方面,之所以仅仅是"略高",是由于 EOP 子库中的信函类应用文与生活、职场息息相关,并不包含特别多的复杂技术词汇。我们进一步以标准化频数(每千词次)来揭示三个子库中不同词长的词汇分布,结果如图 3-8 所示。

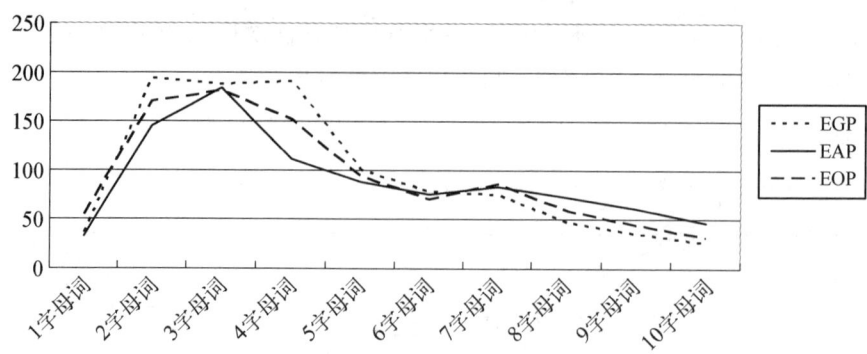

图 3-8 WECCSEM 子语料库的词长对比

从图 3-8 中可以看出，按照每千词次的计算方法，1—6 字母词在 EGP 子库中的发生概率最高；其中，4 字母词的频数优势尤为显著。另一方面，7—10 字母词在 EGP 子库中的发生概率最低。这说明，在通用写作方面，理工科大学生趋于使用简单词汇，而非 7 字母以上的复杂词语。EAP 子库则表现出截然不同的趋势。从图 3-8 可见，1—6 字母词在 EAP 子库中的发生概率最低，而 EAP 子库学生在 7 字母以上的词语使用上则明显优于 EGP 子库和 EOP 子库学生。

以上的讨论集中于三个子库之间的对比。很明显，影响形次比、文本长、句长、词长的因素绝不仅限于写作话题和内容。学习者的外语学习基础和学习年限也有可能对这些基础统计产生影响。图 3-9 显示了三个层次院校的全库对比数据。

从图 3-9 不难看出，来自"985 工程"高校的理工科学生似乎只有在

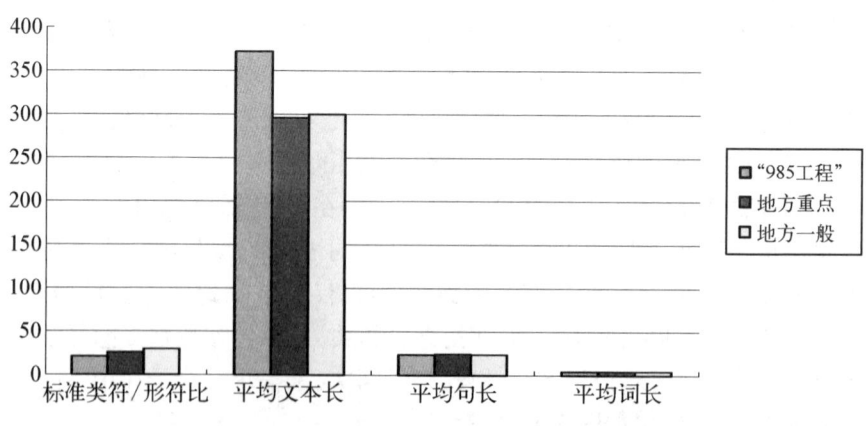

图 3-9 WECCSEM 院校间的对比数据

平均文本长度上优于地方院校,而在其他方面,三类高校几乎不相上下。在标准形次比的统计上,甚至出现了地方一般院校高于地方重点院校和"985工程"高校的情况。这一现象与语料收集过程有相当程度的关联。很明显,对于某一类高校来说,EOP 和 EAP 语料数量越多,平均句长、词长等数据就越高。由于项目组采取的是"中间大,两头小"的语料收集方案,"985工程"高校的 EOP 和 EAP 语料数量远不及其他两类高校,影响了形次比、平均句长、平均词长等数据。

3. 任务环境

文本长、句长和词长除了受到文本类型的影响之外,还跟写作环境有密切关联。显然,当堂(考试)写作与课后写作的输出质量和文本特征有明显差异。在 EGP 和 EOP 子库中,约有40%的语料采集自当堂(考试)写作。我们将标准化后的统计结果以堆积图显示出来。从图3-10不难看出,无论是文本长、句长、词长,非限时写作均优于限时写作。同时值得注意的是,写作环境的差异似乎对 EOP 写作的影响更大。根据统计,平均句长上看,EGP 非限时写作和限时写作相差无几(15.8 vs. 15.5),而 EOP 非限时写作平均每句话比限时写作多三个单词(17.3 vs. 14.2)。这似乎说明,在写 EGP 非限时作文的过程中,学生并不依赖外部资源或通过反复修改来增加句子长度;而在写 EOP 非限时作文时,他们明显注重了长句的使用。考虑到大多数中国学生常年接受 EGP 写作训练而极少有专门的 EOP 辅导和练习,因此任务环境对 EOP 写作的影响要大于 EGP 写作。换言之,参考资料对 EOP 写作起到重要的作用。

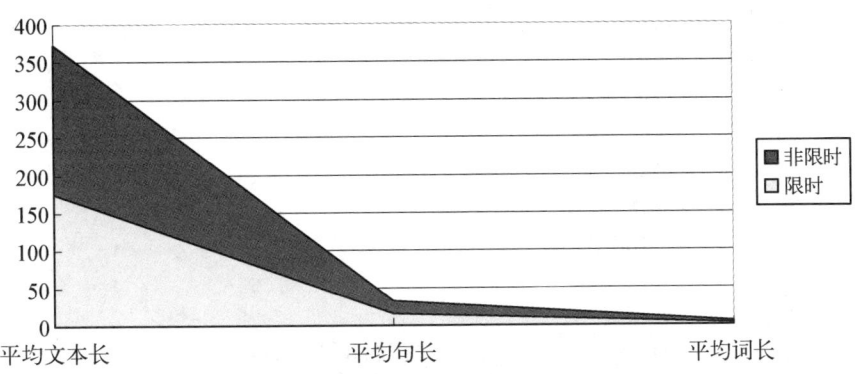

图3-10　EGP 和 EOP 的写作环境对比

4. 常用词分析

词频表是常用词分析的常见手段,也是语料库语言学领域中最重要的研究工具之一。学习者数据库中的词频分布受到多方面因素的影响,如学习者水平、话题、写作环境等。我们分别统计了 EGP、EOP 和 EAP 子库中最高频的 100 个形符(详见附录 1-3),并作词形还原处理(即 give、gives、gave、given、giving 被视为同一个词元 GIVE)。表 3-4 列举了这三个词表中的共同词元。

表 3-4 WECCSEM 子语料库的共同词元

序号	词元	词形[语料库数量]
1	A	a[3] an[3]
2	ALSO	
3	AND	
4	AS	
5	AT	
6	BE	be[3] am[1] are[3] been[1] is[3] was[2] were[1]
7	BUT	
8	BY	
9	CAN	
10	FOR	
11	FROM	
12	HAVE	have[3] has[3]
13	IN	
14	IT	
15	MORE	
16	NOT	
17	OF	
18	ON	
19	ONE	
20	OR	
21	OTHER	other[3] others[1]
22	SO	
23	SOME	
24	STUDY	study[2] studied[1]
25	THAN	

（续表）

序号	词元	词形[语料库数量]
26	THAT	
27	THE	
28	THIS	
29	TIME	
30	TO	
31	USE	use[1] used[1] using[1]
32	WE	
33	WHEN	
34	WHICH	
35	WILL	

注：此表只统计每个子库中频数最高的前100个形符。

另一方面，由于文本特征差异显著，三个子库中都存在"个性独特"的常用词。在附录1-3中罗列的300个词中，约有1/3仅出现于一个子库之中（见表3-5）。某种程度上说，这一现象能够佐证这些词语对所在子库的特殊意义。

表3-5 WECCSEM三个子库的特有高频词

EGP		
books	just	only
campus	know	others
college	knowledge	reading
education	learn	should
English	life	students
exams	live	success
face	love	them
he	may	us
help	nature	way
how	need	what
however	no	who

EOP		
am	information	service
best	job	staff

(续表)

EOP		
China	lot	well
company	market	work
construction	position	world
customers	product	would
dear	products	years
group	quality	
hope	sales	

EAP		
after	into	such
algorithm	low	surface
analysis	main	system
based	method	temperature
been	methods	test
between	model	then
business	network	theory
characteristics	order	three
conditions	paper	through
control	parameters	two
data	performance	under
design	process	use
different	properties	used
effect	rate	using
efficiency	results	value
energy	simulation	water
field	structure	were
heat	studied	

  主题词的提取和分析对写作教学，特别是专门用途英语教学有重要意义。表3-5清楚地显示，EGP子库的常用词主要围绕校园(books、campus、college、education、English、exams、knowledge、learn、reading、students)，生活和价值观(life、love、live、success、nature、way)和态度意义(should、may、know)。某种程度上说，这些词语揭示了EGP最主要的写作训练手段：紧扣与校园或生活有关的话题，表达个人观点和态度。

EOP 子库的重点是企业(staff、company、group)、就业(job、work、position)、产品(market、product、quality、sales)、客户(customers)、服务(service)等。求职信中还聚集了一部分表达情态意义的词语,如 best、dear、hope 等。具体而言,would 在 EOP 子库中出现得最多,主要发生于 I would like to、I would appreciate、I would be grateful 等短语环境中。would 能让说话者委婉地表达态度,这一情态功能在职场环境中至关重要。

EAP 子库的词汇则集中于科学研究所涉及的方方面面——对象(surface、system、model、network)、方法(method、analysis、use、algorithm、test)、过程和步骤(after、into、then)、性状(main、low)、元话语手段(such、based、order、paper)等。相对来说,功能词所占比例较小,但也起到举足轻重的作用。譬如,after 和 then 在 EAP 子库中出现得尤为高频,一方面是因为自然科学研究本身特别强调步骤和顺序,另一方面是由于摘要写作大致呈现"背景—目的—方法—结果"的线性形态,按序进行的重要性不言而喻。

5. 词语搭配分析

在所有基于语料库的语言学探索中,词语搭配研究无疑居于核心地位。从 Firth(1957)的伦敦学派到 Sinclair(1991)的语料库时代,词语在组合轴上的共现现象被源源不断地开拓挖掘,为新型的词语行为描述作出了巨大贡献。

语言交际的发生环境对词语搭配的影响深远显著且富有意义。同一个词语在不同语域中的搭配情况极有可能截然不同。我们以 make 为例来揭示词语在 EGP、EOP 和 EAP 子库中的不同搭配行为。首先,分别统计 make 在三个子库中 MI 值①最高的 15 个搭配词(跨距设定为 L4 - R4,搭配词的最低发生次数为 10)。图 3 - 11 显示这些搭配词的分布。

根据统计,只有 1 个词语(sure)为三组搭配词表所共有,9 个词语(full use、progress、decision(s)、difference、effort(s)、contribution(s)、friends、better)为两两共有,其余搭配词或多或少都有一定的语域属性②。

总的来说,EGP 子库中 make 和搭配词显示出最为强烈的固定或半固定短语趋势,体现于 make sure、make full use of、make judgment、make a

---

① MI 值,即互相信息值(Mutual Information),是一种衡量节点词和搭配词相互吸引程度的统计工具。
② 限于篇幅,这里只涵盖 MI 值最高的前 15 个搭配词。毋庸赘言,如将取词范围进一步扩大(比如前 20 个或前 30 个),子库间的共同搭配词必定会有所增加。

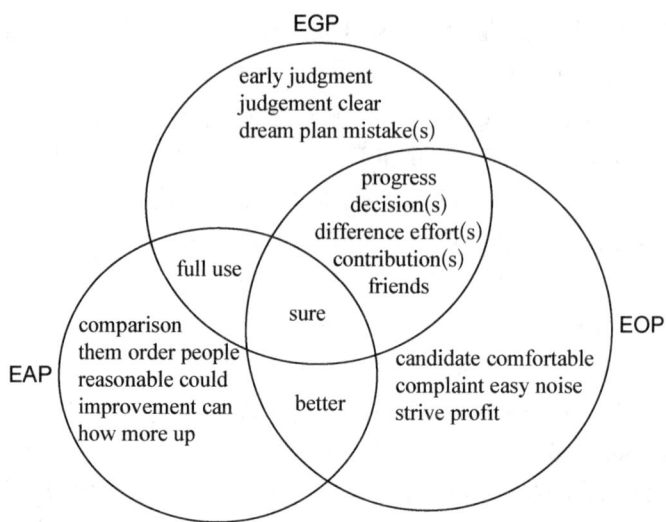

图 3-11　make 在 WECCSEM 三个子库中的典型搭配词分布

plan、make a mistake/mistakes、make progress、make a decision/decisions、make effort(s)、make contribution(s)、make a difference、make friends 等词组中。表面上看，early、clear 和 dream 这三个词语与 make 的关系似乎不那么亲密。但通过仔细观察检索行证据，仍能识别出明显的短语形式，如：be too early to make a conclusion、make it clear、make one's dream come true。部分检索行如下所示：

isguising man. All in all, it is too <u>early</u> to	make a conclusion before seeing or hearing.
Most of us may think that it's too <u>early</u> to	make a conclusion of seeing or hearing. Even
Irst of all, the university authority should	make it <u>clear</u> that any cheating behaviors in th
s you get lost in your study, you need to	make <u>clear</u> what it is through Internet, ask you
d map is very important and it's better to	make it <u>clear</u> that where is your dorm, teachin
olving this problem. First of all, we must	make it <u>clear</u> cheating on campus can be dis
uccess but not a success. To be hard, to	make your <u>dream</u> come true. I hope you will h
an have his dream he will work hard to	make his <u>dream</u> come true. Secondly, d
ially when it comes to describing how to	make my <u>dream</u> come true. I become very ex
l, we would lost our motion and couldn't	make our <u>dream</u> come true. Them, make a pl
ody all has a dream. and we are eger to	make our <u>dream</u> come true . From this topic , I

　　EOP 子库中的大多数短语也是固定或半固定短语，也有一些关系相对疏离的组合，例如 make somebody a ... candidate、make ... comfortable、 make it easy to ...、strive to make ...。学习者的常见句子举例如下：

[1] When I noticed the job opening in surfing the Internet, I think my qualification and my working experience **make me a perfect candidate** for the job.

[2] In my opinion, science is the key to the door that can **make us live more comfortable** and better.

[3] As we know, the graphical interfaces mac os in Microsoft Windows makes computer come into general family because it **makes it easy to** let computer work.

[4] In addition, I have chosen to elect all the courses available and **strive to make** myself proficient in typewriting at my school in this field.

EAP 子库中 make 和 15 个搭配词的关联更加松散。我们发现，只有 make full use of、make sure、make comparison、make improvement、make up 等短语可视为传统意义上承载明确意义的"词组"。而对于其他搭配词，如果不检查文本证据，很难准确捕捉它们和 make 之间的关系，比如下面句子中的 order 和 how：

[5] In **order** to **make** easy operation and reduce workload in the following subjective evaluation tests, a set of software for subjective evaluation of sound quality is developed.

[6] Therefore, **how** to **make** rail transit and ground bus both coordinated development, and mutual transfer of cohesion, become urgent need to study the subject.

短语构成方式是词语搭配的重要方面，但不是探索词语序列的唯一内容。以这 15 个搭配词为基础，我们还可以检查作者意欲表达的态度意义。分析表明，三个子库中围绕 make 的三组短语大致实施三类交际功能，具体见下。

EGP 子库学生在撰写普通话题作文时，频繁使用 make a contribution/contributions、make a plan、make an effort/efforts 等短语来传达劝勉态度，即该行为是有益的、必要的、值得倡导的：

[7] I hope I will **make a contribution** to the development to our country.

[8] The moment we came into the university we should **make a good plan** for our four-year college life to be a successful man.

[9] First, you should better **make a plan** about what you want to do in your school life.

[10] To my mind, we should **make great effort** to find time for my family, for my parents.

[11] And in order to be more influential, government and commonweal organizations should **make their effort** and gradually make the activity more meaningful.

而在撰写求职信或用文字介绍产品/企业时,学习者使用短语来凸显个人决心和承诺,或是彰显产品/企业的闪光点:

[12] Last but not least, I believe that the work will inspire my willing to do finish a pretty job. I will **make an effort** to spread the news of science.

[13] If I succeed in entering your company, I will devote myself to the job and **make effort** to realize my value.

[14] I determine to work hard in the future and **make more progress**.

[15] We **strive to make** Cailing ceramics a brand-name factory worldwide.

[16] I can **make the most of** my professional knowledge and personal ability to make COFCO Corporation better.

最后,EAP子库中的这些动词短语常常指向研究手段、目的或期望:

[17] **In order to make** the collected information more accurately we also put forward an ID collection protocol called ADMCU ...

[18] **How can we make full use of** limited water resources is an important problem related to the economic development and human survival environment.

[19] Finally, after the analysis of financial profitability, it showed this project **could make profits** in the second year, and **could make the profit** to CNY7.9 million after three years.

利用上述节点词检索技术是考察词语组合行为的最重要的方法之一。此外,我们还可以摆脱节点词的束缚,对EGP、EOP和EAP子库分别实施N元分析(N-gram Analysis),以便从宏观上检查三个子库中的最常用词块。所谓N元分析,即将语料库中所有连续的N词词块提取出来,进而对其观察解释。此处以3元分析为例,分别统计三个子库中最高频的20个3词词块。对比结果如表3-6所示。

表3-6 WECCSEM三个子库中最高频的3词词块

EGP	EOP	EAP
more and more	water and electricity	based on the
face to face	one of the	in this paper
on the Internet	a lot of	in order to

（续表）

EGP	EOP	EAP
in my opinion	I want to	according to the
to face contact	dust and fume	results show that
a lot of	I am a	the development of
on the other	the parking lot	show that the
the other hand	because of the	one of the
as far as	to water and	as well as
the development of	and so on	at the same
cheating in exams	in order to	the basis of
of spoken English	in your company	showed that the
far as I	to the parking	the influence of
last but not	of the company	results showed that
there is no	in the world	the same time
for us to	of dust and	the effect of
first of all	the development of	to improve the
test of spoken	on their work	the process of
but not least	the blocking of	on the basis
science and technology	customers and staff	analysis of the

统计结果显示,在各子库最高频的20个3词词块中,唯一一个为三个子库所共有的是the development of。EGP子库中最高频的3词词块大致具备如下特征:

(1) EGP子库中大多为议论文。议论文的核心要点之一为论点的表述。准确使用词语手段,清楚无误地表达观点是议论文的突出特征,也是基本写作要求。因此,学生经常使用确立观点的词块,最典型的3词词块是in my opinion和as far as (I am concerned)。

(2) 就论证方法而言,EGP子库学生最频繁使用的是表达并列或对照关系的词块,最典型的3词词块是first of all、(on) the one hand、(on) the other hand、(last) but not least等。这些词块承担了篇章的构筑和组织功能,往往揭示着新论据的出现。

(3) 中国理工科学习者倾向于使用哪一种类型的论据,很难从表3-6中的寥寥数词中得知。但是通过观察,也能从中获取一些信息。比如,more and more和a lot of高频发生,表明学习者习惯用数量来支撑论点。the development of在EGP子库中发生400多次,说明学生对文本的发生背景有重要诉求,其搭配词主要为 technology(125 次)、society(81 次)、Internet(81 次)、science(69 次)、economy(33 次)、education(25 次)、economic(19 次,此处为词语误用)、China(16 次)和 country(14 次)。

EAP 子库中的高频 3 词词块有着明显的科技英语特征。而且,从表 3-6 上看,大多数短语是科技英语中最常见的一部分元话语手段。它们大致可分为如下类别:

(1) 表达来龙去脉、前因后果的词块,主要有 based on the、according to the、the basis of、on the basis、the development of。这些词块主要用于确立文本信息关联,创建研究基础,说明研究背景。

(2) 表达"结果和解释"之意的词块,主要有 results show that (the)、showed that the、results showed that 等。

(3) 表达研究目的和研究特征的词块,主要有 in this paper、in order to、to improve the、the process of、the analysis of 等。

相较于 EGP 和 EAP 子库,EOP 子库的 3 词词块频数统计受话题的影响最大。约有一半词块(water and electricity、dust and fume、the parking lot、to water and、to the parking、of dust and、the blocking of、customers and staff、on their work)和命题作文的话题有直接关联。其余词块大致有两类:

(1) 表达求职意愿的词块:I want to、I am a、in your company;

(2) 企业介绍的词块:one of the、in the world、of the company。

综上所述,与常用词相比,常用词块的对比更加清楚地揭示了文本的风格和语篇的主题性,是体裁分析最重要的内容之一。

第三节　学习者语料库和参照语料库的对比研究

一、EGP 子库和参照语料库的对比

EGP 子库是中国理工科大学生日常话题写作语料库。它们与一般意义上的通用英语有许多可比之处,如不同覆盖范围的内容、不同程度的口语化特征、不明显的语域标记等。然而,就基于可比语料库的中介语研究而言,参照语料库的缺失始终是研究路上的"拦路虎"。造成这一现状的一个重要原因是,EGP 子库中的材料通常是指定话题写作;这意味着在不同的话题下,学习者文本的结构、句式、用词等都会显示出不同的写作策

略。理想的 EGP 参照语料库应是由本族语理工科大学生所写、话题与 EGP 子库相同或相近的日常作文集。而这样的完美语料极难获取。本节对 EGP 子库的分析主要基于三个参照语料库中的(部分)数据,即:

(1) BNC BABY(下文简称为 BNC)——代表通用英语;
(2) LOCNESS——代表本族语大学生写作能力;
(3) CLEC(ST 3—4)(下文简称为 CLEC)——代表中国非英语专业大学生写作能力。

1. 总体统计

EGP 子库和三个参照语料库的总体统计数据对比如表 3-7 所示。

表 3-7 EGP 子库与参照语料库的对比

	EGP	CLEC	LOCNESS	BNC
形符数	800,465	483,830	181,844	3,967,560
类符数	16,511	10,383	11,882	79,989
标准类符/形符比	35.50	31.13	40.30	41.58
平均句长	15.64	15.96	20.38	19.41
平均词长	4.50	4.30	4.73	4.48
1 字母词	29,267	15,226	4,438	156,966
2 字母词	155,315	96,122	34,412	680,265
3 字母词	151,061	99,032	35,641	856,790
4 字母词	154,110	96,335	28,552	723,584
5 字母词	82,030	58,632	19,280	444,975
6 字母词	62,584	36,737	15,408	327,405
7 字母词	59,532	33,605	14,671	286,767
8 字母词	39,209	18,163	10,996	184,833
9 字母词	28,437	14,562	7,703	130,334
10 字母词	800,465	9,063	5,548	81,727

从标准形次比、平均句长、平均词长来看,两个本族语者语料库(BNC 和 LOCNESS)明显优于两个学习者语料库(EGP 子库和 CLEC)。唯一的例外是,BNC 的平均词长略微低于 EGP 子库,这可能是由于 BNC 中包含了一定数量的口语语料。就同类型语料库而言,EGP 子库在标准形次比和平均词长方面均优于 CLEC,平均句长则稍逊于 CLEC。这里可能有取样的因素,也有话题的因素。还有一个重要原因是,CLEC 主要由试卷作文构成,而 EGP

子库中绝大多数为自由作文。从图3-12中的标准化词长(每千词次)统计来看,EGP子库学生少用的主要是长度为3字母、5字母、6字母的词语,7字母及以上词语的发生次数少于LOCNESS,多于BNC和CLEC。

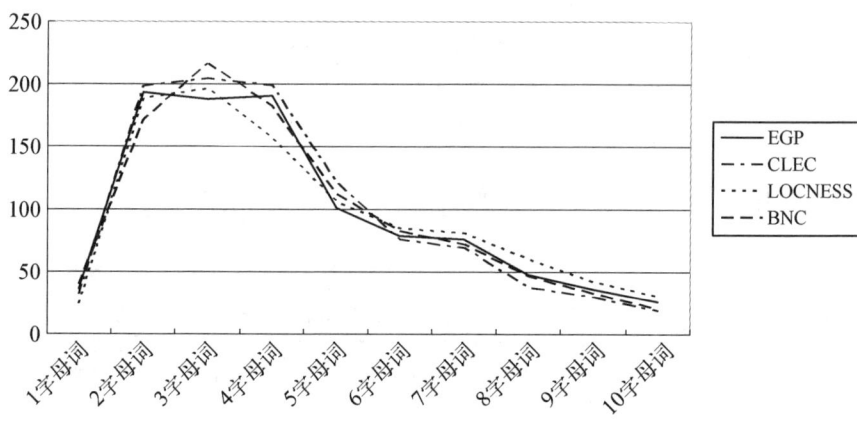

图3-12　EGP子库与参照语料库的标准化词长对比

2. 常用词对比

我们分别统计了CLEC、LOCNESS和BNC中最高频的100个形符(详见附录4-6),并作词形还原处理。表3-8列举了这三个词表和EGP子库词频表(附录1)中的共同词元。

表3-8　EGP子库与参照语料库的共同词元

序　号	EGP&LOCNESS	EGP&CLEC	EGP&BNC
1	A	A	A
2	ABOUT	ABOUT	ABOUT
3	ALL	ALL	ALL
4	ALSO	ALSO	AND
5	AND	AND	AS
6	AS	AS	AT
7	AT	AT	BE
8	BE	BE	BUT
9	BECAUSE	BECAUSE	BY
10	BUT	BUT	CAN
11	BY	BY	DO
12	CAN	CAMPUS	FOR

（续表）

序　号	EGP&LOCNESS	EGP&CLEC	EGP&BNC
13	DO	CAN	FROM
14	FIRST	DO	GET
15	FOR	ENGLISH	HAVE
16	FROM	FIRST	HE
17	HAVE	FOR	HOW
18	HE	FROM	I
19	HOW	GET	IF
20	HOWEVER	GOOD	IN
21	I	HAVE	IT
22	IF	HE	JUST
23	IN	I	KNOW
24	IT	IF	LIKE
25	LIFE	IN	ME
26	MAKE	IT	MORE
27	MANY	KNOW	MY
28	MAY	LEARN	NO
29	MORE	LIFE	NOT
30	NO	LIKE	OF
31	NOT	MAKE	ON
32	OF	MANY	ONE
33	ON	MORE	ONLY
34	ONE	MY	OR
35	ONLY	NOT	OTHER
36	OR	OF	SO
37	OTHER	ON	SOME
38	OUR	ONE	THAN
39	PEOPLE	ONLY	THAT
40	SHOULD	OR	THE
41	SO	OTHER	THEIR
42	SOME	OUR	THEM
43	THAN	PEOPLE	THERE
44	THAT	SHOULD	THEY
45	THE	SO	THINK
46	THEIR	SOME	THIS
47	THEM	STUDENT	TIME

(续表)

序号	EGP&LOCNESS	EGP&CLEC	EGP&BNC
48	THERE	STUDY	TO
49	THEY	THAT	VERY
50	THIS	THE	WE
51	TIME	THEIR	WHAT
52	TO	THEM	WHEN
53	VERY	THERE	WHICH
54	WAY	THEY	WHO
55	WE	THINK	WILL
56	WHAT	THIS	WITH
57	WHEN	TIME	YOU
58	WHICH	TO	YOUR
59	WHO	US	
60	WILL	VERY	
61	WITH	WANT	
62	YOU	WE	
63		WHAT	
64		WHEN	
65		WHICH	
66		WILL	
67		WITH	
68		YOU	

注：此表只统计每个语料库中频数最高的前100个形符。

从表3-8中的三列词表来看，EGP子库与LOCNESS、CLEC和BNC的高频词总体上有比较高的重合率。总计有46个词元为三列词表所共有，约占"EGP子库&LOCNESS"的74%、"EGP子库&CLEC"的68%、"EGP子库&BNC"的79%。EGP子库和CLEC之间的重合词最多，特别是CAMPUS、STUDENT、STUDY、LEARN、ENGLISH等与中国大学生学习生涯密切相关的主题词。EGP子库与BNC重合的高频词最少，这也反映了这两个语料库在性质上差异最大。

EGP子库与参照语料库之间还有许多不重合的高频词。就前100个形符而言，这些词或仅出现于EGP子库，或仅出现于参照语料库。表3-9显示了EGP子库与LOCNESS、CLEC和BNC之间的非共同形符。

表 3-9 EGP 子库与参照语料库的特有高频词对比

EGP&LOCNESS

EGP 特有(35)

books	get	knowledge	my	success
campus	good	learn	nature	think
college	help	like	need	university
education	important	live	others	us
English	Internet	love	reading	want
exams	just	me	students	your
face	know	most	study	

LOCNESS 特有(33)

after	death	him	she	those
any	does	his	society	up
argument	European	into	such	was
been	even	its	then	were
being	fact	out	therefore	world
candide	had	own	these	would
could	her	power	theta	

EGP&CLEC

EGP 特有(30)

an	help	knowledge	nature	than
books	how	live	need	university
college	however	love	no	way
education	important	may	others	who
exams	Internet	me	reading	your
face	just	most	success	

CLEC 特有(30)

can't	fake	much	take	water
change	fresh	must	then	well
commodities	haste	outside	up	work
countries	his	perfect	use	world
developing	job	practice	was	years
example	makes	society	waste	

EGP&BNC

EGP 特有(40)

also	face	learn	nature	study

（续表）

because	first	life	need	success
books	good	live	others	university
campus	help	love	our	us
college	however	make	people	want
education	important	many	reading	way
English	Internet	may	should	
exams	knowledge	most	students	
BNC 特有（40）				
after	go	it's	see	well
any	got	mm	she	were
back	had	now	that's	where
been	her	oh	then	would
could	him	out	these	yeah
did	his	over	two	yes
don't	into	right	up	
down	its	said	was	

注：此表只统计每个语料库中频数最高的前100个形符。

宏观上看，相对于三个参照语料库，EGP 子库所独有的高频词集中于：

（1）主题性。话题对词语选用的影响最为直接。比如，EGP 子库中有多篇命题作文聚焦于"成功"，如"success and achievement" "Nothing Succeeds Without a Strong Will"等，这导致 success 在 EGP 子库中高频出现。总体来看，与校园有关的话题是 EGP 子库最突出的特点，相关词语包括 books、college、education、exams、internet、knowledge、reading、university 等。

（2）观点性。EGP 子库中有一些用于表达看法的高频词语，主要有 me、us、others 等。对不同观点作提炼、对比，进而支撑、佐证自己的看法，是 EGP 子库中最常见的语篇模式。

（3）基础评价。good、most、important 等是 EGP 子库中比较高频的评价性词语。它们的反复出现有一些共同原因，比如，有限的词汇量和回避策略"迫使"EGP 学生使用最简单（也是最有把握）的词语。个性上看，受到话题的影响，它们出自的短语环境也各不相同。比如，good 多发生于 good way、good study、good grade 等短语中，most 则大多与 important、people、students、Chinese 等词语搭配。

在对照 EGP 子库和参照语料库特有词的过程中，可以发现 EGP 子库的特有词大多数是实义词，而参照语料库的特有词大多数是功能词。根据表 3-9，可以统计得出特有词表中功能词和实义词的比例。图 3-13 显示了统计结果。

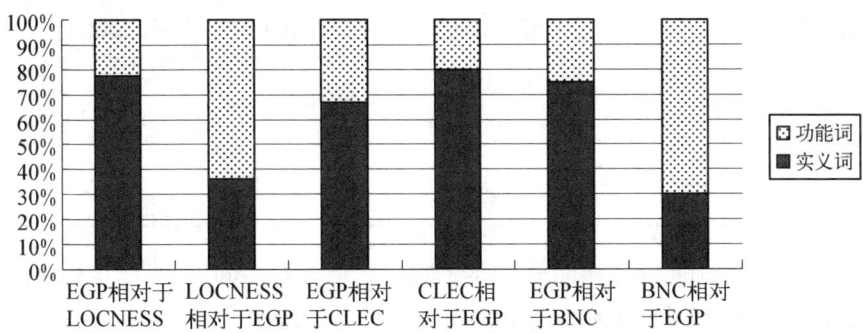

图 3-13 EGP 子库与参照语料库的特有词比例

从图 3-13 可以看出，EGP 子库与 CLEC 的相互比例最为接近，实义词的比例均超过 60%。也就是说，在 EGP 子库和 CLEC 各自最高频的 100 个形符中，绝大多数非共同形符都是实义词。这至少说明了两点。其一，比例的近似说明 EGP 子库和 CLEC 的语料构成有很大程度的相似性；其二，实义词构成了绝大多数非共同形符，这主要是由于写作话题限定了词语的选择。

与之相反的情况是两个本族语者语料库。出现于 LOCNESS 以及 BNC 词表、却不出现于 EGP 子库词表的所有形符中，绝大多数是功能词。其中，最显著的是 be 动词和某些情态动词的不同形式，以及各种代词。前者反映了中国理工科大学生对动词时态的掌握程度，后者可能是因为中国学生不善区分人称代词，或者说在代词的多样化方面与本族语者相差较大。BNC 中较高的功能词比例还有一个特殊原因，即该语料库包含了口语语料，因此语气词（如 mm、oh、well、yeah）高频出现。

3. 搭配词分析

EGP 子库和参照语料库在规模和构成上的不同，势必引发词语共现行为的殊异。本节讨论常用词在 EGP 子库、CLEC、LOCNESS 和 BNC 中的短语学特征。

首先，我们以 way 为例来讨论作文命题对词语搭配的影响。常用名词 way 在 EGP 子库中出现 1,840 次，是 EGP 子库中最高频的 100 个形符之一。表 3-10 显示了该词语在 EGP 子库和参照语料库中的出现次数。

从标准化频数上看,way 在 EGP 子库中的出现概率明显高于参照语料库。

表 3-10 way 在语料库中的出现次数

	频　数	标准化频数(每百万词次)
EGP	1,840	2,299
CLEC	806	1,665
LOCNESS	254	1,396
BNC	4,128	1,040

作为常用词,way 和许多词语习惯性共现,是很多固定、半固定短语的一部分。表 3-11 所显示的是在四个语料库中,以 way 为节点词、在 -4/+4 的跨距内至少发生五次的搭配词,按照 Z 值高低排序①。

表 3-11 way 在语料库中的搭配词

	EGP	CLEC	LOCNESS	BNC
1	best	this	easy	in
2	resolve	best	in	round
3	this	find	best	the
4	conflict	relatives	same	whichever
5	comprehensive	effective	out	through
6	only	direct	a	long
7	compromise	to	only	this
8	effective	is	change	out
9	a	right	find	same
10	solve	only	life	other
11	is	good	another	wrong
12	find	a	this	their
13	to	greeting	can	which
14	proper	popular	which	back
15	communicate	efficient	no	half
16	situation	know	right	along
17	another	by	such	effective
18	good	the	the	easiest
19	the	solve	to	dual
20	new	through	through	operates

① Z 值是一种考察词语搭配力的统计手段,它反映的是搭配显著性。

根据表 3-11 的统计信息，仅有两个词语进入全部四列搭配词表，即 the 和 this。其余搭配词在各个语料库之间的重合程度不尽相同。EGP 子库与 CLEC、LOCNESS 及 BNC 的重合率分别为 55%、40% 和 15%。大致来讲，在 way 的使用上，EGP 子库与 CLEC 最为接近，与 BNC 差异最大。

某种意义上说，语料库之间搭配词的相近程度反映了文本的相近程度。而从另一个方面来讲，每个词表里都有一些"特立独行"的搭配词。它们的特殊性主要是基于文本性质的，也有基于话题内容的。进一步检索 way 在 EGP 子库中的 20 个显著搭配词后发现，其中八个搭配词的反复出现明显是由于命题的限定。其特点是，一定数量的相近或相同的短语、小句出现于若干文本中，重复性成分大多来自命题材料，也有对其他外部资源的借鉴或抄用。比如：

[20] All in all, **resolve** a **conflict** shall by **compromise** and fight, everyone is indispensable.

[21] Thus, as far as I'm concerned, **compromise** is the key to avoid a **conflict** and **resolve** a problem.

[22] In conclusion, before making a conclusions, it is better to get to know the situation in a **comprehensive** way.

[23] In a word, we should treat the thing in a **proper** way!

[24] Therefore, the **proper** way of using mobile phones in class must be emphasized.

与 EGP 子库相比，"命题决定搭配词"现象在 CLEC 中没有那么明显。其原因是多方面的。首先，CLEC 的这部分语料大多是限时作文，这大大减少了搬用外部资源的几率。其次，考虑到 CLEC 命题内容的广度和形式的多样性，在少量文本中聚集起大量非常用词（类似于 EGP 子库中的 compromise、conflict 等）的情况并不多见。与 EGP 子库和 CLEC 完全不同的是，表 3-11 中 LOCNESS 和 BNC 部分的绝大多数搭配词为常用词。对于这部分数据而言，很难通过 Z 值、MI 值等手段来检查命题内容[1]。这项对比对学习者语料库的建设、学习者写作能力的发展观察、学习者词语搭配分析方法的改进都有启示意义。

在此部分，我们回归到经典的词语分析手段（而不是 Z 值或 MI 值）来

---

[1] 某种意义上说，这反映了 Z 值、MI 值等搭配强度计算工具的局限性。它们容易增加低频词的权重，从而优先曝光那些日常使用概率较低、由于命题关系而"临时性出现"的搭配词。

观察词组 give up[①] 在 EGP 子库和参照语料库中的短语行为。give up 在 EGP 子库、CLEC、LOCNESS 和 BNC 中分别出现 208 次、44 次、10 次和 82 次。从表 3-12 中的标准化频数来看,EGP 学生使用得最为密集,BNC 中的出现频率最低。

表 3-12 give up 在语料库中的出现次数

	频　数	标准化频数(每百万词次)
EGP	165	206
CLEC	44	90
LOCNESS	10	54
BNC	82	20

我们统计了 EGP 子库中 give up 在-4/+4 跨距内的搭配词,并记录了每一个位置上(如-1,-2,+1,+2 等)频数最高的词语,结果如表 3-13 所示(按频数排序)。

表 3-13 give up 在 EGP 子库中的高频搭配词

L4	L3	L2	L1	R1	R2	R3	R4
the	we	if	never	the	the	to	in
but	teach	and	to	and	any	point	the
have	us	will	t	in	we	in	and
can	the	they	not	their	study	we	take
to	end	can	they	at	in	the	will
strong	and	people	people	smoking	have	middle	way
that	you	us	you	your	if	it	no
teach	so	not	don't	it	will	will	strong
knowledge	will	want	and	for	to	so	important
get	he	of	would	when	my	of	if
in	that	should	we	easily	other	for	face
up	of	don't	will	so	you	and	they
result	time	freedom	say	something	whether	is	to
tomorrow	is	you	may	studying	they	this	can
think	because	them	can	what	dream	can	your

---

① 由于 gives up、giving up、gave up 和 given up 在四个语料库中的出现次数很少,故此处仅抽选 give up 为节点词组。

结合表 3-13 所显示的搭配信息,我们进一步计算了每一个词语在各个位置上的出现次数。从中我们发现 EGP 子库中 give up 的几个使用特征。首先,在 L1 位置上,最显著的特点是否定词的复现。never、not 和 don't 分别出现了 43 次、11 次和 5 次。另外,字母 t 在 L1 上出现了 12 次。n't 是 not 的缩写形式,在语料输入过程中,由于标点符号的误差,有些 n't 被视为单个词,而有些被软件拆分。因此可以认为,not 在 L1 上的实际频数为 23 次(11 + 12)。除了否定词,出现最多的是 to、人称代词/名词(they、people、you、we)以及情态动词(would、will、may、can)。L2 位置上,人称代词/名词和情态动词仍占据了相当一部分,而出现最多的是 if。一般地,愈远离节点词,搭配词的词语特征往往愈发不明朗。L3 和 L4 两个位置上,只有个别词语引起我们的注意,比如 teach、strong 等。

R1 位置上出现最多的是限定词,包括冠词和物主代词。其次是连词 and 和介词 in、at。最后,smoking、studying、something 等名词很容易让人联想为 give up 的直接宾语。R2 与 R1 就词类而言并无太大区别:基本是限定词、介词,以及少量名词。

搭配词统计表所提供的是向导性信息。我们从 EGP 子库中随机抽取了 give up 的 15 条检索行,进一步检查它们所体现的具体文本意义。

1	erefore, in no circumstances we can	give up	our dream. Unquestionably, dreams
2	essarily get harvest, but if you easily	give up	, and your dreams will more and mo
3	iled many times. But they will never	give up	. They have a lot of attempts, This g
4	we should try to do better and never	give up	. The spirit we can see from Olympic
5	y it, insisting encourages them never	give up	and do it again and again. After they
6	ides, sports can teach people never	give up	and keep enthusiastic. If people hav
7	e a strong will. It can make us to not	give up	. So, the god will bring us succeed.
8	society, a growing number of people	give up	or fail to quit smoking just because
9	't afford it. What's more, you should	give up	studying overseas if your English is
10	tinued to suffer failure. But he didn't	give up	and finished his invention. He was a
11	be a teacher in remote areas. They	give up	the rest of their time to help children
12	t of all, sports can teach us never to	give up	. For instance, in the NBA game bet
13	se of some difficulties of the early to	give up	, but do your best to overcome diffi
14	expensive that many people have to	give up	the chance to study further. Howeve
15	inally, people arrive at the end. If you	give up	in any point in the Mara son, you will

根据这些索引行,不难归纳出 EGP 学生使用 give up 的主要动机:

（1）劝勉和鼓励读者坚持不放弃。EGP 子库作文中含有大量劝勉性、建议性词语,这一点已在前文有所述及。L1、L4 是典型例子;

（2）警告和告诫。即利用条件状语从句,向读者强调"放弃的后果"。L2、L15 是典型例子;

（3）引以为鉴。即通过其他人物或事物,向读者表明自己对"放弃"的负面态度。从 L3、L6、L7、L8、L12 等索引行中可归纳出这样一种模式:"We should learn from somebody or something, and should not give up."。从中也能部分解释左侧搭配词出现许多第三人称代词和 teach、make 等动词的原因;

（4）对"放弃"的推崇。L11 是典型例子,然而这种实例非常少。在更多的语境中,"放弃"实则是一种无奈之举。比如,L9 的作者认为,"you should give up studying overseas if your English is poor."。L14 也是类似的语用态度:"The college's tuition and fees is so expensive that many people have to give up the chance to study further."。这其中的客观因素不言自明。

用同样的方法,可以考察 give up 在 CLEC 中的使用特点。表 3 – 14 显示了 CLEC 中 give up 的常见搭配词(按频数排序)。

表 3 – 14　give up 在 CLEC 中的高频搭配词

L4	L3	L2	L1	R1	R2	R3	R4
but	but	we	don't	the	they	work	and
so	if	they	will	we	think	will	the
the	you	you	to	your	you	this	your
very	the	and	not	it	should	find	besides
be	grabbed	should	shouldn't	and	and	job	suit
it	hard	so	and	you	don't		
job			can't		present		
			would				
			never				
			didn't				
			they				

可以发现,give up 在 EGP 子库和 CLEC 中的高频搭配词大体一致。否定词凸显于 L1 位置,只是 CLEC 学生更多地使用 don't,而不是 never。L2 主要是人称代词。EGP 子库中高频出现于 L2 的连词 if 在 CLEC 中更

多出现于 L3。对于右侧搭配词来说,由于直接宾语出现的次数很少,所以未进入高频搭配词表。总体来看,无论是形式还是态度、意义,give up 在 EGP 子库和 CLEC 中的使用都比较接近。

BNC 中 give up 的使用情况与 EGP 子库有更多不同。如表 3 – 15(按频数排序) 所示,L1 位置上出现最多的并非否定词,而是 to。实际上,to 在 L1 上共出现 39 次,而并列排名第二的 you、won't 和 don't 均只出现了 3 次,频数悬殊。在 L2 上出现了一些相同位置上与 EGP 子库完全不同的词语,如 person、likely、intend 等。当然,由于出现的次数不多,不能作为词语行为异同的观察标准。右侧搭配词中,R1 几乎被限定词占据。R1 和 R2 中出现了一些抽象名词作为 give up 的直接宾语,如 smoking、hope、autonomy、claim、job 等。

表 3 – 15 give up 在 BNC 中的高频搭配词

L4	L3	L2	L1	R1	R2	R3	R4
he	had	he	to	his	and	to	the
and	to	you	you	a	of	for	they
the	he	person	won't	the	the	that	you
for	you	likely	don't	their	yeah	term	to
them	that	as	would	some	autonomy	of	do
when	thing	so	can	smoking	claim	said	as
are	she	has	and	her	job		in
that	his	had		and			he
	are	intend		hope			
	not	contract					
	in						

BNC 的文本证据表明,give up 绝非像 EGP 子库中那样主要用于建议或勉励自己和读者。实际上,give up 既可表示"stop trying to do something as you decide that you cannot do it"(例如下方索引行中的 L3),也可以表示一般的"stop doing something"(如 L11) 或"allow someone else to have something"(如 L6)。很明显,EGP 学生主要掌握的是第一个义项,其内涵态度是:"To give up is to show your inability and pessimism.",而 BNC 的许多实例中,give up 是中性的,在个别语境中甚至是积极的。L4 中的 must、L7 中的 glad、L12 中的 volunteered 都是积极态度的信号。

1	ly, having a I think I would just about	give up	over that. It's a shame. , but I mean
2	don't have to. If you want to you can	give up	now and we'll do some reading nex.
3	fashioned girl. But I warn you I don't	give up	easily. I shall try again. " Sara
4	ders were convinced that they must	give up	some independence if they were to i
5	is the point at which many patients	give up	the therapy, said Mrs Henry. But she
6	and then (when people began to	give up	their seats to him on buses, under t
7	one Harry Butt, who seemed glad to	give up	without a struggle. But Kit Everard
8	igan if the classy Phil Clarke has to	give up	his No. 13 jersey for Hanley. I watch
9	plementing change, s/he is likely to	give up	, or decide that the innovation is not
10	at it must be rational for a person to	give up	their autonomy sometimes. One cas
11	's up with him? Well he supposed to	give up	smoking, it had caused clotting in o
12	ans. If, for instance, I volunteered to	give up	some of my bone marrow to save a
13	ed tend to do better than those who	give up	a job to do so. Jane Bradford, he
14	ley would be the last thing he would	give up	in sport, Henley would be the last thi
15	re going to put a lot of time in so you	give up	your social life a bit perhaps. You fe

上述分析中,通过考察 way 的高频搭配词,可以看出作文话题对观察词语搭配行为的影响。如果语料集中于某几个话题,那么一部分非常用短语很容易被凸显出来,甚至被误认为是中介语重要特征。而 give up 的例子表明,EGP 学生在使用一个多义词或词组时,经常更趋于利用某一个义项而忽略了其他。这是义项发生概率在中介语中的客观反映,某种程度上也是议论文这一文本类型制约下的必然结果。

二、EOP 子库和参照语料库的对比

如果进一步细分,EOP 子库实际由两个"子子库"构成:信件类应用文和企业类应用文。在作基础统计报道时,这两种文体被视为一个整体,即职业英语写作;然而,在解释和分析阶段,有必要对话题作区隔,以便于讨论。

1. 总体对比

EOP 子库和参照语料库的基础对比数据如表 3-16 所示。总体来看,无论是词语密度、平均句长、平均词长,EOP 学生均与本族语者有不同程度的差距。

表 3-16 EOP 子库与参照语料库的对比

	EOP	EOP 参照库
形符数	856,645	946,700
类符数	23,804	31,001
标准类符/形符比	39.90	40.03
平均句长	15.72	20.46
平均词长	4.83	5.06
1 字母词	40,634	33,089
2 字母词	147,667	136,009
3 字母词	157,743	175,028
4 字母词	134,528	143,618
5 字母词	82,207	101,826
6 字母词	62,189	83,402
7 字母词	78,391	84,364
8 字母词	51,360	67,083
9 字母词	38,086	46,642
10 字母词	856,645	35,379

我们对词长情况作进一步的标准化（每千词次）处理，其结果如图 3-14 所示。从词长统计来看，EOP 学生超量使用了 1 字母词和 2 字母词。从 5 字母词开始（除了 7 字母词），EOP 学生的使用频率开始低于本族语者，在 8 字母词上差距最大。

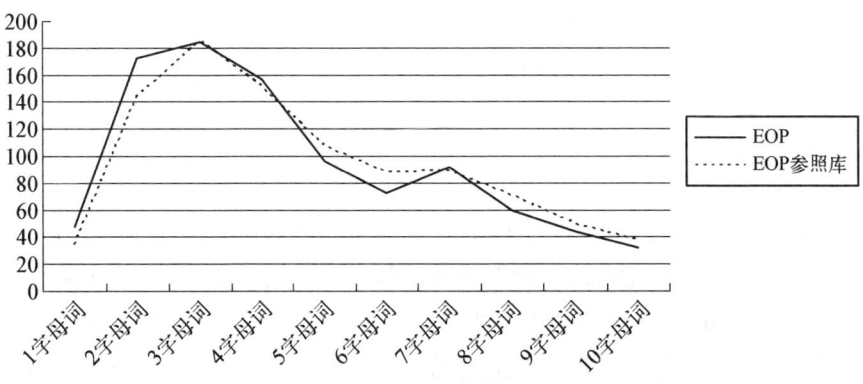

图 3-14 EOP 子库与参照语料库的标准化词长对比

在标准化词长方面,不仅学习者语料库和参照语料库之间存在差异,信件类文本和企业类文本之间也有不同。如图3-15所示,总的来说,EOP-company和EOP参照库-company之间的差异要小于EOP-letter和EOP参照库-letter之间的差异,这可能和外部资源的丰富程度有关。短词(5字母以内词语)在信件类文本(尤其是学习者文本)中的发生频率较高。相反,不管是学习者语料库还是参照语料库,信件类文本中的长词(5字母及以上词语)使用频率均不及企业类文本。实际上,EOP子库中的信件类应用文(求职信和投诉信)不同于商务信函。它本质上仍属于生活英语范畴,因此,其词语复杂程度必然难以与企业和产品介绍相比。从图3-15中可以看出,EOP-letter的词长持平或甚至不及EGP子库,也说明了这一点。

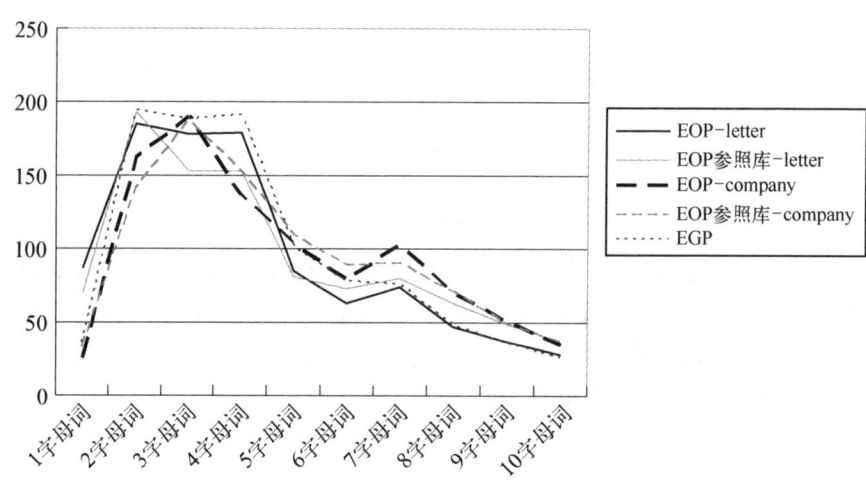

图3-15 EOP不同文本类型的标准化词长对比

2. 常用词分析

前文中,我们简单讨论过EOP子库的常用词情况。由于EOP-letter和EOP-company在用词上差别显著,因此在这里分别统计EOP-letter、EOP-company以及参照语料库中对应文本的高频词。附录7至附录10分别列举了它们的前100个高频形符。表3-17显示了词形还原处理后学习者词频表和参照库词频表的共同词元。

表3-17　EOP子库与参照语料库的共同词元

信件类文本		企业类文本	
序号	共同词元	序号	共同词元
1	A	1	A
2	ABOUT	2	ALL
3	ALL	3	ALSO
4	ALSO	4	AN
5	AM	5	AND
6	AN	6	ARE
7	AND	7	AS
8	ARE	8	AT
9	AS	9	BE
10	AT	10	BEEN
11	BE	11	BUSINESS
12	BELIEVE	12	BUT
13	BY	13	BY
14	CAN	14	CAN
15	COMPANY	15	CHINA
16	CONJURER	16	COMPANY
17	DEAR	17	CONJURER
18	EXPERIENCE	18	CUSTOMER
19	FOR	19	CUSTOMERS
20	FROM	20	DEVELOPMENT
21	HAVE	21	FIRST
22	I	22	FOR
23	IF	23	FROM
24	IN	24	GROUP
25	INTERVIEW	25	HAS
26	IS	26	HAVE
27	IT	27	HIGH
28	JOB	28	IF
29	LIKE	29	IN
30	ME	30	IS
31	MORE	31	IT
32	MY	32	ITS
33	MYSELF	33	MAKE
34	NOT	34	MANAGEMENT

(续表)

	信件类文本		企业类文本	
序号	共同词元	序号	共同词元
35	OF	35	MORE
36	OFFICE	36	MOST
37	ON	37	NEW
38	OR	38	NOT
39	POSITION	39	OF
40	SCHOOL	40	ON
41	SINCERELY	41	ONE
42	THAT	42	OR
43	THE	43	OTHER
44	THIS	44	OUR
45	TIME	45	PEOPLE
46	TO	46	PRODUCT
47	VERY	47	PRODUCTS
48	WAS	48	QUALITY
49	WELL	49	SERVICE
50	WHICH	50	SERVICES
51	WILL	51	SO
52	WITH	52	SUCH
53	WORK	53	SYSTEM
54	WORKING	54	TECHNOLOGY
55	WOULD	55	THAN
56	YEAR	56	THAT
57	YEARS	57	THE
58	YOU	58	THEIR
59	YOUR	59	THEY
60	YOURS	60	THIS
		61	TIME
		62	TO
		63	UP
		64	WAS
		65	WE
		66	WHICH

(续表)

序号	信件类文本 共同词元	序号	企业类文本 共同词元
		67	WILL
		68	WITH
		69	WORLD
		70	YEAR
		71	YOU

注：此表只统计每个语料库中频数最高的前100个形符。

信件类文本的绝大多数共同词元是功能词。与 EGP 子库和 EAP 子库的情况有所不同的是，功能词中有相当一部分是第一、第二人称代词，包括 I、ME、MY、YOU、YOUR。如果将信函视作一种体裁，那么这些代词的使用必然是该体裁的突出特点：

[25] I hope I can join this family and work together. I believe I can get along well with other members. I hope you can give me a chance. （EOP）

[26] I am strongly interested in the job of product designer, because my major is appropriate for this job well and I am fond of designing and researching. （EOP）

[27] If you feel there is a mutual interest, I would welcome the opportunity to meet with you to learn more about your company. （EOP 参照库）

[28] I want to thank you for taking the time out of your busy schedule to review my resume and letters of recommendation. If you require any additional information from me I can be reached at the contact information as stated above. （EOP 参照库）

另外一个较为特别的功能词是 OR。该连词从未出现于此前 EGP 子库和 EAP 子库的常用词分析中，然而在 EOP 子库中却异常高频。在求职信和投诉信中，OR 被用于诸多不同的交际场合。总的来说，OR 的高频使用是一种礼貌原则或模糊策略的实现形式：

[29] I have attached my resume for your review, and I would be happy to address any **questions or concerns** you may have or to schedule an interview for the job. （EOP）

[30] I would be available for work at weekends and on **Tuesday or Thursday** afternoons during term-time. （EOP）

[31] Dear **Sir or Madam**, I am writing to you with the intention to show my interest and motivation in three to four month summer internship within your company.

（EOP）

　　［32］I look forward to **your call at 8222000 or your letter** to the above address.（EOP）

　　［33］For the plan of future, I would like to be an **administrator or designer**.（EOP）

　　从上述例子可以看出，OR之所以高频发生，是因为写信者常常需要提供多种不同的信息选项供阅读者参考，避免绝对化表述。信息的模糊化处理使写信者保留了一定的变通余地，以更周密、更安全的方式传递内容。这是低级别交际者在与高级别交际者会话时所采取的常用策略。

　　实词方面，大多数共同的实词词元与就业求职紧密相关，如职业、单位、职位、毕业院校、面试、工作经验等。这些词语实际上构成了求职信中最重要的主题词。此外，还有一些词语指向信函的基本元素，如DEAR和SINCERELY。

　　企业类文本的内容是企业或产品的介绍。从语用目的上说，它们同时担负着两个重要使命：其一为准确描述，其二为广而告之。无论是描述抑或是宣传，都离不开大量的评价性语言。企业类文本的共同实词词元中，明显的评价性词语有DEVELOPMENT、HIGH、NEW等：

　　［34］The foundation of CNOOC in 1982 signified that China's offshore oil industry had entered a **new development** period.（EOP 参照库）

　　［35］Bring a **new** level of sound quality to your video recordings, enhance the sonorous characteristics of your audio recordings and generally make everything (and everyone) sound awesome.（EOP 参照库）

　　［36］What's more, the national 11th five-year plan encourages the **development** of **new** material industry. Therefore, it is a chance and also a challenge to Kingfa.（EOP）

　　［37］Enterprises and water treatment medicament research institutes cooperation, active **development** of **new** technologies, new processes.（EOP）

　　［38］The staffs in Huawei can enjoy a lot of welfare, such as **high** wages, which attracted a lot of people to work for Huawei company.（EOP）

　　有些词语单独来看是中性的，然而当它们出现于一定的文本类型和语言环境时，其积极意义和交际目的变得明显，比如QUALITY、TECHNOLOGY、WORLD等词语：

　　［39］As the members of a **world**-famous company with a good fame, we spare no efforts to produce a **high-quality** water so that a great sum of money is essential. (EOP)

[40] Founded in July, 2013, as a subsidiary company to Tian Yi Electric Machinery Corporation, Li Ming Automation Science Co. Ltd is a **high-tech** enterprise with all vitality, potential and comprehensive strength. (EOP)

[41] What came as a result is a car seat protector crafted with the finest materials, with a dedication to safety and **quality** that is unparalleled by any of our competitors. (EOP 参照库)

另一方面，非共同形符的出现既有话题因素，也有写作策略因素。表 3-18 显示了学习者语料库文本和参照语料库文本的前 100 个高频形符的不同之处。

表 3-18 EOP 子库与参照语料库的非共同形符

序号	信件类文本		企业类文本	
	EOP 特有	参照库特有	EOP 特有	参照库特有
1	because	addition	ABC	any
2	best	after	about	audio
3	but	any	after	best
4	chance	assistant	Alibaba	control
5	construction	background	brand	each
6	customers	been	Chinese	easy
7	do	business	companies	energy
8	dust	career	enterprise	features
9	electricity	contact	food	free
10	first	current	founded	home
11	get	degree	good	including
12	give	during	Huawei	into
13	good	employment	I	life
14	hard	feel	industry	like
15	hope	field	information	music
16	interested	forward	institute	no
17	know	further	internet	oil
18	knowledge	has	largest	out
19	lot	information	many	over
20	major	look	market	power
21	make	management	mobile	sound
22	many	manager	now	these

(续表)

序号	信件类文本		企业类文本	
	EOP 特有	参照库特有	EOP 特有	参照库特有
23	no	Mr.	only	through
24	notice	new	production	two
25	our	one	research	use
26	parking	opportunity	sales	well
27	should	over	service	when
28	sir	please	some	while
29	so	professional	Tencent	work
30	some	qualifications	there	year
31	staff	resume	very	your
32	student	sales	years	
33	it	skills		
34	their	taking		
35	there	team		
36	think	thank		
37	university	these		
38	want	training		
39	water	worked		
40	we	year		
41	what			
42	when			

注：此表只统计每个语料库中频数最高的前 100 个形符。

  前文中我们描述了 EOP 子库和参照库的相似之处。就信件类文本而言，相似点主要集中于求职信，投诉信的共同词元并不多见。而当我们考察信件类文本的不同之处时，我们发现，无论是求职信还是投诉信，EOP 子库和参照库都存在明显差异。根据表 3 - 18 左侧所列举的信件类非共同形符可以看出，投诉信的差异主要存在于主题层面和态度层面，而求职信的差异主要存在于写作策略方面。具体分析如下：

  （1）主题相关。EOP 子库和参照语料库中投诉信的内容不尽相同，由此产生了主题词的差异。学习者语料库文本中，construction、customers、dust、electricity、parking、staff、water 等词语都出现于特定场景中，而非投诉信的常规词汇。

  （2）态度相关。EOP 学生在求职信中大量使用表达求职意愿和就职态度的词语和短语，较为明显的有 best、hard、hope、interested、want 等，而这

些语言手段在参照语料库中似乎并不多见。比如:

[42] On the condition that I enter this company, I'll determine that try my **best** to make the company better. (EOP)

[43] If I have the chance to take the position, I will work **hard** by enlarge the range of the knowledge and make conversation of the partner. (EOP)

[44] So, I **hope** you can give me the position as a saler. (EOP)

[45] Recently I have learned the job opening from daily newspaper. I really **want** to get the job and I **hope** I will get the position of designer which I'm very **interested** in. (EOP)

(3) 策略相关。EOP 学生趋于使用某些语言手段来凸显个人价值,增加求职砝码,例如 knowledge 和 good。有些连词的超用也是为这一目的而服务,例如 because 和 but:

[46] In school period, I study the specialized **knowledge** diligently, and interested the huge enthusiasm and the energy for it. While studies the textbook **knowledge** earnestly, I participate in school inside and outside practice. (EOP)

[47] I have a **good** logic ability reasoning ability, I think it can benefits to me for become a sales director. Moreover, I have a **good** language communication ability. I think it is necessary as a sales director. (EOP)

[48] **Because** I have been a frequent user of software developed by your company, and I gradually understand that the competition on the internet is getting hotter. (EOP)

[49] Teaching has little connection with my major, **but** I learn a lot from it, and I have more social experience. (EOP)

相对而言,EOP 参照库则使用了更多与求职背景有关的词语,例如专业领域、工作经验、履历资质等。部分原因可能是在校学生尚未触及这些资历性的元素,因此只能更多地介绍学生经历。所以,EOP 学生更多地使用了 major、student、university 等词语。

企业类文本的非共同形符统计结果呈现出功能词与实词不对称的形态。在 EOP 特有的 32 个词形中,26 个为实词,占 81.2%;而在 EOP 参照库特有的 31 个形符中,只有 17 个为实词,占 54.8%。一个重要原因是,学生在设计企业和产品的介绍时,目标对象集中于信息工业领域,因此,Alibaba、Huawei、Tencent 等企业名称,mobile、food 等产品类型,以及 network、Internet、information 等相关词语高频出现。从表 3-18 来看,学习者似乎更趋于凸显企业的规模、技术力量和服务,而本族语者的用词更为细腻。比如,参照语料库中 free 一词发生了 796 次。除了表达"免费"之意,还大量用于 BPA-free、fragrance free、glare free、hands-free、worry-free 等组合中。学习者一方面受词汇量制约,另一方面担心发生语言错误,通常不会使用这样的合成词。

3. 搭配词分析

我们在求职信文本中选择了 if 作为核心词,试图对比分析它在学习者语料库和参照语料库中的搭配趋势。引导条件状语从句的连词 if 在两个语料库中分别发生了 1,447 次和 128 次,均为各自语料库中最高频的 100 个形符之一。考虑到 if 从句大多发生于句首,我们将搭配词的跨距界定为 0/+4,也就是节点词右侧 4 个单词以内的高频搭配词。表 3 - 19 显示了学习者语料库和参照语料库的搭配统计对比(按频数排序)。

表 3 - 19 if 在求职信中的搭配统计对比

EOP - letter				IF	EOP 参照库 - letter			
R1	R2	R3	R4		R1	R2	R3	R4
I	can	me	me	1	you	have	any	further
you	could	the	the	2	I	need	further	my
there	get	any	I	3	given	require	that	questions
the	have	get	job	4	the	could	consider	information
your	am	give	a	5	required	agree	to	me
my	would	this	to	6	your	would	chance	is
it	is	be	additional	7	this	feel	there	to
given	give	send	this	8	there	wish	questions	or
company	are	have	in	9	any	the	opportunity	details
can	hire	to	chance	10	such	is	is	contact
necessary	company	offer	your	11	so	a	the	would
I'm	was	lucky	position	12	not	for	would	required
we	got	hired	an	13	need	details	not	you
they	will	work	opportunity	14	name	consider	me	position
so	were	that	enough	15	my	and	like	authorized

无论是学习者语料库文本还是参照语料库文本,在 R1 位置上,代词和限定词占了绝大多数,典型的有 I、you、your 和 my。EOP 子库中出现了一定数量的 it、we 和 they,这是参照语料库所没有的:

[50] I wonder **if it** would be possible to meet one of these days so that we can learn more about each other. (EOP)

[51] Although I can sing very well, but it can't make any contribution to my profession, I believe we can get what we want **if we** work hard enough! (EOP)

If I 和 If you 在两个语料库中的发生次数均位列前二,但是语料库之间的相对频数差异巨大。If I 和 If you 在 EOP 子库中的发生次数分别为 701 次和 470 次,在参照语料库中的发生次数分别为 8 次和 77 次。换言之,If I 在前者是主流形式,而在后者却是微不足道的:

[52] **If I** become a member of your company, I will work hard, coorperating with collegues to complete tasks perfectly. (EOP)

[53] **If I** get the job, I would make a large contribution to the company while I would get chance to experience, which would help me making my skills better. (EOP)

[54] However, **if you** could give me a little bit of notice, I'll make sure the kettle is on for your inspector. (EOP 参照库)

[55] Would you please let me know whether I should return the recorder to you for a replacement or **if you** have an authorized service representative here to which I should take it? I will hold on to this recorder until I hear from you. (EOP 参照库)

R2 位置基本为动词所占据。然而,除了 have、could、would 等少数几个动词外,其余大多数词语仅出现于其中一个语料库。比如,EOP 子库中发生次数比较多的 can(288 次)、get(94 次)、am(88 次)、give(47 次)等词语均未出现于参照语料库中。反之,参照语料库中的一部分动词也未出现于学习者语料库文本中,比如 need、require、agree、feel、wish 等。

[56] **If I can** have this chance I will make most use of my effort to work. What's more, I believe the future will be wonderful as I expect. (EOP)

[57] I believe **if I am** employed, I will try my best to make it come true. (EOP)

[58] **If you give** me this opportunity, I will create greater value for the company in the future. (EOP)

[59] Please note that my position is secured and the offer for me to relocate to the mid west is on the table for another month **if I wish** to accept. (EOP 参照库)

[60] **If you need** further information, I can be reached at the contact details provided above. (EOP 参照库)

[61] **If you agree** that my qualifications and passion for your company would make me a strong addition to your team, please call me at (555) 555 – 5555 or email

rfoster@somedomain.com to set up a meeting.（EOP 参照库）

相对于 R1 和 R2，R3 和 R4 位置上的搭配词似无特别的规律可循。总体上看，EOP 子库的 R3 位置上仍有不少动词，如 get（53 次）、give（52 次）、be（36 次）、send（23 次）等，而参照库中仅有 consider 的出现次数超过 5 次：

［62］**If I can be** a research fellow of your institute, I will do my best to work at front line.（EOP）

［63］I would be most grateful **if you could consider** me for any suitable positions available within your company and enclose my CV.（EOP 参照库）

此外，R3 和 R4 位置上出现了一些抽象名词。EOP 子库中主要有 job、position、chance、opportunity 等，参照语料库中主要有 chance、opportunity、question（s）、information、details、position 等。其中，job、offer、question（s）、information 和 details 为两个语料库各自独有：

［64］**If I get the job**, I will work hard and try my best to won beneifits for the company, I can also get much exercise and benefits like money.（EOP）

［65］I would appreciate your kindness very much **if you can offer** me the interview chance.（EOP）

［66］**If you have any questions**, concerns or comments, please do not hesitate to contact me at the address and telephone number above.（EOP 参照库）

［67］In the meantime, please do not hesitate to contact me **if you require further information**. I look forward to hearing from you.（EOP 参照库）

上述的分析和例证表明，if 句式在求职信中实施三种主要功能。其一，表达求职的愿望和决心；其二，表达进一步沟通的意愿；其三，提供联系方式。对于 EOP 学生而言，条件从句的主体可以是自己，也可以是对方，但更多地偏向于自己。之所以如此，可能跟 EOP 学生在求职信中频繁表达努力工作的决心有关。由于主句中是"我保证努力工作"，那么，从写作习惯上说，从句中的限定条件也是以"我"为主体，即"如果**我**得到工作机会"，而不是"如果**您**给我工作机会"。

不论是信件类文本还是企业类文本，学习者语料库和参照语料库在高频短语的使用概率上也有重要差异。利用 N-gram 分析技术，可以获取发生于每一种文本的高频短语。表 3-20 显示了四种文本中最高频的 30 个 3 词短语[①]。

[①] 此处的信件类文本仅统计求职信中的词块。

表 3-20　EOP 子库中的前 30 个高频 3 词短语

	EOP-letter	EOP 参照库-letter	EOP-company	EOP 参照库-company
1	water and electricity	look forward to	one of the	as well as
2	dust and fume	I look forward	in the world	one of the
3	I want to	for the position	the development of	the world's
4	I am a	would like to	and so on	dai ichi life
5	the parking lot	thank you for	was founded in	the company's
6	to water and	I would like	is one of	so you can
7	in your company	my resume for	of the company	in the world
8	because of the	I would be	a lot of	around the world
9	to the parking	the position of	research and development	allows you to
10	of dust and	and I am	in order to	of the world
11	on their work	for taking the	the company has	in order to
12	the blocking of	taking the time	the company is	is one of
13	blocking of entrance	to introduce myself	more and more	the united states
14	a lot of	I have been	around the world	in addition to
15	customers and staff	introduce myself and	the quality of	can be used
16	access to the	you will see	as well as	of the company
17	concentrate on their	I feel that	ABC food company	products and services
18	my best to	submit my resume	is located in	the development of
19	lots of dust	my resume I	the same time	a variety of
20	I think I	resume for the	after sales service	easy to use
21	to apply for	I have worked	at the same	the US
22	and electricity without	feel that I	development of the	of the most
23	no access to	I am a	all over the	from the manufacturer
24	can concentrate on	meeting with you	it is a	the same time
25	of the blocking	one of the	of the most	at the same

（续表）

	EOP－letter	EOP参照库－letter	EOP－company	EOP参照库－company
26	electricity without notice	the opportunity to	was established in	the end of
27	thank you for	this opportunity to	it is the	oil and gas
28	dear Sir or	asset to your	science and technology	you need to
29	Sir or Madam	I can be	over the world	board of directors
30	my major is	I have a	in the future	the board of

N-gram 统计结果显示，就前 30 个高频 3 词短语而言，EOP 子库与参照语料库之间有较大分歧。首先，信件类的短语重合率仅为 6.7%，如划线短语。在之前的常用词分析过程中，已经发现 EOP 学生频繁使用承诺和表态类词语，而这一点在短语对比时愈加明显。I want to、I think、try my best、I will work hard、give me a chance、in the future 等短语很少发生于参照语料库。由于中国学生普遍不区分口语和笔语，因此，即便在求职信这一较为正式的文体中也不乏 I want、I think 等高度口语化的表述。此外，从词语使用上看，有些是语法使用问题，如 EOP 学生使用 looking forward to，而参照语料库大多是 look forward to；也有些是近义词的区隔问题，如 EOP 学生多使用 chance，而参照语料库中出现比较频繁的是 opportunity。

企业类文本中的短语重合率为 36.7%。其中有相当一部分共同短语用于凸显企业或产品的社会地位，主要有 one of the most、in the world、around the world 等：

［68］The Auto Mechanical Engineering Company is well-known all **around the world**. （EOP）

［69］As **one of the world's** largest building contractors, seven consecutive years **in the world** top 500 enterprises, ranked 112th **in the world** top 500 companies in 2012, ranking **the world's** 225 largest contractors 39th, ranked 12th in the top 500 enterprises in China. （EOP）

［70］**One of the world's** busiest arenas, the 20,000-seat Wells Fargo Center is home to the Philadelphia 76ers of the National Basketball Association, the Philadelphia Flyers of the National Hockey League, the Philadelphia Wings of the National Lacrosse League and the Philadelphia Soul of the Arena Football League.

（EOP 参照库）

[71] The team works with regional, national and international contractors and suppliers to serve ADM facilities both locally and **around the world**. （EOP 参照库）

从描述的内容来看，EOP 学生更多地从宏观上介绍企业本身，以及产品、售后、研发等核心概念，而参照语料库文本中，用户的主体地位和使用感受被放在至关重要的位置：

[72] The ABC phone company was established in 1999 and **is located in** California, enjoying convenient transportation access and a beautiful environment. （EOP）

[73] Of course, **the quality of** the computer is also pretty good, but if it is the unforeseen that damaged we have a comprehensive and thoughtful **after-sales service**. （EOP）

[74] The versatile 2-in-1 design **allows you to** dismount the case with one easy motion from the handlebar mount. （EOP 参照库）

[75] MPK25 is also bus-powered, so all **you need to** connect and power the MPK25 is the included USB cable, and you're good to go. （EOP 参照库）

[76] You can throw your Stur bottle in your purse or pocket — it is just as **easy to use** at home, at the office, and at the gym. （EOP 参照库）

总体而言，EOP 学生能够利用互联网资源来获取一部分关于企业和产品的介绍，并整合成为自己的文字。但是，从企业的宣传和产品的推广视角上说，他们并不善于使用各式蕴含评价意义的词语手段来作描述。这方面的应用文写作训练是比较欠缺的。

三、EAP 子库和参照语料库的对比

1. 总体统计

EAP 子库的主要参照语料库为项目组建设的国外理工科研究生英语论文摘要语料库。表 3-21 显示了 EAP 子库和参照库的基本信息。

表 3-21　EAP 子库与参照语料库的对比

	EAP	EAP 参照库
形符数	1,974,799	2,217,501
类符数	46,091	40,340

(续表)

	EAP	EAP 参照库
标准类符/形符比	37.12	32
平均文本长	451	338
平均句长	29.33	23
平均词长	5.38	5.39
1字母词	64,270	77,003
2字母词	287,348	332,560
3字母词	363,312	376,347
4字母词	220,413	266,865
5字母词	174,244	198,340
6字母词	149,344	166,559
7字母词	164,923	189,177
8字母词	143,190	172,554
9字母词	120,730	136,634
10字母词	91,462	105,083

数据显示,中国理工科研究生的毕业论文英文摘要在标准形次比、平均文本长、平均句长等几个数值上高于本族语学生,平均词长则十分接近。这似乎表明,在词汇密度和长句的使用方面,中国理工科研究生并不逊于本族语学生。我们进一步检查不同长度单词的分布,如图3-16所示。所有数值均标准化为每千词次。

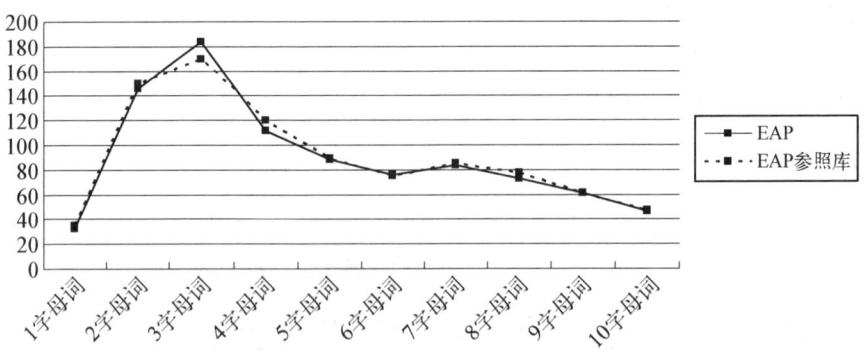

图3-16 EAP子库与参照语料库的标准化词长对比

图3-16中的两条对比曲线重合率高,说明在10字母词的范围内,中国和本族语理工科研究生所使用的词语长度非常接近。EAP学生使用的

3字母词略多于本族语学生,很大程度上可能是由于EAP学生更频繁地使用定冠词the(每千词82次 vs. 每千词68次)。

2. 常用词分析

我们统计了参照语料库中最高频的100个形符(详见附录11),与EAP子库的前100个形符对照分析。词形还原后发现,两组词频表(总计200个形符)共包含了108个词元。其中,68个词元为两个语料库所共有,约占63%。表3-22列举了所有共同词元。

表3-22 EAP子库与参照语料库的共同词元

序号	词元	序号	词元
1	A	35	ON
2	ALSO	36	ONE
3	ANALYSIS	37	OR
4	AND	38	ORDER
5	AS	39	OTHER
6	AT	40	PARAMETER
7	BASED	41	PERFORMANCE
8	BE	42	POWER
9	BETWEEN	43	PROCESS
10	BUT	44	PROPERTY
11	BY	45	RESEARCH
12	CAN	46	RESULT
13	CONDITION	47	STUDY
14	CONTROL	48	SUCH
15	DATA	49	SURFACE
16	DESIGN	50	SYSTEM
17	DIFFERENT	51	TEMPERATURE
18	EFFECT	52	TEST
19	ENERGY	53	THAN
20	FOR	54	THAT
21	FROM	55	THE
22	HAVE	56	THIS
23	HIGH	57	THREE
24	IN	58	THROUGH
25	INTO	59	TIME

(续表)

序 号	词 元	序 号	词 元
26	IT	60	TO
27	ITS	61	TWO
28	LOW	62	USE
29	METHOD	63	WATER
30	MODEL	64	WE
31	MORE	65	WHEN
32	NEW	66	WHICH
33	NOT	67	WILL
34	OF	68	WITH

注：此表只统计每个语料库中频数最高的前100个形符。

与表3-4(即三个子库的对比)相比，表3-22中的共同词元数量大大增加。考虑到两个语料库的构成比较接近，这一点并不奇怪。在68个共同词元中，30个为实义词(划线词)。这些实义词主要可分为如下类别：

（1）对象类词语：POWER、SURFACE、ENERGY、WATER、SYSTEM等；

（2）手段类词语：DATA、PARAMETER、TEST、METHOD、MODEL等；

（3）过程类词语：ANALYSIS、DESIGN、ORDER、PROCESS、RESEARCH等；

（4）性状类词语：DIFFERENT、HIGH、NEW等。

这些技术词汇的高频出现是理工科研究生论文英文摘要的普遍特征；或者，从广义上说，是自然科学学术文本的基本特征。

另一方面，基于可比语料库的常用词超用/少用分析也能给予中介语特征探索较大的启示。表3-23列举两个语料库前100个形符中的非共同高频形符。

表3-23 EAP子库与参照语料库的非共同高频形符

EAP特有

after	main	structure
algorithm	network	technology
characteristics	paper	then
efficiency	rate	theory
field	simulation	under
heat	so	value
important	some	

（续表）

参照语料库特有		
all	first	their
both	flow	thesis
compared	found	theses
developed	however	well
due	most	while
during	over	work
each	proposed	

表 3-23 中不乏一些与学科相关的技术词汇。比如，EAP 学生频繁使用 algorithm、heat、network、simulation 等词语，这与他们所从事的专业领域密不可分（当然，也与语料的搜集方向有关）。但是，更多的非共同词元仅仅是普通词语，或者是次技术词语。例如，technology 这个词在 EAP 子库中的出现概率是参照语料库的三倍。更引人注意的是，学习者文本中出现了 141 次 science and technology。将之与主要的学术英语语料库进行对比，结果如图 3-17 所示：

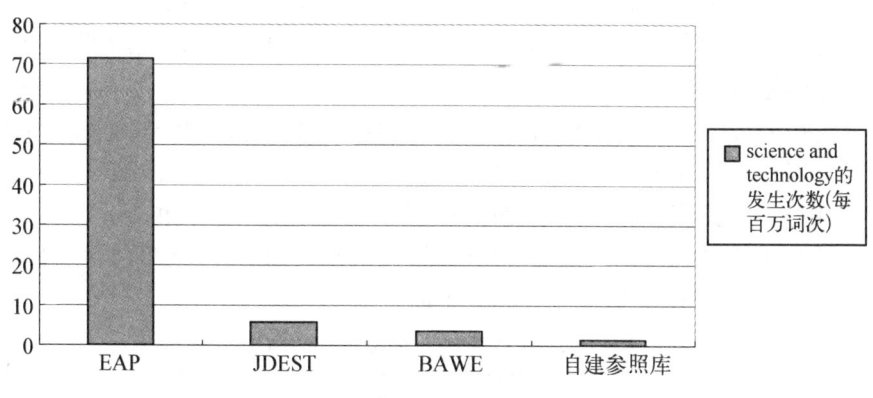

图 3-17 science and technology 的发生次数

在 141 次 science and technology 的例子中，52 例为 with the development/progress of science and technology。我们检索了上海交通大学科技英语语料库（JDEST）、BAWE、自建参照语料库乃至 BNC，发现该短语并未出现于上述语料库中。可以认为，这是典型的中国学习者常用短语。

再例如，学习者在介绍研究目的和研究特征时，有时候将论文称为

paper,有时称为 thesis。我们利用参照语料库,将相关数值进行对比,结果如图 3-18 所示:

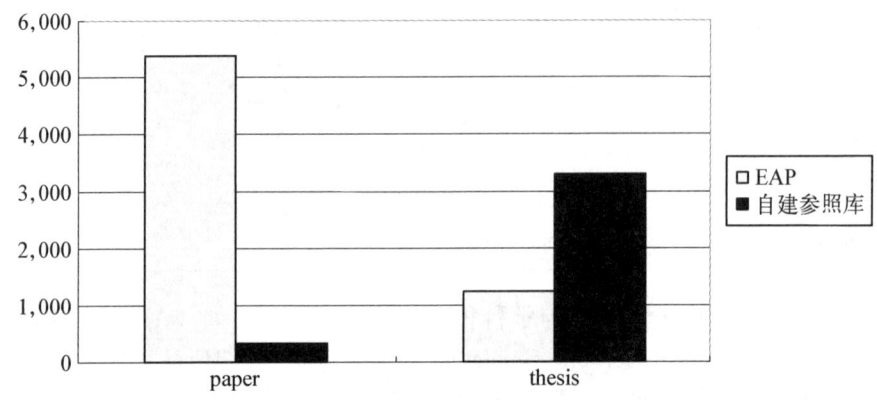

图 3-18　paper 和 thesis 的出现次数

根据 COBUILD 词典的定义,"A thesis is a long piece of writing based on your own ideas and research that you do as part of a college degree, especially a higher degree such as a Ph. D. "。按一般的学术惯例,thesis 最常指硕士或博士论文,这一点在 EAP 参照语料库中已较为明显。EAP 学生对 paper 的"偏爱"表明,尽管已经接受多年的写作训练,在学术论文规范方面他们与本族语学生仍有距离。

除了对比两个语料库中词语的出现频数,还可以借助 WordSmith 中的"KeyWords"程序来观察词语的出现是否超过所期望的概率。其中,关键性(keyness)是表征超用和少用的最主要的数值。表 3-24 和表 3-25 显示了 EAP 和参照库的关键词对比情况,其中表 3-24 显示 EAP 学生的超用词,表 3-25 显示 EAP 学生的少用词。

表 3-24　EAP 子库中的前 30 个超用词

关键词	EAP 中的频数	百分比	文本数	参照库中的频数	百分比	关键性	P 值
paper	5,385	0.27	2,592	340	0.02	5,962.60	0.00
the	162,492	8.22	4,359	149,122	6.72	3,390.89	0.00
of	92,241	4.67	4,359	85,082	3.84	1,771.92	0.00
theory	2,134	0.11	1,121	356	0.02	1,621.89	0.00
technology	3,365	0.17	1,543	1,012	0.05	1,620.70	0.00

（续表）

关键词	EAP中的频数	百分比	文本数	参照库中的频数	百分比	关键性	P值
structure	3,810	0.19	1,612	1,372	0.06	1,492.64	0.00
so	2,462	0.12	1,683	651	0.03	1,342.22	0.00
according	1,650	0.08	1,181	281	0.01	1,238.96	0.00
method	6,054	0.31	2,278	3,321	0.15	1,155.97	0.00
and	73,019	3.69	4,356	68,903	3.11	1,097.87	0.00
development	3,535	0.18	1,736	1,522	0.07	1,073.21	0.00
firstly	876	0.04	779	41		1,035.44	0.00
main	2,434	0.12	1,699	858	0.04	979.04	0.00
follows	883	0.04	803	60		958.48	0.00
mainly	1,269	0.06	963	233	0.01	910.30	0.00
article	730	0.04	491	27		899.80	0.00
chapter	1,201	0.06	320	232	0.01	833.83	0.00
China	661	0.03	415	27		801.23	0.00
kinds	744	0.04	554	55		789.10	0.00
system	8,640	0.44	2,027	6,205	0.28	732.61	0.00
value	1,899	0.10	1,000	701	0.03	720.09	0.00
algorithm	2,819	0.14	688	1,367	0.06	695.63	0.00
basis	1,264	0.06	967	335	0.02	687.43	0.00
kind	677	0.03	536	63		668.08	0.00
temperature	4,382	0.22	1,102	2,656	0.12	650.28	0.00
get	873	0.04	621	155		639.29	0.00
experiment	1,291	0.07	735	389	0.02	620.18	0.00
then	2,861	0.14	1,799	1,542	0.07	567.95	0.00
characteristics	2,069	0.10	1,206	951	0.04	562.73	0.00
theoretical	1,186	0.06	851	363	0.02	560.48	0.00

注：在关键词统计方法中，当P值小于0.05时，表明关键性有显著意义。

表3-25　EAP子库中的前30个少用词

关键词	EAP中的频数	百分比	文本数	参照库中的频数	百分比	关键性	P值
a	18,486	0.94	4,072	44,190	1.99	-8,230.53	0.00
to	29,868	1.51	4,260	57,375	2.59	-6,073.03	0.00
for	12,146	0.61	3,642	25,356	1.14	-3,389.78	0.00

（续表）

关键词	EAP中的频数	百分比	文本数	参照库中的频数	百分比	关键性	P值
an	3,466	0.18	2,035	9,845	0.44	-2,504.75	0.00
these	1,624	0.08	1,115	5,921	0.27	-2,135.11	0.00
from	4,059	0.21	2,031	9,598	0.43	-1,726.53	0.00
using	3,172	0.16	1,860	7,065	0.32	-1,107.42	0.00
over	383	0.02	282	1,991	0.09	-1,016.63	0.00
developed	772	0.04	599	2,811	0.13	-1,011.18	0.00
approach	293	0.01	223	1,702	0.08	-945.96	0.00
systems	898	0.05	474	2,886	0.13	-883.53	0.00
models	616	0.03	369	2,332	0.11	-877.80	0.00
or	1,949	0.10	1,266	4,683	0.21	-870.42	0.00
this	10,423	0.53	3,837	16,672	0.75	-830.89	0.00
that	10,122	0.51	3,421	16,007	0.72	-751.48	0.00
be	5,887	0.30	2,609	10,243	0.46	-746.58	0.00
thesis	1,250	0.06	744	3,294	0.15	-734.14	0.00
determine	383	0.02	319	1,658	0.07	-719.17	0.00
techniques	301	0.02	235	1,474	0.07	-715.99	0.00
both	1,028	0.05	752	2,829	0.13	-680.92	0.00
in	33,385	1.69	4,305	44,919	2.03	-650.16	0.00
used	3,803	0.19	2,127	6,998	0.32	-629.47	0.00
due	896	0.05	732	2,520	0.11	-629.29	0.00
within	421	0.02	311	1,601	0.07	-605.62	0.00
were	7,123	0.36	1,721	11,379	0.51	-562.25	0.00
applications	590	0.03	470	1,802	0.08	-512.42	0.00
at	4,743	0.24	2,266	7,946	0.36	-492.59	0.00
however	971	0.05	801	2,401	0.11	-473.23	0.00
their	1,221	0.06	829	2,782	0.13	-459.43	0.00
during	879	0.04	580	2,213	0.10	-452.10	0.00

上述两表中的词语有重合，但也有重要补充。我们认为，词语的超用常常和短语的超用有直接关联，而且，词语、短语的超用都或多或少显示了学习者对摘要这一体裁存在的理解与应用上的误区。

（1）theory、technology、according、development等词语不同程度地被学

习者超用。究其原因,是由于中国理工科硕士研究生经常在摘要中详细介绍研究背景和研究基础,下面是典型例句:

[77] In this article, starting from the basic **theory** of industrial clusters and cluster brand, we analyze the impact factor of industrial clusters brand from a business perspective.

[78] **With the development of science and technology**, more and more electronic products with LCD glass has been scrapped, and ...

(2) firstly、follows、article、chapter 等元话语手段的主要语篇功能是组织论文结构、安排论文内容。在本族语研究人员看来,这些并非研究论文摘要的必要内容,而中国理工科硕士研究生常将之视为常规要件:

[79] The main contents and results of this study are listed as **follows**: ...

[80] **Chapter** One introduces some basic knowledge about operator algebras and important conclusion about Kadison-Singer algebras.

从上述分析可知,一方面,EAP 学生在论文摘要写作惯例上仍需进一步规范;另一方面,中国理工科研究生的论文摘要中有一些约定俗成的体裁特征,这使得他们的摘要看上去并不是传统意义上的论文摘要,更像是一种论文介绍,一种摘要的变体。

表 3-25 所显示的是中国理工科研究生在撰写论文摘要时使用概率低于期望值的词语。与表 3-24 中的数据相比,最大的不同是表 3-25 中绝大多数是功能词。可以发现最显著的例子为定冠词的超用和不定冠词的少用。另外,EAP 学生不擅长利用指示代词(this、that、these 等)来衔接上下文,这在不同程度上破坏了语篇的连贯和简洁。此外,超用词表和少用词表之间还存在一些语义上的联系。比如,EAP 学生超用了 technology 和 method,少用了 technique 和 approach,这对于近义词使用的探讨有一定的启示意义。

3. 搭配词分析

学术论文摘要写作有一定的标准和规范可循,是全体话语社团必须遵循的惯例。其中,词语在摘要中的习惯性共现是惯例化的重要方面。之前,我们对比了 make 在 EGP、EOP 和 EAP 三个子库中的搭配行为。现使用同样的方法,对比 make 在 EAP 子库和参照语料库中的搭配情况。结果如表 3-26 所示。

表 3-26 make 在 EAP 子库和参照语料库中的部分搭配词

序号	EAP 搭配词	MI 值	参照库搭配词	MI 值
1	sure	10.26	decisions	10.12
2	full	7.45	attractive	8.72
3	<u>use</u>	6.17	<u>them</u>	8.00
4	how	6.02	ideal	7.85
5	<u>them</u>	5.83	recommendations	7.74
6	comparison	5.68	suitable	7.29
7	people	5.68	decision	7.14
8	reasonable	5.56	difficult	6.87
9	<u>up</u>	5.54	help	6.57
10	<u>order</u>	5.48	possible	6.32
11	improvement	5.35	<u>up</u>	6.01
12	could	5.26	would	5.77
13	better	5.14	<u>it</u>	5.72
14	<u>can</u>	5.08	<u>more</u>	5.54
15	<u>more</u>	5.06	properties	5.18
16	<u>these</u>	5.04	<u>order</u>	5.12
17	risk	4.92	<u>use</u>	4.99
18	<u>it</u>	4.90	<u>will</u>	4.78
19	to	4.76	<u>these</u>	4.72
20	<u>will</u>	4.73	<u>can</u>	4.67

根据表 3-26 的统计,约一半词语(划线词)同时出现于两组搭配词表,即 use、them、up、order、can、more、these、it、will。有些词语被 EAP 学生高频使用,但很少或基本不出现于本族语学生的文本中;而有些词语则正好相反。我们对部分短语的发生次数作卡方检验分析,结果如表 3-27 所示。

表 3-27 make-短语在 EAP 子库和参照语料库的对比

	EAP 频数	参照库频数	卡方值	显著性水平	超用/少用
make sure	35	9	18.584 0	0.000	*** +
make full use of	29	0	32.564 3	0.000	*** +
make comparison	11	0	12.351 9	0.000	*** +
make improvement	10	0	11.229 0	0.001	*** +

(续表)

	EAP 频数	参照库频数	卡方值	显著性水平	超用/少用
make decision(s)	7	13	1.1763	0.278	***	-
make recommendations	2	4	0.4567	0.499	***	-

表 3-27 显示,对于 make sure、make full use of、make comparison 和 make improvement 来说,其卡方值在 $p < 0.001$ 的显著性水平上有意义,学习者超用现象明显。而对于 make decision(s) 和 make recommendations 来说,虽然学习者的使用不如本族语者频繁,但在两个语料库中的出现次数均不多,差别并不明显(显著性水平 $p > 0.1$)。

词语/短语的超用常常反映了学习者对语言实体的使用出现了偏差。我们观察了 make sure 在参照语料库中的全部九个例子,并分析其短语行为特征。

1	ther one is provided by the buyer to	make sure	the quality of the asphalt meets thei
2	t, a series of tests are performed to	make sure	pavement, a series of tests are perf
3	ement material. The challenge is to	make sure	the CaCO$_3$ disperses very well in t
4	tests on the information received to	make sure	that they are consistent with the ex
5	tance to test the transformer and to	make sure	it can survive during its life-cycle st
6	cedures must be simple enough to	make sure	that all the workers, beginners as w
7	signal. These signals are tested to	make sure	that they satisfy the criteria require
8	cold flow issues. It is hence vital to	make sure	the biodiesel is free from all forms o
9	a variety of analytical techniques to	make sure	that material quality is met. The res

根据上述索引行,本族语理工科研究生所使用的 make sure 无一例外发生于 to make sure 这一短语结构中,或表目的(如"These signals are tested to make sure that …"),或为 it 结构中的实际主语(如"It is hence vital to make sure that …"),也有表语成分("The challenge is to make sure …")。而在 EAP 子库中,make sure 的短语形式范围要大得多。我们从全部的 35 例中随机抽取了 10 例。

1	s to prevent the risk effectively and	make sure	that the financial system operates h
2	strategy on this index, which could	make sure	Pavement, a series of tests are perf
3	ontrol together in debugging stage;	make sure	the oxygen content of the flue gas

(续表)

4	be measured by experiments. Then	make sure	the reliability of the CFD by compar
5	, a great deal of effort were done to	make sure	the CaCO$_3$ disperses very well in t
6	icationse most important issue is to	make sure	the quality of service(QoS) provided
7	posed in this paper, called MND. To	make sure	that the discovery among nodes is
8	ntion to the food quality and want to	make sure	that t he food is healthy, safe and s
9	and site debugging. debugging was	make sure	that the controller could work norm
10	ith human detected ability. We must	make sure	that the thermal imaging is clear an

上述索引行显示,学习者语料库中,make sure 除了出现于目的性结构(L1、L5、L7)外,还出现于情态性(L2、L8、L10)、指令性(L3、L4)等结构中。从频数上说,这是一种超用现象;从使用上说,学习者并未完全掌握 make sure 在学术英语中的词语行为特征。

最后,利用 N 元分析方法,可以对比检查学习者和本族语者在短语使用上的异同,结果如表 3-28 所示。

表 3-28 EAP 子库和参照语料库中前 20 个高频 3 词短语

EAP	参照库
based on the	in order to
in this paper	as well as
in order to	the use of
according to the	in this thesis
results show that	based on the
the development of	due to the
show that the	the effect of
one of the	to determine the
as well as	the effects of
at the same	one of the
the basis of	in this study
showed that the	can be used
the influence of	the performance of
results showed that	was used to
the same time	compared to the
the effect of	the presence of
to improve the	of this study

（续表）

EAP	参照库
the process of on the basis analysis of the	the results of <u>the development of</u> <u>be used to</u>

按照设计,EAP 子库与参照语料库在性质、容量和构成上均尽可能接近。而表 3-28 中的对比结果显示,在 20 例高频 3 词短语中,仅有六例为二者所共有(以划线标记)。粗略地看,EAP 学生更擅长使用用于呈述研究结果的句式,比如 results show that,本族语学生则用了更多的被动句式——尤其是和 use 有关的被动短语。

同样,频数对比仅仅是一个方面。在很多情况下,索引行证据是检查中介语特征的不可或缺的手段。我们对 EGP、EOP 和 EAP 三个子库作 N 元对比分析时,曾发现 EGP 和 EAP 子库中都出现了相当数量的 the development of。统计结果显示,该短语在 EAP 子库中出现 865 次,在参照语料库中出现 552 次。但这并不仅仅是超用或是误用的问题。在 EAP 子库中,紧接 the development of 的高频名词短语有 technology、economy、industry、science、society 等,而这些短语几乎不出现于参照语料库。可以认为,词语搭配仍是中国理工科研究生在论文写作中的薄弱环节。我们在写作风格、写作习惯、摘要的结构模式等方方面面都还有巨大的改进空间。

本章是对 WECCSEM 语料库的专门介绍,由三块核心内容构成。首先介绍了 WECCSEM 语料库建设项目的原则、步骤和方法,包括研制背景、主要参数设定、信息标注、参照语料库的设计等内容。

其次对三个学习者子语料库作了宏观上的描述统计。具体来说,分别根据目标学校、地区和学科领域介绍了语料的分布情况。同时,为了了解三个子库的总体特征,对比了它们的标准形次比、平均文本长、平均句长、平均词长等主要数据,并讨论了它们各自的常用词、常见搭配和高频短语。总体而言,EAP 子库代表了最为高级的写作形式,EOP 子库介于专门用途英语和普通英语之间,而 EGP 子库代表了日常英语的一般应用。但同时也需要看到,三个子库并非简单地对应三个能力或难度等级;话题和任务环境的差异都对语言输出有着不可忽视的影响。

本章的第三部分对比分析了学习者语料库和参照语料库中的部分语言特征,讨论了中国理工科学生和本族语者在通用英语写作、职场英语写作和学术英语写作上的共性和差异。产生差异的原因是方方面面的,如命题的制约、写作任务环境的限制、词语搭配的掌控不一、写作习惯及写作策略的不同等。可以看出中国理工科学生在选词、用词上仍显示出一些学习者英语典型特征,比如母语迁移特征、近义词的区隔不明、搭配词的误用等,在写作策略上有他们自己的"风格"。这些数据对理工科学习者英语能力的评价和对教师反思改进教学都有一定积极意义。

第四章 理工科特色写作能力分析

在本章中,我们根据已建成的语料库对中国理工科大学生的英语写作能力进行分析。首先,以 that 为例来说明基于通用英语(EGP)、职场英语(EOP)和学术英语(EAP)三个子库的研究范式,并阐述进行类似分析时可以剖析的点和面。继而对应 EOP 和 EAP 的两个参照语料库,对 that 在学习者语料库中的特征进行进一步阐述。随后,从外壳名词、被动结构、语义韵、句干特征四方面对理工学术英语特色进行深入分析。

第一节 全库分析——以 that 为例

一、制订研究范式

1. 共性研究范式

本研究主要采用推断性统计为主、描述性统计为辅的定量分析方法。推断性统计是根据样本统计值对总体参数作出估计,同时也对各个因素之间的关系进行相关分析。描述性统计是对数据进行整理、归纳和总结,使数据得以压缩,便于研究者把握其一般性的特征或者全貌。描述性统计反映数据的集中趋势(平均数、中位数、众数等)和离中趋势(全距、标准差等),是推断性统计的基础。

在搜集写作数据时,首先要对写作数据进行三种分类。第一类是定类数据(nominal data),即命名类数据,它仅仅是一种标志,没有次序关系。例如,心理素质的紧张与否,身体素质的完备与否,写作态度的认真与否等;第二类是定序数据(ordinal data),用数字表示个体在某个有序状态中所处的位置,不能做四则运算;第三类是定距数据(interval data),此类数据是具有间距特征的变量,其单位相等,量表各点之间的间距相等。

这三种数据之中,前两者采用非参数检验,最后一种定距数据采用参数检验。参数检验是在已知总体分布形式的情况下,对总体分布的参数如均值、方差等进行推断的方法。但是,在数据分析过程中,出于种种原因,我们往往无法对总体分布形态作简单假定,此时参数检验的方法就不再适用了。非参数检验正是一类基于这种考虑,在总体方差未知或所知甚少的情况下,利用样本数据对总体分布形态等进行推断的方法。

卡方检验是最重要的非参数检验方法。卡方检验方法可以根据样本数据,推断总体分布与期望分布或某一理论分布是否存在显著差异,是一种吻合性检验,通常适用于对有多项分类值的总体分布的分析。例如,大量模仿他人学术语篇的写作大纲对写作创造思维能力没有提高,对此种观点,可以有同意、不同意和一般三种。如果调查的100个学生有32个选同意,35个选不同意,33个选一般,那么检验三种答案的人数有没有显著差异就可以用卡方检验。

鉴于本研究中选择的语言项目均来自于自建语料库,而写作语篇所包含的语言项目浩如烟海,不可能对每一个特征语言项目作穷尽性分析。我们的解决办法是努力找出一种共性的研究范式来对某一个特征语言项目进行详尽分析。这种共性的研究范式可以用于其他各种语言项目,所以对该种研究方式的讨论可以对整个语篇研究起到抛砖引玉的作用。

项目组拟构建下面的流程图来说明这种共性的研究范式,见图4-1。

该流程图中检索词可以根据语料库中特有的正则表达式给出,通过AntConc 3.2.4软件的检索可以看出该词在语料库中是否显著,然后根据该词的属性特征给出其频数标准化、词簇表分析、搭配强度等数据,然后把该词的数据汇总,和其在参照语料库中的数据进行对比,按照卡方检验,看该词项目有无显著性差异。如果有显著性差异则给出一定的语言学分析。

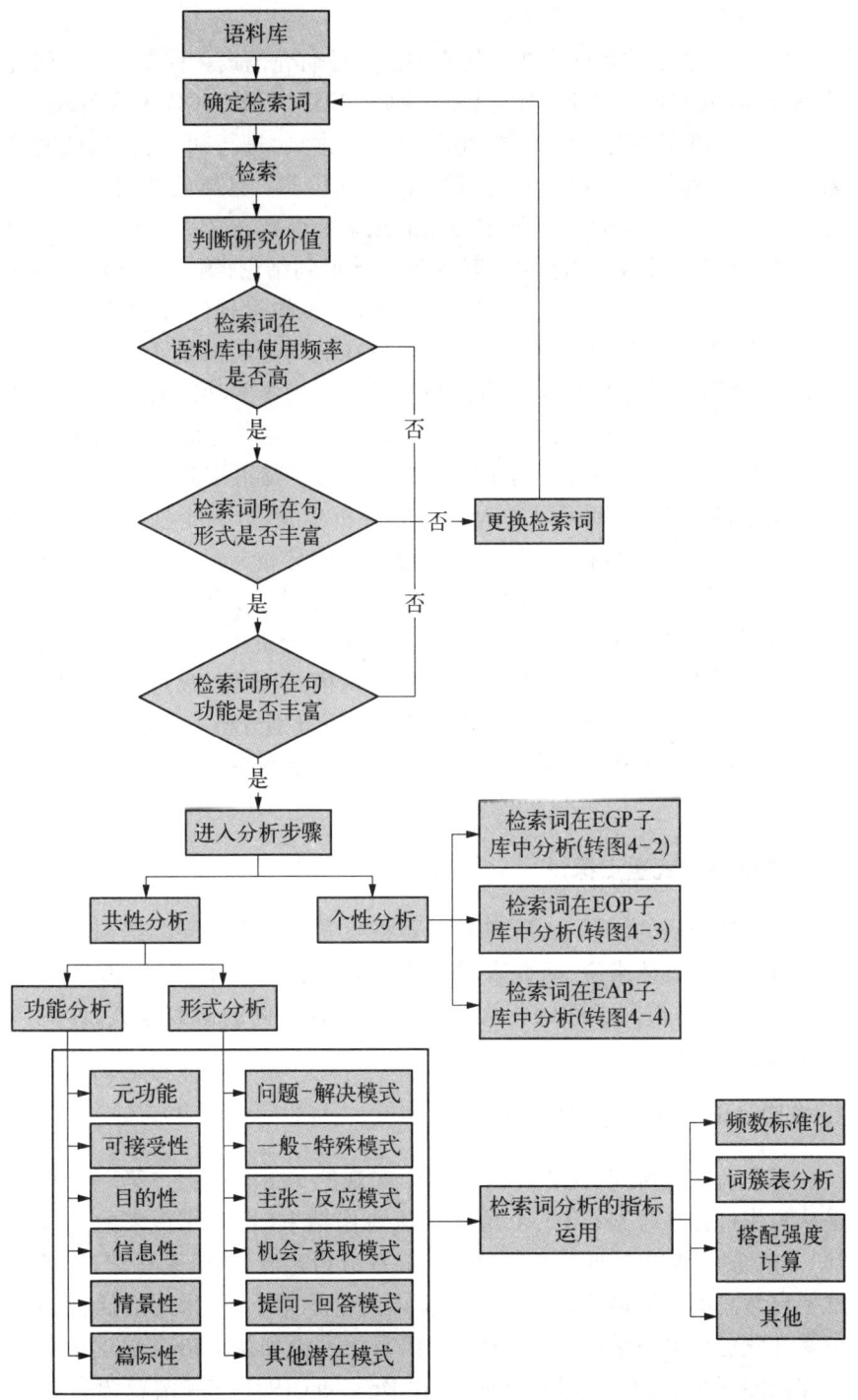

图 4-1 共性研究范式

图4-1表示的是词语在语料库中的共性研究范式。首先要确定研究范围,即研究中所要用到的语料库,例如:EGP子库、EOP子库、EAP子库。下一步确定所要研究的词,将其定为检索词,进行初步、尝试性的检索。这一步是为了发现所确定检索词的研究价值。具体的判别使用三个标准:第一是检索词在语料库中使用的频率是否高。这一步较为简单,通过语料库软件的检索功能,可以较为容易地得到结论;第二是检索词所在的句子形式是否丰富。这一步需要研究者通过检索软件,通过选取一定量的检索项目进行判断;第三是检索词所在的句子功能是否丰富。这一步需要研究者在检索、取样、判断的基础上,对句子的功能有较为全面的了解。如果这三个判断条件均不成立,则说明研究者选取的检索词研究价值不大,需要重新确定检索词,重复上面的步骤再次判断。如果这三个判断条件均成立,则可以进入具体的分析步骤,分为个性分析与共性分析两种。在共性分析的层面上,又分为功能分析与形式分析。在功能分析中,研究者需要对检索词在句子中的元功能、可接受性、目的性、信息性、情景性、篇际性进行分别分析。在形式分析中,研究者需要对检索词在句子中的问题-解决模式、一般-特殊模式、主张-反应模式、机会-获取模式、提问-回答模式、其他潜在模式进行分别分析。在这一过程中,需要用到频数标准化、词簇表分析、搭配强度计算等各类统计算法进行定量分析。

2. 不同子库研究重点探讨

在个性分析的层面上,研究者需要将检索词置于不同的语料库环境下进行分析。具体来说,研究者需要将检索词放在EGP、EOP和EAP三个子库中,针对不同子库的相应语言特征构建不同的研究范式,详见图4-2至图4-4。

3. 选取that作为检索词进行研究

对于写作的研究,无非可以从两个宏观的角度来把握。第一个角度是从写作过程来考察,第二个角度是从写作结果(即写作得来的具体语篇)来考察。从以上两个宏观角度的简单分析来看,要研究写作,其理论框架自然离不开语篇语言学。而语篇语言学框架下,所采用的语言学理论常常就包括语用学理论、系统功能语言学理论和认知语言学理论。这些理论的聚焦点就正如Beaugrande & Dressler(1981)在《语篇语言学导

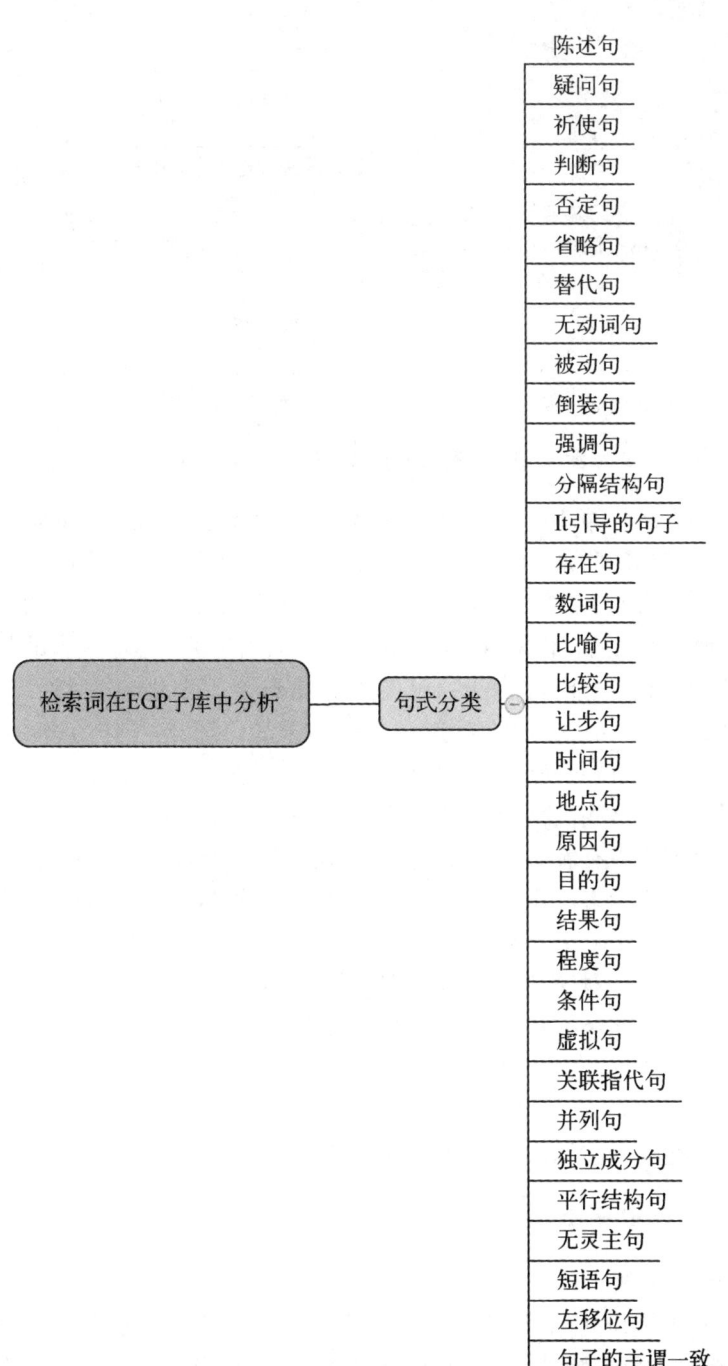

图4-2 检索词在EGP子库中的研究重点

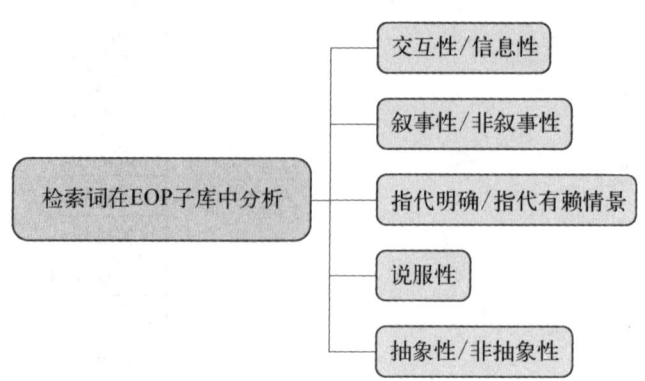

图 4-3 检索词在 EOP 子库中的研究重点

论》(*Introduction to Text Linguistics*)中认为,语篇语言学似乎至少应与三个方面有着密切的联系:(1)语篇,它既是过程又是产物,其特点主要是"语言的";(2)参与者,他们通常是语篇的生产者和接受者;(3)广义的语境,它为语篇和参与者提供情景。正是这三个方面决定了语篇应该满足七个标准,它们是:衔接、连贯、目的性、可接受性、信息性、情景性和篇际性。

众所周知,句子是词的语境,语篇是句子的语境,句子作为这一中介,地位显得尤为重要。所以,我们在对特定语言特征进行分析时,主要是从句子层面入手。我们希望能够选择一个比较有代表性的词,这个词既要以在传统英语中有着丰富的用法,又要在本研究所构建的语料库中有相对较高的使用频率。我们采用 AntConc 3.2.4 软件的"Word List"功能,对词表出现的"Rank"进行统计。在各个语料库的"Rank"排名前 30 的词表中,都有 that。具体来说,在 EGP 子库中,that 排名 23;在 EOP 子库中,that 排名 27;在 EOP 参照库中,that 排名 11;在 EAP 子库中,that 排名 13;在 EAP 参照库中,that 排名 12。

二、that 在学习者语料库中的用法研究

1. that 在 EGP 子库中的用法研究

描述性分析

EGP 子库中包含 4,463 个 txt 文件,80 万词次。我们利用 AntConc 3.2.4 软件搜索并统计包含"that"项的条目(不区分大小写,That = that),共得到 8,775 条检索记录。以此为基础对如下方面进行统计分析。

第四章 理工科特色写作能力分析

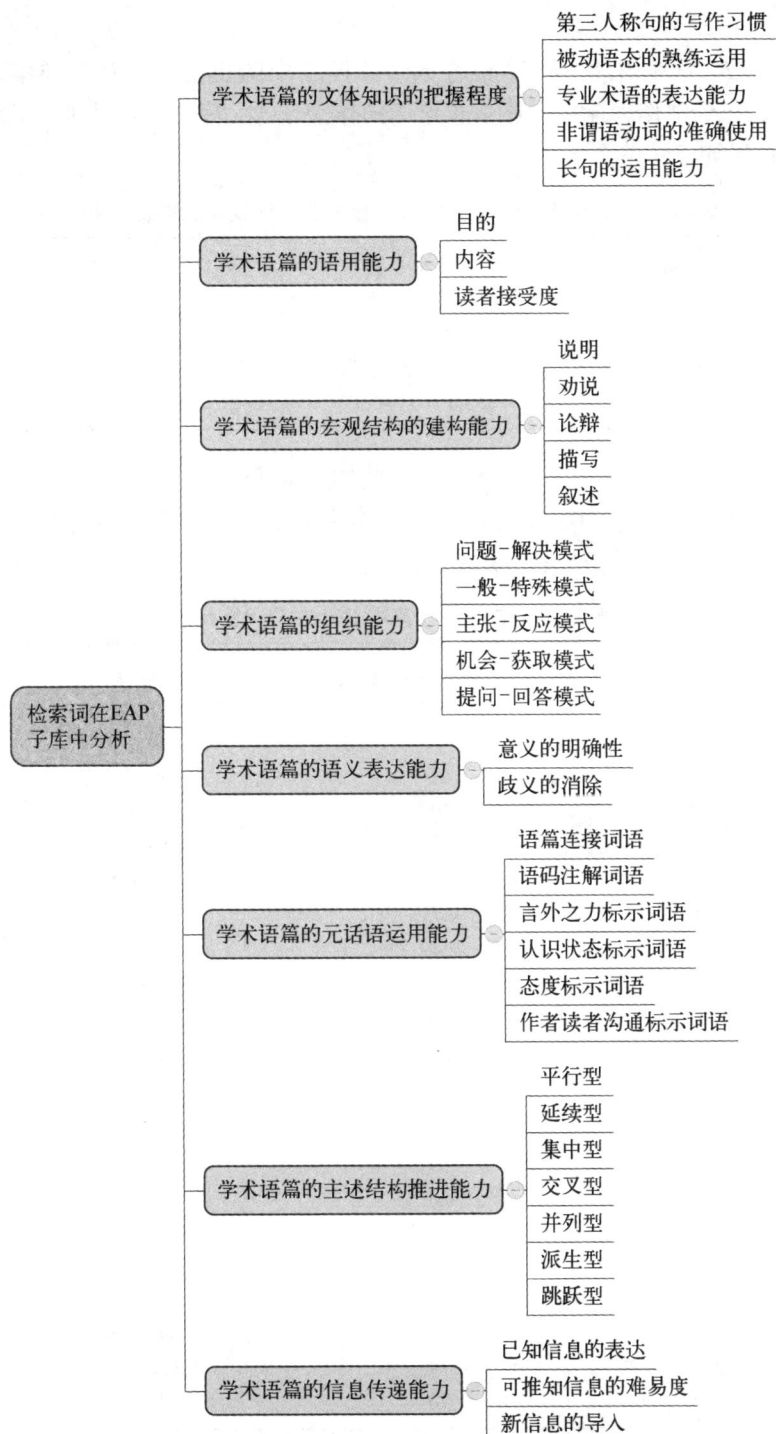

图 4-4 检索词在 EAP 子库中的研究重点

首先，我们在 8,775 个包含 that 的样本中随机抽取 100 个样本，以 that 在句子中作为连接词还是非连接词作为依据，进行逐个判别、统计整理，结果如下：

表 4-1　在 EGP 子库中 that 作连接词和非连接词的频数和频率

that	频 数	频 率
连接词	89	0.89
非连接词	11	0.11
总 计	100	1

第二，在 AntConc 3.2.4 软件中，使用"Clusters"选项卡，词簇数选为 2，将 that 的位置选为左置（On Left）。本文选取出现频次最高的前 20 个词簇进行整理分析，软件检索结果如下。

表 4-2　在 EGP 子库中 that 左置词簇频数

排　名	频　数	词　簇
1	757	that we
2	742	that the
3	509	that they
4	328	that you
5	327	that it
6	277	that I
7	249	that is
8	160	that people
9	144	that a
10	141	that he
11	136	that there
12	116	That is
13	99	that sports
14	88	that some
15	85	that can
16	84	that man
17	82	that time
18	80	that human
19	74	that many
20	70	That's

同理，在 AntConc 3.2.4 软件中，使用"Clusters"选项卡，词簇数选为 2，将 that 的位置选为右置（On Right）。本文选取出现频次最高的前 20 个词簇进行整理分析，软件检索结果如下。

表 4-3　在 EGP 子库中 that 右置词簇频数表

排　名	频　数	词　簇
1	592	is that
2	408	think that
3	394	so that
4	295	believe that
5	236	doubt that
6	182	know that
7	118	say that
8	95	means that
9	95	us that
10	92	conclusion that
11	89	said that
12	88	fact that
13	84	find that
14	73	things that
15	72	view that
16	71	seems that
17	70	in that
18	68	reason that
19	61	phenomenon that
20	59	denying that

第三，EGP 子库中学生专业分布分为核心领域和非核心领域。核心领域分为 sxkx（数学科学），wlkx（物理科学），hxkx（化学科学），jtys（交通运输），jxzz（机械制造），gdxx（光电信息），clkx（材料科学），nydl（能源动力），smkx（生命科学），hjkx（环境科学）；非核心领域分为 dqkx（地球科学），aqgc（安全工程），nlkj（农林科技），dwkx（动物科学），hygc（海洋工程），hkht（航空航天），bqkx（兵器科学），fzqg（纺织轻工），tmjz（土木建筑），spkx（食品科学）。

本研究对语料库文件的学科领域进行分项研究。首先通过 AntConc 3.2.4 软件检索出 that 项条目，随后将文件名信息导入到 Excel 软件中。

再次进行学科领域的二次搜索,以体现 that 在不同学科领域中的出现频数。如,以数学科学为例,使用 Excel 的检索功能可知,that 在数学科学的学科领域中共出现了 548 次。同理,将其余的学科领域以相同的步骤进行统计,得到总共的频数统计结果如下。

表 4-4 在 EGP 子库中 that 在核心领域和非核心领域的频数表

that 在核心领域出现频数			that 在非核心领域出现频数		
拼音缩写	学科名称	出现频数	拼音缩写	学科名称	出现频数
sxkx	数学科学	548	dqkx	地球科学	14
wlkx	物理科学	241	aqgc	安全工程	0
hxkx	化学科学	540	nlkj	农林科技	0
jtys	交通运输	0	dwkx	动物科学	0
jxzz	机械制造	360	hygc	海洋工程	0
gdxx	光电信息	4,949	hkht	航空航天	33
clkx	材料科学	426	bqkx	兵器科学	41
nydl	能源动力	146	fzqg	纺织轻工	0
smkx	生命科学	406	tmjz	土木建筑	338
hjkx	环境科学	150	spkx	食品科学	350

样本容量偏小导致非核心领域的样本数量不足。因此,本文只对 that 在核心领域出现频数进行统计分析,详见图 4-5。

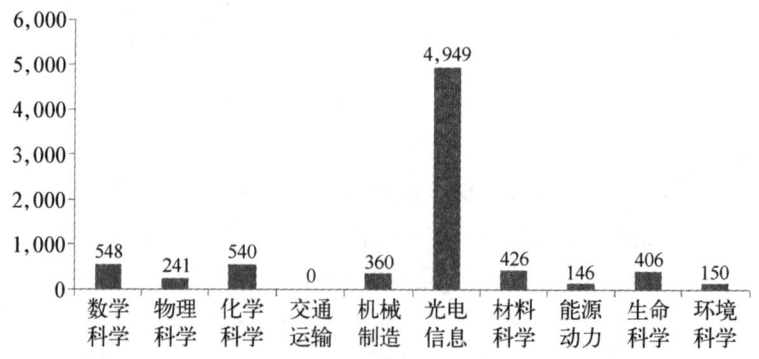

图 4-5 在 EGP 子库中 that 在核心领域的频数直方图

推断性分析

通用英语写作标准的制订参考杨元兴等(2007)列出的 34 种句式分

类：(1) 陈述句、(2) 疑问句、(3) 祈使句、(4) 判断句、(5) 否定句、(6) 省略句、(7) 替代句、(8) 无动词句、(9) 被动句、(10) 倒装句、(11) 强调句、(12) 分隔结构句、(13) It 引导的句子、(14) 存在句、(15) 数词句、(16) 比喻句、(17) 比较句、(18) 让步句、(19) 时间句、(20) 地点句、(21) 原因句、(22) 目的句、(23) 结果句、(24) 程度句、(25) 条件句、(26) 虚拟句、(27) 关联指代句、(28) 并列句、(29) 独立成分句、(30) 平行结构句、(31) 无灵主句、(32) 短语句、(33) 左移位句和 (34) 句子的主谓一致。

在 EGP 子库中，使用 AntConc 3.2.4 软件检索出的 that 例句如下表。

表 4-5 在 EGP 子库中的 that 检索

序号	EGP 子库中的 that
1	rty-stricken areas. There is no denying the fact **that** the aid education is beneficial to help the poor
2	that I saw my classmate buy a new pen just before **that**, I lost a pen. Therefoe, I am deeply upset, I see her
3	171> </length> <writing> Although many people say **that** man can conquer the nature, I don't think we real
4	n with nature well, nature will provide resources **that** we need permanently. </writing>
5	thermore, books have another conspicuous benefit, **that** is its universality Human's life is finite, too s
6	mmarize them, it will be the most powerful weapon **that** could change the world! </writing>
7	f the children. As for me, I hold the firm opinion **that** this policy is of great importance and at the sam
8	teacher is sixty years old in this year, it means **that** he will retire in this year and we can not listen
9	ength=142> </length> <writing> It's very amazing **that** I entered my favorite college and became a colleg
10	shing line of a marathon. Sports also teaches us **that** the spirit of cooperation inspires people. In a f
11	have a deep analysis of the whole matter. Only in **that** way can we draw the correct conclusion. </writing
12	s. Firstly, some students didn't studied hard so **that** they didn't learned enough knowledges to pass th

(续表)

序号	EGP 子库中的 that
13	ts **that** are similar to life and there is no doubt **that** people can learn a lot from sports. For instance
14	\<length=250\> \</length\> \<writing\> Many people say **that** man can conquer the nature. But I absolutely do n
15	flict with others. As a result, some people think **that** compromise is the best way to resolve conflicts,
16	undation. What's more, I catch sight of a result **that** people do more sports also more outgoing and happ
17	conflict. And I agree on this way. It is because **that** compromise is the best way **that** can make his host
18	k as a studnet we still know it is most important **that** hard study. \</writing\>
19	imagination in the past. " We can simply conclude **that** imagination play a significant role in the advanc
20	\<writing\> From the chat, we can draw a conclusion **that** national readership on internet are increasing ye
21	length\> \<writing\> From the passage. we can know **that** some people don't think the factor of them succe
22	d. So I decided to tell him the truth. I told him **that** I sat in the back of the room so that I couldn"t
23	de this feasible. Furthermore, facts have proved **that** we have many great discoveries and inventions to
24	er of the universe. It was technology **that** strike that walls of subjectivism and displayed universal the
25	ook down by others. Personally, firmly disapprove **that** students cheat in exams, expecially ungraduates.
26	uter game and go to the class in time. I so happy **that** our school will get some new study next term and
27	The tools of traffic is convenient. I think force **that** have helped bring about changes in Chinese family
28	are forced to be independent. While others think **that** live off campus is a better choice in the followi
29	ce. For example, we can get the knowledge in a book **that** how to cooking. However, no one can be a good cook
30	college. First, it's important for us to study, **that** is the most important things. Secondly, we should

(续表)

序号	EGP 子库中的 that
31	ur work on the way home. If you take a paper book, **that** will not interest you. And you can read different
32	we can draw a rational and ration-able conclusion **that** it is unwise to jump to conclusions upon seeing o
33	never asked for anything in return. She only hopes **that** us could be healthy and happy. The unlimited love
34	also faster than traditional media. Others think **that** people can express their opinions simply by Micro
35	failure can teach us a lot even more than success **that** can not be found in a book. Becides, once we learne
36	s teachers. The reason why they cheat is obvious. **That**'s because they are not sure if they could pass t
37	work, while the elder refused to take the seat so **that** the young passengers can have a rest. In conclusi
38	on. You can make more friends, and do many things **that** you never did in nation. Finally, if you graduate
39	to be done. The Cook Islands delegation reported **that** there are more traditional cultural objects from
40	portant. At least, it is the foundation of things **that** we gained other things from the society. If we wa
41	ny to grasp. We can also feel the great potential **that** technology brings to us. It alters our cognition
42	ce late. Ideally, this will be a form of exercise **that** doesn't require much preparation and **that** accompl
43	and can't stop it. I think the reason of this is **that** our school life is too free and pretty, it makes
44	computer near your electric supply. You may find **that** the electric line is a chain which bound your fee
45	er do it again, even hate then, with a conclusion **that** they are useless. The only thing they can is usin
46	ams although it's negative. If someone was found **that** on cheating in exams, he will be asked for leavin
47	<writing> As we all know, there is a phenomenon **that** more and more college students choose to live off

(续表)

序号	EGP 子库中的 that
48	re not lucky people who slide by, but tough nails **that** react bravely and positively. So, be tough, take
49	good than harm. If we pass such a test, I believe **that** will give you much self-confidence. What's more,
50	if you are smart enough you are supposed to know **that** we can't make conclusions or say somthing conclus

在 EGP 样本语料库中,按照 that 作为从句的用法如图 4-6 所示。

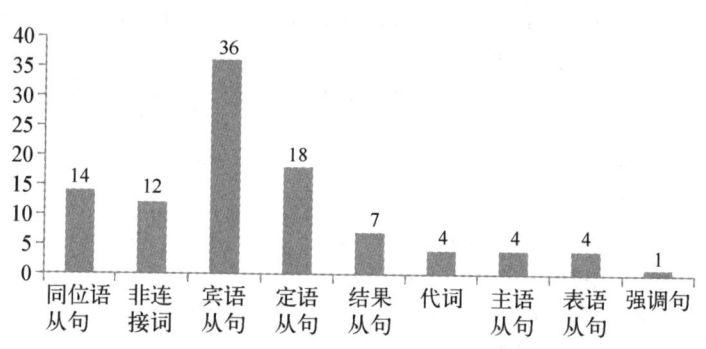

图 4-6 在 EGP 子库中 that 不同特征项的频数直方图

从图 4-6 可以看出,that 作为宾语从句、定语从句和同位语从句的用法占据大部分。这和传统语法中 that 的使用方法相一致①。

该统计特征可以显示,本研究所构建的 EGP 子库中的 that 类别语言还是在于其主要使用方法的分析。通过 that 的特征项分析,我们可以推断通用英语写作语料库中大多数特征项可以和传统语法中的语言特征相类比。可以与 BNC 进行充分对比研究得出具体特征。

语言学分析

杨元兴等(2007)认为英语句子成分不仅排列次序有一定规律,而且相对位置也比较固定。例如,谓语紧跟主语,宾语紧跟及物动词,宾语补语紧跟宾语,表语紧跟系动词,修饰语紧靠被修饰语等。但有时,由于句子结构或修辞的需要,在两个本应连接在一起的成分之间插入一个词语

---

① that 在传统英语中用法很多,它可用作代词、形容词、副词,还可引导名词性从句、定语从句和状语从句,that 还用在强调句和其他搭配中。

或句子,把它们分隔开来。这种含有被分隔开来的结构的句子就叫作分隔结构句(Separated Structures of Some Sentences)或非连续成分(Discontinuous Constituents)(杨元兴等 2007)。传统语法主要把英语中的分隔结构句看作修辞性的分隔。例如:

The problem has been solved that power needs to be transmitted over a long distance. (远距离输送电力的问题已经解决了。)

这个句子的分隔现象是 the problem 和它的后置 that 引导的同位语从句 that power needs to be transmitted over a long distance 被谓语 has been solved 分隔开来。

这一分隔现象可以从系统功能语言学的角度作充分诠释。系统功能语言学是功能主义中最重要的一个流派,代表人物是英国当代语言学家 Halliday。他提出了三大元功能即概念元功能(ideational metafunction)、人际元功能(interpersonal metafunction)和语篇元功能(textual metafunction)。其中概念元功能包括了经验元功能(experiential metafunction)和逻辑元功能(logic metafunction)(张德禄 2011)。

在语篇元功能里面,包括主位系统、信息系统和衔接系统。主位系统和信息系统对于探讨分隔现象的形成原因尤为重要。

信息系统中的信息结构是把语言组织成为信息单位的结构。信息单位是信息交流的基本成分。所谓信息交流,即言语活动过程中已知内容与新内容之间的相互作用。已知内容指的是言语活动中已经出现过的或者根据语境可以断定的成分,称为已知信息。新内容指的是言语活动中尚未出现或者根据语境难以断定的成分,称为新信息。可以这样说,信息结构就是已知信息与新信息相互作用从而构成信息单位的结构。

信息结构与音系层的声调、调群、音步等基本概念有关。具体表现是调群里包含若干个音步,其中总有某一个音步,尤其是该音步的第一个音节,表示主要的声调变化,比如升、降、升转降、降转升等。这个特征称为"声调重音突出"(tonic prominence)。被突出的成分称为"信息中心"(information focus),即新信息之"最高点"(culmination),标志着所在信息单位的新信息到此结束。信息中心所传递的信息,比其他部分所传递的信息更加突出、重要。换言之,信息中心所传递的信息,是信息单位所要传递的最为重要的信息。在书面语中,信息结构可以用标点符号来表示。但是,标点符号并不能充分表达信息。因此,大多数标点符号的运用,实际上是信息结构(音系)与句子结构(语法)两个层次之间的折中结果。

Halliday对信息结构的建立,为英语中的分隔现象作出了很好的解释。英语中有一条末端重心(end weight)原则,它是为了使得句子结构达到平衡,要求把字数较多或语法结构较复杂的成分置于句末,也就是说,句子结构必须避免头重脚轻。

Halliday(2005)在论述主位系统中,提出了主位的标记性问题。当充当小句主位的成分同时充当小句的主语时,这样的主位叫作"无标记主位"(unmarked theme)。而"有标记主位"(marked theme)不是小句的主语。一般来说,如果没有特殊原因,人们往往把无标记主位用作话语的起点。但是,如果为了达到强调某个成分的目的,讲话者也可以选择有标记主位。有些句子把that引导的宾语从句提到句子前面之后,造成的主句和从句分隔现象使得句子产生了有标记主位。有标记主位的一个功能就是可以使新信息得以突出,可见这个句子的分隔现象是选择有标记性的主位提示新信息而产生的。下面讨论信息结构和主位结构的关系。

信息结构和主位结构同属语言的语篇元功能部分,而且都与信息传递紧密相关。信息结构不受小句结构的限制,信息单位和小句之间不存在固定的对应关系。然而,主位与小句之间却有着十分密切的关系,它总是作为小句的一个组成部分出现的。已知信息、新信息以受话者为标准(hearer-oriented),而主位、述位则以讲话者为标准(speaker-oriented)。在信息结构中,已知信息是指"你"即受话者从言语活动的上文或语境中已经知道的内容,新信息是指"你"即受话者还不知道的东西。在主位结构中,主位是"我"即讲话者讲话的起点、谈论的题目,述位是指"我"即讲话者围绕起点、题目所要讲述的内容。信息结构的体现形式主要是语调,在语调曲线上处于最高位置的是信息中心即最重要的新信息。而主位结构的体现形式则是小句中各个成分的线性排列次序。在信息结构中,已知信息一般先于新信息,但并不尽然。有时候,新信息也可以在已知信息前面出现。而在主位结构中,主位由其本身含义所决定,总是先于述位出现。述位先于主位出现的模式是不存在的。但是根据研究,还有一类新信息突出的方式在英语中非常普遍,例如:

Already laser guns are being developed that could kill an enemy, or bring down an airplane or a missile at a great distance. (一种能在远距离之外杀死敌人、击落飞机或导弹的激光枪正在研制之中。)

这个句子的主位结构看似很长,但其实是简单主位。这个简单主位由两部分构成,即中心词 laser guns 和中心词的修饰语 that could kill an enemy, or bring down an airplane or a missile at a great distance。中心词的修饰语被置于句尾,说明作者希望把 laser guns 的定义表述清楚。这样一来,很显然,这个中心词的修饰语形成了本句话的新信息。这给我们如下启示:一个通常被看成是旧信息的主位,可以通过修饰成分后置形成新信息,这样一来小句当中的新信息就不仅仅由述位提供。相同的现象可以同样出现在中心词的修饰语由介词引导的定语从句之中。

2. that 在 EOP 子库中的用法研究

描述性分析

EOP 子库中包含 4,147 个 txt 文件,总字数 85.7 万词次。我们利用 AntConc 3.2.4 软件搜索并统计包含"that"项的条目(不区分大小写,That=that),共得到 6,340 条检索记录。以此为基础对如下方面进行统计分析。

首先,在 6,340 个包含"that"的样本中,随机抽取 100 个样本,以"that"在句子中作为连接词还是非连接词作为依据,进行逐个判别、统计整理,结果如下。

表 4-6 在 EOP 子库中 that 作连接词和非连接词的频数和频率

that	频 数	频 率
连接词	84	0.84
非连接词	16	0.16
总 计	100	1

其次,在 AntConc 3.2.4 软件中,使用"Clusters"选项卡,词簇数选为 2,将 that 的位置选为左置(On Left)。本文选取出现频次最高的前 20 个词簇进行整理分析,软件检索结果如下。

表 4-7 在 EOP 子库中 that 左置词簇频数表

排 名	频 数	词 簇
1	1,054	that I
2	541	that the
3	462	that you

(续表)

排 名	频 数	词 簇
4	308	that we
5	282	that nobody
6	223	that it
7	178	that your
8	176	that is
9	148	that they
10	131	that my
11	118	that our
12	69	that there
13	69	that time
14	69	That's
15	60	that can
16	59	That is
17	51	that a
18	43	that if
19	43	that this
20	32	that are

同理,在 AntConc 3.2.4 软件中,使用"Clusters"选项卡,词簇数选为 2,将 that 的位置选为右置(On Right)。本文选取出现频次最高的前 20 个词簇进行整理分析,软件检索结果如下。

表 4-8　在 EOP 子库中 that 右置词簇频数表

排 名	频 数	词 簇
1	388	so that
2	382	believe that
3	336	is that
4	299	hope that
5	297	noisy that
6	123	know that
7	121	of that
8	115	doubt that
9	115	think that

（续表）

排 名	频 数	词 簇
10	113	feel that
11	96	sure that
12	83	company that
13	73	position that
14	58	confident that
15	57	promise that
16	49	said that
17	48	say that
18	42	you that
19	37	at that
20	37	ensure that

第三，EOP 语料库中学生专业分布分为核心领域和非核心领域，具体分类同 EGP 子库（见 p.129）。

本研究对语料库文件的学科领域进行分项研究，使用与 EGP 子库相同的方法，得到 that 在 EOP 子库中的频数表。

表 4-9 在 EOP 子库中 that 在核心领域和非核心领域的频数表

that 在核心领域出现频数			that 在非核心领域出现频数		
拼音缩写	学科名称	出现频数	拼音缩写	学科名称	出现频数
sxkx	数学科学	576	dqkx	地球科学	49
wlkx	物理科学	521	aqgc	安全工程	0
hxkx	化学科学	478	nlkj	农林科技	0
jtys	交通运输	0	dwkx	动物科学	0
jxzz	机械制造	242	hygc	海洋工程	0
gdxx	光电信息	2,794	hkht	航空航天	13
clkx	材料科学	462	bqkx	兵器科学	0
nydl	能源动力	134	fzqg	纺织轻工	0
smkx	生命科学	259	tmjz	土木建筑	219
hjkx	环境科学	88	spkx	食品科学	297

样本容量偏小导致非核心领域的样本数量不足。因此，本文只对 that 在核心领域出现频数进行统计分析，详见图 4-7。

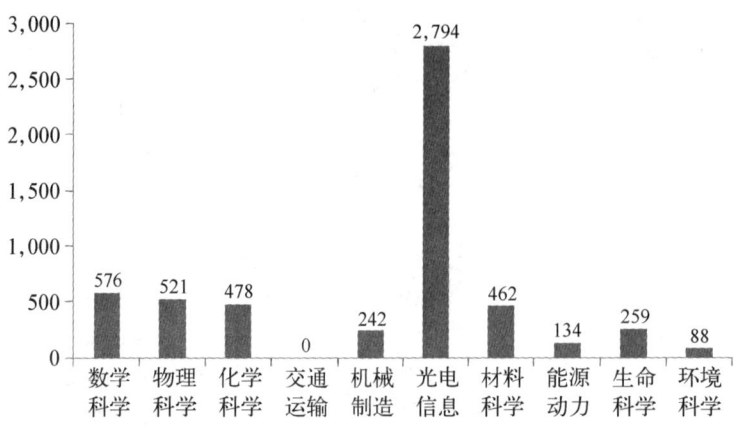

图 4-7 在 EOP 子库中 that 在核心领域的频数直方图

推断性分析

我们采用 Biber(1988)的多特征多维度分析法,将 that 所在语域分为五类:(1)交互性/信息性、(2)叙事性/非叙事性、(3)指代明确/指代有赖情景、(4)说服性和(5)抽象/非抽象性。每个维度都包含一组在语篇中频繁共现的语言特征(这些特征之所以"共现"于某些语域中,是因为具有相近的功能),再按这些维度对语域进行全方位描述。

表 4-10 在 EOP 子库中的 that 检索

序号	EOP 子库中的 that
1	my opinion on this plan. I greatly regret to say **that** almost everybody didn¡¯t like the construction. O
2	which you put forward about full-automation. And **that** is my major. So I think I am fit for your company
3	g Alipay as a mean of payment. It's so convenient **that** almost every family got a Taobao account, and as
4	o drink the juice. We also have different packing **that** the big pack may sale much cheaper. What's more,
5	ts will be packaged in different sizes of bottles **that** are in the new look. Besides, we provide with thr
6	s put the customers' health as our first mission, **that** is our company's culture. As for our manufacture

(续表)

序号	EOP 子库中的 that
7	sement in the newspaper of July 23, I wish to say **that** seeking the kind of position you offer. To huawei
8	ormation online recruitment requirements, believe **that** my own is that you need the talented person, I no
9	to you contents as mainly following. (1) so noisy **that** nobody can concentrate on their work so tha tthey
10	would like to work in your corporation. I believe **that** I can do well under your leadership. I sincerely
11	re some examples. One, in the afternoon so noisy **that** nobody can concentrate on their work, I want to b
12	evelop cooking methods to achieve his goal. After **that**, the restaurant became famous for innovation dish
13	new idea which is consistant with your conclusion **that** we should not still use the thermal descrition of
14	9> </length> <writing> Huawei technology Company **that** offers information sans solution about communicat
15	cident an Internet. I think **that** if I can work in that university, it not only a challenge to me, but al
16	t, they concern most is the noise. It is so noisy **that** nobody can concentrate on their work. So construc
17	that it believes **that** every employee is equal and that every one of their colleagues are their partners.
18	so that we can have a break at lunchtime. Besides **that**, the block should be mapped out at a place for us
19	x funds pegged to the Hang Seng and pension funds **that** consider index inclusion now have the opportunity
20	that. But the noise is too hard to solve. I want **that** they will weaken the noise and don't work at lunc
21	I think that it is of vital importance to be sure **that** the students have the ability to control themselv
22	tored in it. During the market research, we found **that** many students need e-dictionary. The body of the
23	on to raise students' interests. Last, I believe **that** my joining will make our school more energetic. F

(续表)

序号	EOP 子库中的 that
24	internship in a food company for four months. In **that** internship, I took what I learned at school to my
25	learned a lot in your company, I was so thankful **that** wanted to apply for a job in your company. If you
26	ard and make many wonderful achievements to prove **that** I am competent to this job. In the future, our co
27	Here are the complaints. Firstly, it is so noisy **that** nobody can concentrate on their work. Secondly, t
28	re not ready to power outages. In a word, we hope **that** you can adjust builders working time and that you
29	ng > Recently, someone complained we **that** so noisy that nobody can concentrate on their work, construction
30	Thirdly, we can let some staff work at home so **that** we can have more time renovate the office and pro
31	in Internet by Chance, was lucky to pick up **that** the company is now recruiting. I know of a company
32	gas proceed, there are less oil and gas resources **that** are easy to discover and tap, and the produced
33	In this part, I hold the opinion **that** Huawei should insist it's former rules. Which mean
34	. I do many researched on ZnO vasitors. I believe **that** if I can get the position, I will make every
35	ineer on the Internet. As soon as I saw the place **that** I am interested in it. It is because the position
36	onstantly researching and developing new products **that** range from Personal and Beauty, House and Home, H
37	ch can use for research and give employee welfare **that** can improve the working efficiency. What's more,
38	50 key companies on the Hong Kong stock exchange **that** constituted the Hang Seng Index. The inclusion of
39	ocal tastes, for example, kraft's research shows **that** Chinese consumers think Orew cookies too sweet.
40	listed price about 100 yuan with a lower profit. **That** is someone, especially the university student who

(续表)

序号	EOP 子库中的 that
41	ntion to your pronunciation and usage of English, **that** is the best way and only way to better your Engli
42	environment to the benefit of each other. I hope **that** you take my suggestions into serious consideratio
43	release my idea and show my talent. I do believe **that** with my background and rich working experience, I
44	ompany for two years. I gained wide experience in **that** company. I think you need me, because I will be v
45	large quantity of data analyses. Baidu mission is **that** to let people have a fair and convenient access t
46	nd air transport multi-purpose. Market Strategy **That** is how to manage the market, and how to maximize
47	you were working, the noise you made was so noisy **that** nobody can concentrate on their work. Secondly, t
48	sources department, Huawei advocates wolf, thinks **that** wolf is worth learning. It¡¯s the culture. At pre
49	ics and consumer responsiblity. There is no doubt **that** McDonald is a successful food company. It has gre
50	and so on. Third, this is the new Nokia. You can see **that** it has a wide screen. It has quite a lot of multim

在 EOP 样本语料库中,按照 that 所在语域的用法如图 4-8 所示。

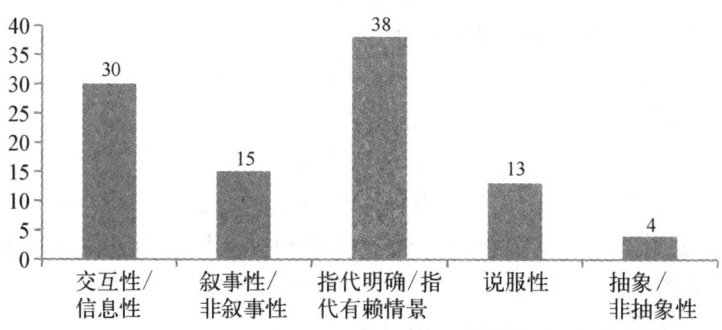

图 4-8 在 EOP 子库中 that 不同特征项的频数直方图

EOP 样本库中 that 的使用特点是"指代明确性维度的语体特征分析"

和"交互性维度的语体特征分析",这说明所构建的 EOP 子库中,语篇所指限定清晰,且学生的口语化特征明显。that 在"指代明确/指代有赖情景"维度中引导名词性从句、定语从句和状语从句等,以清晰精确的方式限定语篇内所指,体现了明确化和信息化。that 在"交互性/信息性"维度中表现出交互性和情感色彩较强的口语特点,这些特点被称为交互性特征。

语言学分析

我们对 EOP 子库中各项分类标准的解释如下:

(1) 交互性维度的语体特征分析

"交互性/信息性"维度代表人际交流功能与信息传达功能的对比,由因子负荷为正、负值的两组共现语言特征组成。正值特征表现出交互性和情感色彩较强的口语特点,被称为交互性特征。负值特征包括名词、介词、词长和类符/形符比,具有信息含量高和表达准确的特点。交互性维度中,电话谈话的维度值最高,表明其交互性最强,口语特征最明显。政府文件维度值最低,表明其信息性最强,信息密度最大。职场英语尤其重视交互性和信息性。

(2) 叙事性维度的语体特征分析

"叙事性/非叙事性"维度区分动态的叙事性语篇和静态的说明性语篇。例如,过去时和完成时描述过去事件,第三人称代词指向事件参与者,公众动词(public verb,如 declare、report)转述话语表达交际行为。这些语言特征多出现于叙事性语篇,记述人物经历或已发生事件。职场语篇本身就是职场叙事语篇。可参考性大。

(3) 指代明确性维度的语体特征分析

"指代明确/指代有赖情景"维度可区分高度清晰、不依赖语境的指向和依赖特定情境的指向。例如:关系从句以清晰精确的方式限定语篇内所指。短语连接词和名词化意味着所指明确化和信息化。

(4) 说服性维度的语体特征分析

"说服性"维度代表说话者个人观点或对事件可能性进行评估并说服读者。预测情态动词昭示某些事件即将发生。说服性动词(如 command、demand)意味着引发未来事件的意愿,而条件从句限定事件发生所需要的条件。义务情态动词(如 must、should)表示事件必须发生。

(5) 抽象性维度的语体特征分析

"抽象/非抽象性"维度区分抽象和正式的信息性语篇。例如,被动形式能弱化主语和强调动作的接受者。高频使用被动结构的语篇通常是内容抽象、专业性强的正式文体。连接副词和从属连词经常与被动形式共现以表述从句间复杂的逻辑关系。

3. that 在 EAP 子库中的用法研究

描述性分析

EAP 子库中包含 4,379 个 txt 文件,197.6 万词次。利用 AntConc 3.2.4 软件在 EAP 语料库中搜索并统计包含"that"项的条目(不区分大小写,That = that),共得到 10,158 条检索记录。以此为基础对如下方面进行统计分析。

首先,在 10,158 个包含"that"的样本中,随机抽取 100 个样本,以"that"在句子中作为连接词还是非连接词作为依据,进行逐个判别、统计整理,结果如下。

表 4-11 在 EAP 子库中 that 作连接词和非连接词的频数和频率

that	频数	频率
连接词	90	0.9
非连接词	10	0.1
总 计	100	1

第二,在 AntConc 3.2.4 软件中,使用"Clusters"选项卡,最小词簇数选为 2,最大词簇数选为 4,将 that 的位置选为左置(On Left)。本文选取出现频次最高的前 20 个词簇进行整理分析,软件检索结果如下。

表 4-12 在 EAP 子库中 that 左置词簇频数表

排 名	频 数	词 簇
1	3,610	that the
2	451	that of
3	236	that is
4	167	that the
5	153	that it
6	139	that there
7	136	that this
8	132	that in
9	132	that of the
10	105	that can
11	102	that, the
12	79	that with

(续表)

排名	频数	词簇
13	73	that when
14	66	that a
15	57	that we
16	56	that the proposed
17	56	that there is
18	55	that it is
19	51	that are
20	49	that when the

同理,在 AntConc 3.2.4 软件中,使用"Clusters"选项卡,最小词簇数选为2,最大词簇数选为4,将 that 的位置选为右置(On Right)。本文选取出现频次最高的前20个词簇进行整理分析,软件检索结果如下。

表4-13 在 EAP 子库中 that 右置词簇频数表

排名	频数	词簇
1	1,307	show that
2	1,114	showed that
3	890	results show that
4	512	results showed that
5	510	found that
6	497	shows that
7	398	than that
8	336	The results show that
9	334	indicated that
10	289	The results showed that
11	207	so that
12	183	is that
13	172	indicate that
14	133	results indicated that
15	115	proved that
16	107	result shows that
17	106	higher than that
18	105	shown that
19	102	is found that
20	100	prove that

同样,EAP 语料库中学生专业分布分为核心领域和非核心领域。我们统计了 that 在 EAP 子库中的出现次数,结果如表 4-14 所示。

表 4-14 在 EAP 子库中 that 在核心领域和非核心领域的频数表

that 在核心领域出现频数			that 在非核心领域出现频数		
拼音缩写	学科名称	出现频数	拼音缩写	学科名称	出现频数
sxkx	数学科学	814	dqkx	地球科学	166
wlkx	物理科学	1,383	aqgc	安全工程	0
hxkx	化学科学	934	nlkj	农林科技	118
jtys	交通运输	417	dwkx	动物科学	93
jxzz	机械制造	607	hygc	海洋工程	0
gdxx	光电信息	1,176	hkht	航空航天	0
clkx	材料科学	876	bqkx	兵器科学	0
nydl	能源动力	700	fzqg	纺织轻工	121
smkx	生命科学	917	tmjz	土木建筑	599
hjkx	环境科学	1,063	spkx	食品科学	174

样本容量偏小导致非核心领域的样本数量不足。因此,本文只对 that 在核心领域出现频数进行统计分析,详见图 4-9。

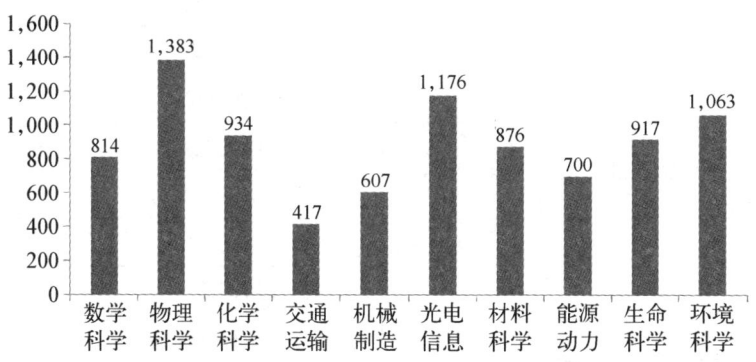

图 4-9 在 EAP 子库中 that 在核心领域的频数直方图

推断性分析

学术英语学习者语料库,牵涉到理工科背景的论文写作,是书面学术英语研究广度最大的部分。我们参照胡曙中(2005)制订如下考查能力和考查方式。

表 4-15 学术论文写作考查能力和考查方式

考查能力	考查方式
学术语篇的文体知识的把握程度	第三人称句的写作习惯
	被动语态的熟练运用
	专业术语的表达能力
	非谓语动词的准确使用
	长句的运用能力
学术语篇的语用能力	目的
	内容
	读者接受度
学术语篇的宏观结构的建构能力	说明
	劝说
	论辩
	描写
	叙述
学术语篇的组织能力	问题-解决模式
	一般-特殊模式
	主张-反应模式
	机会-获取模式
	提问-回答模式
学术语篇的语义表达能力	意义的明确性
	歧义的消除
学术语篇的元话语运用能力	语篇连接词语
	语码注解词语
	言外之力标示词语
	认识状态标示词语
	态度标示词语
	作者读者沟通标示词语
学术语篇的主述结构推进能力	平行型
	延续型

(续表)

	集中型
	交叉型
学术语篇的主述结构推进能力	并列型
	派生型
	跳跃型
	已知信息的表达
学术语篇的信息传递能力	可推知信息的难易度
	新信息的导入

下面使用 AntConc 3.2.4 软件对学术英语写作语料库中的 that 样本进行检索,结果如表 4-16 所示。

表 4-16 在 EAP 子库中的 that 检索

序号	EAP 子库中的 that
1	ard system, at last, analyzed the notion model of **that**. At the second aspect, pondered that geological h
2	ion model of that. At the second aspect, pondered **that** geological hazard system especially the region ge
3	ata in 3S environmental. It is proved by practice **that** in comparison with the RAGH based on paper map, th
4	essment of geographical hazards. The result shows **that** the combination of 3S technology with risk access
5	ng the main district of Chongqing as an example), **that** is mainly concerted with the management for the c
6	omGIS in VB+Map Objects. It is proved by practice **that** in comparison with the hazard vulnerability of la
7	ability of geographical hazards. The result shows **that** the combination of Logistic Regression and Inform
8	and ecological damage in China, it is pointed out **that** regional eco-environment protect planning is a go
9	d by the way of studying its regional background, **that** is, the basic natural summary, the social economy
10	GIS in all application area. So, it is an urgency **that** the application of GIS and RS is used to the stud

(续表)

序号	EAP 子库中的 that
11	f excavated fishing and fish bones makes it clear **that** there were two fishing zones (east fishing zone a
12	in the pre-Qin period. The conclusion can be made **that** there were rich source of wild animals and there
13	rges society had been examined. Itâ€™s very clear **that** as an important role, fishing and hunting economy
14	le and environments. The conclusion could be made **that** stability of all kinds of economical activities w
15	normal ways of monitoring urban heat environment, **that** is, on site monitoring and spatial modeling using
16	proposal. Studies through this article indicated **that**: Chongqing urban vegetation reduction, population
17	investigate, study technological route and method **that** the Karst Rocky Desertification remote sensing in
18	e influence factor analysis. The result indicated **that**, in the complex nature and the artificial active
19	nt system, and Concept. Finally, it puts forwards **that** the integration of regional tourism resources sho
20	of HUI of Chongqing host cities and the measures **that** can be used to stop or stave off the more worseni
21	UHI. From the studies we can get without accident **that** there is notable UHI in Chongqing main cities and
22	ng with the municipal exploitation. And the other **that** excessive exploitation/ use of urban land will det
23	ving either the urban, towns or rural areas think **that** the main environmental problems in Chongqing are
24	ss importance to it. The survey results also show **that** these environmental problems aroused the Governme
25	e: 40.3% of the people investigated self-evaluate **that** their environmental knowledge are fewer, or less,
26	environmental awareness: the survey results show **that** the public think people in Chongqing have poor en
27	g for 54.8% of the community people surveyed said **that** the main ways for their environmental knowledge l

(续表)

序号	EAP 子库中的 that
28	8%), while as high as 74.4% of students believe **that** broadcasting, television is the most important wa
29	chool education (35.5 percent). This result shows **that** on the one hand the media (radio, television, new
30	ople's environmental awareness and behaviors show **that** the main factor are people's urban and rural diff
31	t are all changed or changing. So it is important **that** the elaborate simulation and integrated evaluatio
32	servoir water level in these areas is opposite to **that** in the natural state. The altitude of the fluctua
33	h contribute a lot to the economy development in **that** area, but face with a relatively higher ecologica
34	its linkage status is lower than 0.4, even though **that** directly under the Chongqing since 1997, the econ
35	hree Gorges district has its own characteristics, **that** is, the exceptional climatope has provided an ad
36	e corresponding risk areas. The results showed **that**: In the process of rapid urbanization, the landsc
37	y strong advantage of Grid in computing resources **that** could handle the complex GIS problems, especially
38	the complex GIS problems, especially the problems **that** can not be solved only counting on the local reso
39	s. The human ecological risks are some activities **that** can harm or interfere the ecological system, such
40	ology trail law, the measure results demonstrated **that** ecology trail of average per person in Chongqing
41	ucing of the supporting capacity, and it explains **that** Chongqing has made certain progress of the ecolog
42	abroad in recent years, while the urban ecosystem **that** is semi-natural ecosystems as under the action of
43	ction of human beings and natural, different from **that** of natural under the conditions of ecosystem comp
44	arrying capacity at home and abroad, making clear **that** the ecosystem carrying capacity is composed of th

(续表)

序号	EAP 子库中的 that
45	s in downtown area of Chongqing, the results show **that**: nine districtsâ€™ ecosystem are all in the state
46	ngqing during from 2000 to 2008. The results show **that**: the ecosystem of the downtown area is inthe stat
47	in and Chongqing city in 2008, the results showed **that**: Ecological Pressure: Chongqing> Beijing>Tianjin>
48	20, to predict load conditions, the result showed **that**: the eco-system of downtown area of Chongqing is
49	osystem downtown area of Chongqing, respectively, **that** is from the pressure, carrying capacity and flexi
50	iver basin of Chongqing: a case study in the part **that** goes from Wulong county to Fuling district> </tit

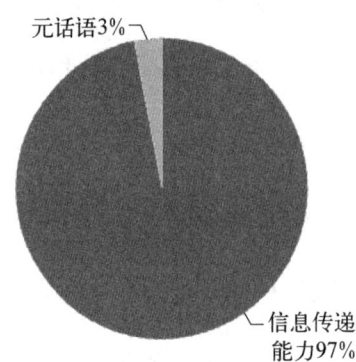

图 4-10 在 EAP 子库中的 that 特征项

在 EAP 样本语料库中,按照 that 作为从句的用法如图 4-10 所示。

由图 4-10 可知,学习者在撰写学术英语语篇时基本展示的是信息传递能力,同时也有一些元话语出现。

语言学分析

学术英语写作语料库牵涉到理工科背景的论文写作,属于科技语篇范畴,我们把其牵涉到的方面大致分述如下:

(1) 科技文章中经常使用若干特定的句型,从而形成科技文体区别于其他文体的标志,例如强调句型、被动态结构句型、分词短语结构句型、省略句结构句型等。根据 Swales & Feak(1996)的统计,科技英语中的谓语至少三分之一是被动态。这是因为科技文章侧重叙事推理,强调客观准确。第一、二人称使用过多,会造成主观臆断的印象,因此尽量使用第三人称叙述,采用被动语态。

在专业术语表达能力方面,大量使用复合词与缩略词是科技文章的特点之一。复合词从过去的双词组合发展到多词组合;缩略词趋向于任意构词,例如某一篇论文的作者可以把仅在该文中使用的术语组成缩略词。夸克(1981)在论述科技英语时提出,大量使用名词化结构(nominalization)是科技英语的特点之一,因为科技文体要求行文简洁、表达客观、内容确切、信息量大,强调存在的事实,而非某一行为。

非限定动词的应用和大量使用后置定语是因为科技文章要求行文简练,结构紧凑,往往使用分词短语代替定语从句或状语从句;使用分词独立结构代替状语从句或并列分句;使用不定式短语代替各种从句;使用介词+动名词短语代替定语从句或状语从句等。这样既可缩短句子,又比较醒目。

此外,为了表述一个复杂概念,使之逻辑严密,结构紧凑,科技文章中往往出现许多长句,有的长句多达七八十个词。

(2) 任何一个学术语篇从语用角度来说,都应该具备目的、内容、连贯和读者接受度四个方面。目的就是一个语篇的主旨,它决定语篇的内容。有时一个语篇有很多分目的,它们可以合并为一个大的主旨。在统一的主旨约束下,一个科技语篇应该有内容,表现作者的观察和经历,并尽可能按需要丰富表达。具体而言,内容是意思、事实和例证,而不是冗词赘言。

一个有效的科技语篇本身必须是衔接连贯的。语法手段(照应、替代、省略等)和词汇手段(复现关系、同现关系等)的使用都可以表现结构上的粘着性,即结构上的衔接,它是语篇的有形网络。连贯存在于语篇的底层,通过逻辑推理来达到语义连接,它是语篇的无形网络。现代语篇语用的研究更多的是把连贯置于关联理论和认知语用的背景下进行考查。

科技语篇的语用还要考虑读者接受度。语篇本身就旨在和读者交流,这就要求写作主体预设读者已经知道什么,在写作之中采取什么样的语篇会有效。比如,要有多少信息才算充分,语篇读者已知什么,应该告诉读者什么,如何引起读者的兴趣,采用何种认知参照点等等。

(3) 从语篇的宏观建构能力来说,说明语篇的目的是解释,向读者说明白某个主旨意思,分析某个情景,对某个术语下定义等等。劝说语篇和论辩语篇的目的则是使读者信服。劝说语篇尽可能采取感情诉诸的方式来引起态度、观点和感情的改变;论辩语篇主要使用逻辑来引起这些感情态度的转变。描写语篇要使读者尽可能生动地通过感官感受到某些东西,使得读者有身临其境的感觉。叙述语篇则是向读者展现一个事件,其主要叙述目的是给读者以动作的时间感,给人以亲眼目睹的动态感受。

(4) 从学术语篇的组织能力来说,有如下模式:问题-解决模式、一般-特殊模式、主张-反应模式、机会-获取模式、提问-回答模式。在此,我们把在今后的语篇语料的深入研究中还将发现的语篇模式称为其他潜在模式。问题-解决模式的宏观结构一般由情景、问题、反应、评价或结果四个成分组成。一般-特殊模式又可称作概括-具体模式,该模式的宏观结构由三个成分组成:概括陈述、具体陈述和总结陈述。主张-反应模式又可称作主张-反主张模式或假设-真实模式。该模式的宏观结构为:情景、主张、反应。机会-获取模式的宏观结构为:情景、机会、获取、结果。提问-回答模式的宏观结构为:情景、提问、回答、肯定评价和否定评价。一种语篇模式可以独立存在也可以与其他模式结合在一起出现。

(5) 从学术语篇的语义表达能力来说,明确的意义和模糊的意义往往并存。如果一个句子有两种或两种以上的解释,就会产生歧义。歧义产生的原因有操作顺序或跟什么事物关联后的理解、词义不明确、句法不固定、层次不分明、所指的时间不明确,另外使用的语气也会导致歧义。从言语行为理论视角分析言内行为、言外行为、言后行为与语境、语篇的关系,可以帮助读者减少语篇歧义,增进读者对语篇本质的认识。科技语篇要求意义明晰,所以要努力消除语篇歧义。

(6) 元话语通常被称为"关于话语的话语",是指能够有效组织话语,吸引读者注意力,表明发话者态度的那些词、短语或句子,是发话者为达到交际目的所采取的策略。元话语依附于基本话语而存在,在交际过程中起调控话语主题信息的作用,建立并维持作者和读者以及作者和信息之间的关系。其最主要的功能是帮助交际双方生成和理解话语、清晰地表明话语的组织结构、吸引读者注意力并参与、帮助读者理解主题内容和作者的态度。迄今为止,元话语已有几种不同的分类系统。这里采用的是 Hyland & Tse(2004:169)提出的分类——把元话语分为引导式和互动式两类,这两类较能反映元话语的本质特征。

表 4-17 元话语的引导式和互动式分类系统

类别	功能	实例
引导式	指引读者读完整个篇章	
表转换的词语	表达主句之间的语义关系	in addition/but/thus/and
表框架的词语	指话语行为、序列、语义段的词语	finally/to conclude/my purpose here is to

(续表)

类　别	功　能	实　例
表内指的词语	指该篇章其他部分的信息	noted above/see Fig 1/in Section 2
表证据的词语	指来自其他篇章的信息	according to X/(Y, 1990)/Z states
表注释的词语	帮助读者掌握概念成分	namely/e.g./such as/in other words
互动式	**帮助读者掌握论点**	
表模棱两可的词语	减弱对命题的确定	might/perhaps/possible/about
表强调的词语	强调作者对命题的确定	in fact/definitely/it is clear that
表态度的词语	表达作者对命题的态度	unfortunately/I agree/surprisingly
表关系建立的词语	建立和读者的关系	consider/note that/you can see that
提及作者自己的词语	指作者自己	I/we/my/our

　　"引导式"元话语指的是篇章中表现出来的某些特征,读者借助这些特征以达到作者所期望的解释。引导式元话语涉及作者组织篇章的方法,以及作者对读者知识的评估。表转换的词语主要指连词,用来表明话语中的增加、对比、序列等内容。表框架的词语是指篇章的边界,或指表示篇章语式结构的成分,如表示序列的词、表示篇章的进程和阶段的词,这些词的功能是表示篇章的目的、表示话题转换。表内指的词语体现了篇章中的某个成分跟篇章的其他部分之间的一种相互照应的关系,通过这两个部分的内容的对比和理解,帮助读者理解作者的用意。表证据的词语体现了来自某个篇章以外的信息。表注释的词语是用额外方法重新陈述概念信息。

　　"互动式"元话语显示作者和读者的互动关系,作者采用一些方法提醒读者领会作者的命题信息。这里的元话语从本质上来说是评估性、参与性的,体现了读者和作者关系的亲疏程度、表达了作者的态度,并显示了读者参与的程度。表模棱两可的词语表示作者采用间接的方式来表达命题信息。表强调的词语隐含肯定和强调命题的意思。表态度的词语表达作者对命题信息的评估,传递惊奇、承诺、赞同、重要性等信息。表关系建立的词语通过强调以吸引读者注意力的方法,或者是通过使用第二人称、祈使句、问句、插入语等方法显示作者正在与读者互动。提及作者自己的词语反映作者以第一人称的方式在篇章中出现。

(7) 主位(Theme)和述位(Rheme)最初是由布拉格学派信息结构理论创始人——捷克语言学家马泰修斯(Mathesius)于1939年在他的《功能句子观》(*Functional Sentence Perspective*)中提出来的。他指出,在一个句子中,主位是句子中的先说部分,述位为句子中的后说部分。一般来说,主位表示已知信息,述位表示新信息。每一个句子都有自己的主位结构,当某个句子单独存在时,由于没有上下文,它的主位和述位是已确定的、孤立的、没有发展的。但是当我们接触语篇时,就会发现绝大多数语篇都由两个或两个以上的句子构成。这时候,前后句子的主位和主位、述位和述位之间就会发生某种联系和变化,这种联系和变化就叫主位推进。随着各句主位的向前推进,整个语篇逐步展开,直至形成一个能表达某一完整意义的整体(尹丽娟2008)。

常见主位推进模式如下:平行型以第一句的主位(T)为出发点,以后各句均以此句的主位为主位,分别引出不同的述位。延续型以第一句的述位或述位的一部分作为第二句的主位,这个主位又引进一个新的述位。集中型将各句不同的主位都集中归结为同一述位(或述位的一部分)。交叉型以第一句的主位作为第二句的述位,第二句的主位作为第三句的述位,如此交叉发展下去。并列型第一、三……句的主位相同,第二、四……句的主位相同。派生型第一句的主位、述位作了叙述后,以后各句的主位均从第一句的述位的某部分派生出来。

(8) 从学术语篇的信息传递能力来看,在系统功能语法的语篇功能中,主位结构和信息结构是其两个重要方面。在信息结构中,已知信息和新信息是信息结构的基本内容,在语篇内部,由于其自身连贯的要求,需要新旧信息的转换。"已知信息+新信息"是最常见的信息单位结构。已知信息先于新信息,新信息的最高点即信息中心往往是信息单位的最后一个位置。这就是说,一个结构完整的句子通常既含有旧信息,也含有新信息,一般旧信息在前,新信息在后。然而,我们不能把语言成分出现的前后顺序看做研究信息分布的唯一标准,已知信息先于新信息并不是信息结构的唯一模式。有时候,新信息也可以在已知信息前面出现。讲话者为了强调某个成分或出于其他目的,可以将新信息作为讲话的起点。这就出现了新旧信息的转换。

在 EAP 子库中可以发现,学生在学术英语语料之中会使用 that 作为元话语的结构,即"that is"。大多数的 that 是在构建信息传递能力。这一现象的出现解释了学生需要用不同的句式对术语作出详细解读,因为学生在学术语篇的写作之中,不可能出现像专家、学者那样紧密的下定义式的语言组织,这和学生对专业知识的认识深度有关。因此,学生在学术写作中需加强学习和训练具有解读术语功能的不同句式,使得学术写作的形式灵活,方便组织语言并增强文章的可读性,以此来提升学术写作能力。

三、that 在各子库中的对比检验

1. 卡方检验

在统计学上,为综合统计该检索项在两个语料库中出现和不出现的情况,统计学家提出了分析两个语料库之间是否有显著差异的方法。首先列出所要分析对象的 2×2 列表,进而使用卡方(Chi-square)检验。具体的列表与公式如下。

表 4-18 卡方检验 2×2 列表

	检索项出现频数	检索项不出现频数	合　计
语料库 A	a	b	a+b
语料库 B	c	d	c+d
合　计	a+c	b+d	a+b+c+d

卡方检验的计算公式为:

$$\chi^2 = \frac{(ad-bc)^2 * N}{(a+b)*(a+c)*(b+d)*(c+d)}$$

其中:

a=检索项 X 在语料库 A 中的实际频数;
b=检索项 X 在语料库 A 中不出现的频数;
c=检索项 X 在语料库 B 中的实际频数;
d=检索项 X 在语料库 B 中不出现的频数;
$N = a + b + c + d$=各项频数总和,即两个语料库累计大小。

在本研究中,我们使用 SPSS 22.0 进行卡方检验,以 EGP－EOP、EGP－EOP 参照库、EAP－EGP、EAP 参照库－EGP、EOP－EOP 参照库、EAP－EOP、EAP 参照库－EOP、EAP－EOP 参照库、EAP 参照库－EOP 参照库和 EAP－EAP 参照库的顺序进行两两比较,共有十个比较组合,结果分别如下(下面用 Chi 表示 χ^2)。

表 4-19 EGP－EOP 卡方检验

	that 出现频数	that 不出现频数	合 计
EGP	8,399	981,601	990,000
EOP	6,340	1,015,660	1,022,000
合 计	14,739	1,997,261	2,012,000

Chi=359.585

表 4-20 EGP－EOP 参照库卡方检验

	that 出现频数	that 不出现频数	合 计
EGP	8,399	981,601	990,000
EOP 参照库	5,651	926,879	932,530
合 计	14,050	1,908,480	1,922,530

Chi=388.924

表 4-21 EAP－EGP 卡方检验

	that 出现频数	that 不出现频数	合 计
EAP	10,158	2,091,208	2,101,366
EGP	8,399	981,601	990,000
合 计	18,557	3,072,809	3,091,366

Chi=1,502.421

表 4-22 EAP 参照库-EGP 卡方检验

	that 出现频数	that 不出现频数	合 计
EAP 参照库	16,007	2,116,024	2,132,031
EGP	8,399	981,601	990,000
合 计	24,406	3,097,625	3,122,031

Chi = 83.027

表 4-23 EOP-EOP 参照库卡方检验

	that 出现频数	that 不出现频数	合 计
EOP	6,340	1,015,660	1,022,000
EOP 参照库	5,651	926,879	932,530
合 计	11,991	1,942,539	1,954,530

Chi = 1.651(不显著)

表 4-24 EAP-EOP 卡方检验

	that 出现频数	that 不出现频数	合 计
EAP	10,158	2,091,208	2,101,366
EOP	6,340	1,015,660	1,022,000
合 计	16,498	3,106,868	3,123,366

Chi = 245.449

表 4-25 EAP 参照库-EOP 卡方检验

	that 出现频数	that 不出现频数	合 计
EAP 参照库	16,007	2,116,024	2,132,031
EOP	6,340	1,015,660	1,022,000
合 计	22,347	3,131,684	3,154,031

Chi = 167.070

表 4-26 EAP-EOP 参照库卡方检验

	that 出现频数	that 不出现频数	合 计
EAP	10,158	2,091,208	2,101,366
EOP 参照库	5,651	926,879	932,530
合 计	15,809	3,018,087	3,033,896

Chi = 187.245

表 4-27　EAP 参照库-EOP 参照库卡方检验

	that 出现频数	that 不出现频数	合　计
EAP 参照库	16,007	2,116,024	2,132,031
EOP 参照库	5,651	926,879	932,530
合　计	21,658	3,042,903	3,064,561

Chi=193.847

表 4-28　EAP-EAP 参照库卡方检验

	that 出现频数	that 不出现频数	合　计
EAP	10,158	2,091,208	2,101,366
EAP 参照库	16,007	2,116,024	2,132,031
合　计	26,165	4,207,232	4,233,397

Chi=1,231.817

在 0.05 的显著性水平上卡方值(自由度为 1 时)为 3.841。此处除了 EOP-EOP 参照库不显著,其余语料库两两比较,均具有显著差异。为了进一步对比 that 在不同子库中的情况,以下两节将分别介绍 that 在 EOP 参照库和 EAP 参照库中的检索和统计分析的过程和结果。

2. EOP 参照库分析

描述性统计

EOP 参照库包含 1,877 个 txt 文件,95 万词次。我们利用 AntConc 3.2.4 软件在 EOP 参照库中搜索并统计包含"that"项的条目(不区分大小写,That=that),共得到 5,651 条检索记录。并以此为基础进行具体的统计分析。

首先,在 5,651 个包含"that"的样本中,随机抽取 100 个样本,以"that"在句子中作为连接词还是非连接词作为依据,进行逐个判别、统计整理,结果如下。

表 4-29　在 EOP 参照库中 that 作连接词和非连接词的频数和频率

that	频　数	频　率
连接词	87	0.87
非连接词	13	0.13
总　计	100	1

其次,在 AntConc 3.2.4 软件中,使用"Clusters"选项卡,词簇数选为 2,将 that 的位置选为左置(On Left)。本文选取出现频次最高的前 20 个词簇进行整理分析,软件检索结果如下。

表 4-30　在 EOP 参照库中 that 左置词簇频数表

排　名	频　数	词　簇
1	222	that is
2	222	that the
3	220	that I
4	200	that you
5	191	that are
6	160	that can
7	155	that will
8	147	that we
9	103	that it
10	80	that's
11	71	that has
12	69	that have
13	61	that our
14	59	that allows
15	57	that my
16	55	that they
17	51	that your
18	51	That's
19	43	that provides
20	38	that this

同理,在 AntConc 3.2.4 软件中,使用"Clusters"选项卡,最小词簇数选为 2,最大词簇数选为 4,将 that 的位置选为右置(On Right)。本文选取出现频次最高的前 20 个词簇进行整理分析,软件检索结果如下。

表 4-31　在 EOP 参照库中 that 右置词簇频数表

排　名	频　数	词　簇
1	117	believe that
2	107	so that
3	106	ensure that

(续表)

排名	频数	词簇
4	79	products that
5	71	and that
6	64	company that
7	62	feel that
8	52	is that
9	51	know that
10	50	system that
11	35	services that
12	34	solutions that
13	30	ensuring that
14	30	of that
15	29	means that
16	28	fact that
17	28	sound that
18	25	confident that
19	25	to that
20	24	ensures that

第三,职场英语(EOP)指在正式工作场合使用的英语。EOP 参照库的文件根据实际应用环境分为四大类,即产品介绍(cpjs),公司介绍(gsjs),求职信(qzx)和投诉信(tsx)。我们对它们进行分项研究,首先通过 AntConc 3.2.4 软件检索出 that 项条目,然后将其导入 Excel 软件进行检索,软件检索结果如下。

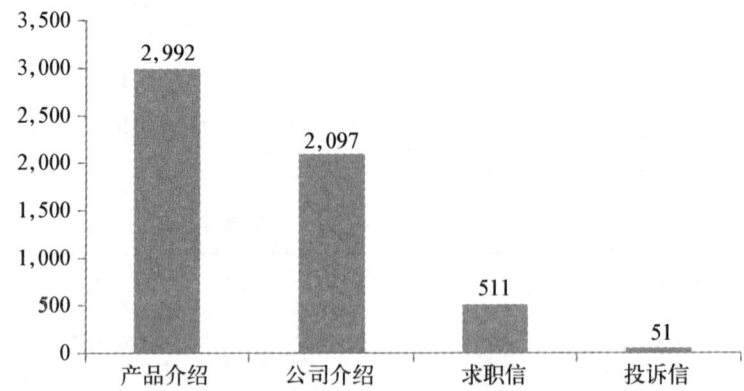

图 4-11 在 EOP 参照库中 that 在四大应用环境中的频数直方图

与 EOP 子库对比分析

在 EOP 参照库中,使用 AntConc 3.2.4 软件检索出的 that 例句如下表。

表 4-32 在 EOP 参照库中的 that 检索

序号	EOP 参照库中的 that
1	to not slip or slide and have a silky smooth feel **that** is soft and comfortable to the touch and will not
2	en the time to play and finish every type of game **that** is currently available on the market. From role-p
3	es these systems with full respect for privacy so **that** those who duly blow the whistle or consult are no
4	Subaru has researched and developed technologies **that** considers environment. Subaru's goal is that "by
5	es, portable speakers and nearly any other device **that** charges with a USB coCharge up to 10 USB devices
6	s of the Book" See all the passages across a book **that** mention relevant ideas, fictional characters, his
7	ilitate use of sign language Easy-to-use handsets **that** will dial designated emergency numbers at the tou
8	aul everyone who comes in contact with us to know **that** we do things the right way at Northrop Grumman. W
9	e do what we say. We consistently produce results **that** meet or exceed the expectations of our customers
10	16∶9 widescreen plasma screen is a bright display **that** will look good in any room, whether on a wall or
11	loping our strengths and for exploiting potential **that** is brought to light. The high rate of participati
12	r a wide range of 11 screens, ranked from screens **that** are held at the nearest to end-users to screens d
13	l media sharing Forerunner 920XT From the company **that** launched the world's first GPS multisport device
14	or hinged-door applications, you can rest assured **that** the bar's design features are optimized to keep y
15	Gas Producers Association (OGP), the organization **that** brings together oil and gas production companies

(续表)

序号	EOP 参照库中的 that
16	vide. There's also an automatic recording feature **that** allows you to start and stop recording whenever a
17	uit of the group HNA we belong to. The reason **that** we are different from others is not because we HN
18	the dangers of CO. It features a digital display **that** shows CO levels in parts per million allowing you
19	you'd expect from speakers many times their size. **That** performance is complemented by an Acoustimass mod
20	thentic-sounding, small-sized musical instruments **that** are suitable for children. We have melodic instru
21	versal Remote Control is a user-friendly solution **that** gives you secure and convenient access to your ga
22	RDO Maraschino Cherries are sour Marasca Cherries **that** are candied and steeped in syrup made of cherry j
23	e. Our Quality Management System is the platform **that** we use globally to guarantee food safety, complia
24	imitation of the available resources, which means **that** except for excavating the coal resource, and will
25	op! Studio quality hardware and powerful software **that** turns your PC or Mac into a 24-bit recording stud
26	re, and fewer insects are present at the altitude **that** it's grown, so no insecticides are necessary. If
27	ique aptitude for legal information systems means **that** my interests and qualifications are extremely rel
28	ember 2011 C M Savers' range launched Proving **that** budget doesn't have to mean lesser quality, Morr
29	. Hidden PIN entry"[a] With the new PIN entry screen **that** hides the numbers selected, you can now make sure
30	ound sound would be perfect if they could mention **that** to him while their inspection. It will make easy
31	o get results under pressure. These are qualities **that** my experience shows I possess. My degree in Engli
32	ong with various percussion effects and bass. But **that**'s not all! The record and scratch function allows

(续表)

序号	EOP 参照库中的 that
33	HT WAY *** Money Back Guarantee Promise *** We know **that** you will be impressed with the results that you r
34	a company comprised of locally managed facilities **that** includes about 165 hospitals and 115 freestanding
35	mode of production with well allocated resources **that** ensures sustainable development of the chemical i
36	y by pursuing production and marketing strategies **that** connect the domestic and overseas markets. In add
37	o let others know about the trick as well. I read **that** someone else switched the battery that comes with
38	Now you can finally experience the feel and tone **that** was so eagerly sought out by now Hall of Fame gui
39	m payment. "Ino-Ichiban Neo" September 2010 Rider **that** reflects the latest medical treatment conditions
40	d corporate offices with common internal services **that** support the company's global operations. These se
41	Children's Rights in Society, an organization **that** assists vulnerable children and young people with
42	ave the greatest impact on efficacy. As a company **that** is dedicated to the science of skin care, we knew
43	tale ... well-paced, heartfelt ... It may be **that** Russian stories never have happy endings, but
44	pt of °Open-minded, Challenge, Co-evolution "C **that** is, the concept of bringing into play our corpora
45	under the direction of Volvo Cars. We also expect **that** all of our business contacts and commercial partn
46	** It also aids the other aspects of your health **that** links to the gut — including your immune system.
47	XYD-8 is an exclusive, powerful oxygenating agent **that** is very effective and safe to use. Safety sealed
48	r Chinese companies. You will see from my resume **that** I am originally from China and attended my first
49	icity but an obstinate, sticky quality? Just like **that** chewing gum, the Butyl Rubber Surround in our spe
50	onthly bill or subscription for shows and content **that** you don't watch! With KODI/XBMC 14.2 preloaded wi

我们按照(1)交互性/信息性、(2)叙事性/非叙事性、(3)指代明确/指代有赖情景、(4)说服性和(5)抽象/非抽象性对EOP参照库特征项作出描述性统计如下。

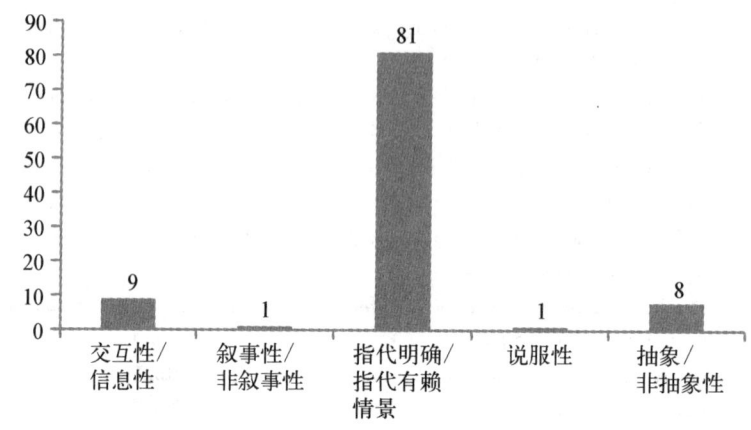

图4-12 EOP参照库特征项直方图

EOP子库和EOP参照库中that使用的共同点是"指代明确性维度的语体特征分析",并都呈现出显著性特征。"交互性维度的语体特征分析"方面,EOP子库比EOP参照库来得多。这说明所构建的EOP子库中,学生的口语化特征明显。去除一定的口语化特征,和书面语特征平衡协调将是未来教学研究的方向。

3. EAP参照库分析

描述性统计

EAP参照库包含6,553个txt文件,共220万词次。我们利用AntConc 3.2.4软件在EAP参照库中搜索并统计包含"that"项的条目(不区分大小写,That=that),共得到16,007条检索记录。并以此为基础进行具体的统计分析。

首先,在16,007个包含"that"的样本中,随机抽取100个样本,以"that"在句子中作为连接词还是非连接词作为依据,进行逐个判别、统计整理,结果如下。

表4-33 在EAP参照库中that作连接词和非连接词的频数和频率

that	频数	频率
连接词	96	0.96
非连接词	4	0.04
总计	100	1

其次,在AntConc 3.2.4软件中,使用"Clusters"选项卡,词簇数选为2,将that的位置选为左置(On Left)。本文选取出现频次最高的前20个词簇进行整理分析,软件检索结果如下。

表4-34 在EAP参照库中that左置词簇频数表

排名	频数	词簇
1	2,849	that the
2	666	that can
3	641	that are
4	546	that is
5	326	that a
6	316	that had
7	315	that of
8	274	that it
9	229	that were
10	196	that there
11	171	that have
12	157	that this
13	150	that has
14	149	that could
15	142	that will
16	139	that was
17	122	that they
18	120	that would
19	119	that may
20	118	that might

同理,在AntConc 3.2.4软件中,使用"Clusters"选项卡,最小词簇数选为2,最大词簇数选为4,将that的位置选为右置(On Right)。本文选取

出现频次最高的前 20 个词簇进行整理分析,软件检索结果如下。

表 4-35 在 EAP 参照库中 that 右置词簇频数表

排名	频数	词簇
1	780	show that
2	675	showed that
3	636	found that
4	400	indicate that
5	393	shown that
6	343	was found that
7	274	indicated that
8	274	results show that
9	251	shows that
10	238	suggest that
11	229	It was found that
12	222	is that
13	197	demonstrated that
14	197	so that
15	193	and that
16	168	observed that
17	157	results indicate that
18	156	results showed that
19	148	determined that
20	146	concluded that

第三,同样,EAP 参照库中学生专业分布分为核心领域和非核心领域。

我们通过 AntConc 3.2.4 软件检索出 that 项条目,随后将文件名信息导入到 Excel 软件中,再进行学科领域的二次搜索,以体现 that 在不同学科领域中的出现频数。详见下表。

表 4-36 在 EAP 参照库中 that 在核心领域和非核心领域的频数表

that 在核心领域出现频数			that 在非核心领域出现频数		
拼音缩写	学科名称	出现频数	拼音缩写	学科名称	出现频数
sxkx	数学科学	83	dqkx	地球科学	146
wlkx	物理科学	253	aqgc	安全工程	0

(续表)

that 在核心领域出现频数			that 在非核心领域出现频数		
拼音缩写	学科名称	出现频数	拼音缩写	学科名称	出现频数
hxkx	化学科学	661	nlkj	农林科技	169
jtys	交通运输	150	dwkx	动物科学	0
jxzz	机械制造	2,443	hygc	海洋工程	0
gdxx	光电信息	4,108	hkht	航空航天	0
clkx	材料科学	1,431	bqkx	兵器科学	0
nydl	能源动力	1,256	fzqg	纺织轻工	29
smkx	生命科学	1,523	tmjz	土木建筑	2,279
hjkx	环境科学	1,431	spkx	食品科学	45

样本容量偏小导致非核心领域的样本数量不足。因此,本文只对 that 在核心领域出现频数进行统计分析。

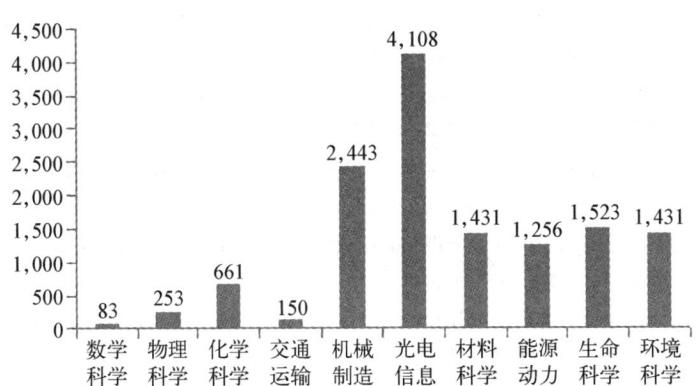

图 4-13 在 EAP 子库中 that 在核心领域的频数直方图

与 EAP 子库对比分析

在 EAP 参照库中,使用 AntConc 3.2.4 软件检索出的 that 例句如下表。

表 4-37 在 EAP 参照库中的 that 检索

序号	EAP 参照库中的 that
1	od layer. Within that range, it can be concluded, **that** the velocity profile of the blood layer is approx
2	. By neglecting these added effects, many bridges **that** are already built could have more strength than i

(续表)

序号	EAP 参照库中的 that
3	stICA using the subband signals is much less than **that** of the FastICA using the fullband signals. The su
4	he model for different wind velocity, it is found **that** the pressure on the structure for 22.35 m/s 50 mph)
5	a frequent occurrence over the life of a product **that** may be initiated by an update to the product func
6	emises would be equipped with a Set-Top-Unit STU) **that** would communicate directly with the base station
7	mpoundment. Preliminary modeling carried out show **that** the use of inclusions can accelerate considerably
8	acteristics (material properties and thicknesses) **that** regulate the THz wave through transmission. When
9	ubstrate, we also apply our scheme to demonstrate **that**, with the necessary external influence, a simple
10	enhancer-driven GFP reporter lentivirus. We found **that** the combinatorial action of SOX10, NKX2.2, PRRX1,
11	linearly with local temperature and it was found **that** the linear stiffness coefficients and the "therma
12	n-zero displacement equilibria exist. It is shown **that** for the non-quadratic potential energy function o
13	ntrusion into the cancellous bone. This indicates **that** marrow may play a key role in bone cements contri
14	r the pancreatic tumor in order to develop models **that** can better test patient care for tumors. Computer
15	hus it is important to conduct usability research **that** is specifically tailored for the mobile Web, whic
16	bacco". A recent study by King et al. 2014) found **that** £ ¾ 40% of middle and high school student smokers u
17	oward an "absolute" assessment of sustainability. **That** is, rather than assessing a building relative to
18	re interaction can cause column flexural response **that** is typically not observed with stand-alone column
19	pagation behavior of the specimen. It was advised **that** the analytical model be used to aid in the design

（续表）

序号	EAP 参照库中的 that
20	in enhancer－2（PEN－2）. Recently it was discovered **that** p23, a transmembrane protein involved in intracel
21	systems which operate at the binary level require **that** these analyses are tightly coupled to a specific
22	2 in thin-film form with high enough quality such **that** it can be used as a photovoltaic. Since propertie
23	o incorporates sound capture and playback options **that** can be used in near real-time analysis of speech
24	to achieve the best consolidation and performance **that** is possible. The second component is having the c
25	oject management towards a five-dimensional model **that** incorporates context and financing dimensions tha
26	aightforward analysis of a hypothetical deep mine **that** firstly assesses the capacity and energy consumpt
27	nerated by using Abaqus version 6.12－2, a program **that** is well suited for non-linear finite element mode
28	related evolution only with body mass, indicating **that** body mass is the best predictor of swimming behav
29	dried mixture as gasification fuel further proved **that** biodried material is a valid thermochemical conve
30	om one component in its native protocol, converts **that** into a world state, and then for all interested c
31	odel, a reverse-application of the EOR/EOM model, **that** follows the life history of an electronic system
32	es performance significantly, but it was shown to **that** extending the CdCl2 treatment can reduce performa
33	nd after the 3D integration process. It was found **that** the dark current at bias of 2 V was reduced by 30
34	ng in locusts £» a functionally four-winged insect **that** flies with a steeply inclined stroke plane. Kinem
35	by Qiao and Chandra. The results demonstrate **that** the computational results of surface heat flux an
36	n simulated from one patient thanks to a modeling **that** included the three independent parameters. A pers

171

(续表)

序号	EAP 参照库中的 that
37	icrovalve. This creates an inexpensive microvalve **that** can be easily and quickly manufactured. The uniqu
38	brute force method. On current hardware, however, **that** method is not an option for graphs of tens of tho
39	he lean level of the system will adversely affect **that** transformation effort. This research presents a n
40	e results of this preliminary assessment indicate **that** the new technologies studied have a lower potenti
41	ynamic nature of solar panels, specifically those **that** track the movement of the sun, the National Build
42	mical etching of n-GaAs can create a porous layer **that** could reduce the cost of high efficiency multi-ju
43	othesized explanation is that the surface tension **that** exists in bulk material also exists in thin films
44	lized. The results observed in this study suggest **that** current set back distances and monitoring techniq
45	onal allele in heterozygotes. Furthermore, I show **that** non-local factors — different genetic background
46	le maintenance-free and non corrosive alternative **that** will potentially reduce the overall life cycle co
47	ts on the system. Present exergy results indicate **that** an A/C system is quite sensitive to air propertie
48	t the two approaches offer complementary features **that** could be integrated into a hybrid approach. Queui
49	Ms): LRR and Launder-Gibson. It has been observed **that** the LRR turbulence model as well as the realizabl
50	tion and having it notify every other user around **that** area. Initial results suggest that Urban Forecast

图 4-14 显示 that 在 EAP 参照库中的特征项。

对比 EAP 子库和 EAP 参照库,可以发现学生在学术英语语料中会使用 that 作为元话语的结构,即"that is"。大多数的 that 是在构建信息传递能力。这一现象的出现解释了学生需要用不同的句式对术语作出详细解读,因为学生在学术语篇的写作之中,不可能出现像专家学者那样紧密的下定义的语言组织,这和学生的专业知识的认识深度有关。因此,学生在学术写作中需加强学习和训练具有解读术语功能的不同句式,使得学术写作的形式灵活,方便学生组织语言并增强文章的可读性,以此来提升学生的学术写作能力。

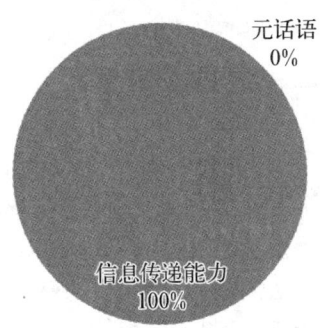

图 4-14 在 EAP 参照库中的 that 特征项

第二节 外壳名词①

一、概述

词汇在英语写作中发挥至关重要的作用。外壳名词(shell nouns)是指不包含具体意义但通过囊括上下文语境中的具体信息发挥概念外壳作用的抽象名词,典型的外壳名词有 idea、influence、effect 等。在行文过程中,作者一般需要追溯、重提前文或引出后文,而外壳名词通过打包前文命题和预测后文信息来满足这一要求,实现语篇的衔接和连贯。外壳名词不仅在通用英语语篇中频繁出现,在学术英语语篇中也普遍存在(娄宝翠 2013)。近年来,国内外已有部分研究着眼于通用英语语篇及学术英语语篇中外壳名词的使用,但专门针对科技类学术语篇中外壳名词的研究较为少见。虽然普遍使用外壳名词并非科技语篇独有的语言现象,但科技语篇中外壳名词的使用呈现出独特的语篇特征。从词汇-语法构式的角度来看,外壳名词的不同搭配也承载着不同的语篇功能。再者,虽然外壳名词是通用英语中的高频词类,但对于非英语本族语者而言,恰当、灵活地运用外壳名词仍然构成一定困难(Flowerdew 2010)。鉴于外壳名词在学术语篇中的普遍性、在科技语篇中的独特文体特征以及学习者习得外壳名词的困难,研究理工科学术论文英文摘要中外壳名词的使用特征具有一定价值和意义。

---

① 本节主要内容曾发表于《外语界》2016 年第 2 期,此处略作修改。

二、国内外研究现状

"外壳名词"具有不同的术语名称和内涵定义。Vendler(1968)提出了容器型名词(container nouns)的概念。Halliday & Hasan(1976)提及过泛指名词(general nouns),认为这类词具有泛指指称功能,处于词汇词和语法词的边缘地带。其他名称包括第三类型词(type 3 vocabulary)(Winter 1977)、回指型名词(anaphoric nouns)(Francis 1986)、承载型名词(carrier nouns)(Ivanič 1991)、标示名词(signalling nouns)(Flowerdew 2003)等。Hunston & Francis(2000)首次将这类名词隐喻性地概括为外壳名词。Flowerdew(2003)和Charles(2007)指出,任何抽象名词都可能作为外壳名词使用,而其具体词义只有通过追溯上下文语境才能得出。Schmid(2000)将外壳名词定义为一种开放性、功能性抽象名词词类,这类词在不同程度上具备作为概念外壳囊括复杂命题信息的潜势,它们为信息语块提供"外壳",封装在外壳中的信息语块则为"内含",原本动态、抽象、模糊的外壳名词因有了"内含"的注入而变得具体形象。Schmid(2000)的研究对外壳名词术语的推广起到了关键作用,本研究便是以其外壳名词词汇-语法构式(Schmid 2000: 22)为基础展开的。

近几十年来,学术语篇中的抽象名词,尤其是抽象名词作为衔接手段在学术语篇中的运用引发了国外学者的浓厚兴趣。Halliday & Hasan(1976)首次提及这类名词在语篇中的回指功能。部分研究借助语料库探索外壳名词在学术语篇中的回指(anaphoric)、后指(cataphoric)或外指(exophoric)功能后发现,熟悉外壳名词的搭配模式及其在语篇中的衔接功能有助于提升语篇质量和读者的语篇理解能力(Flowerdew 2003;Mousavi & Moini 2014)。Hyland & Tse(2005)、Charles(2007)关注了抽象名词在学术语篇中的评价态势建构作用。Partington(1998)、Carter & McCarthy(1997)认为将外壳名词作为衔接手段大量使用可能会导致学术语篇语言的模糊性。相比之下,中国学者对于学术语篇中的抽象名词研究起步较晚,近几年才零星出现相关研究。李平、曹雁(2012)通过统计分析学术期刊英文标题中的"抽象名词+of+名词"后发现,带有向心型抽象名词的短语结构在英文标题中占据主导地位。黑玉琴、黑玉芬(2011)详细分析了应用语言学期刊中抽象名词的语篇评价功能,证实了在同一语域中使用不同的抽象名词也能反映作者不同评价态势的建构。娄宝翠

(2013)基于中国英语语料库中的学术英语子库探讨了研究生学术英语写作中"This/These+外壳名词"的使用特点。

在二语习得领域,国内外对于英语学习者语篇中外壳名词的研究也侧重于比较英语学习者与英语本族语者语篇中作为衔接手段的外壳名词。国外研究指出,与英语本族语者相比,英语学习者在外壳名词使用的频度、准确性与多样性方面有待提高(Hinkel 2001;Flowerdew 2010; Aktas & Cortes 2008)。国内研究发现,中国英语学习者在外壳名词的使用方面与英语本族语者相比有较大差异,这些差异不仅表现为使用倾向不同,也表现为使用不当(陈鹏、濮建忠 2011;徐宏亮 2011;娄宝翠 2013)。

总体而言,外壳名词研究尚未得到足够重视。虽然已有研究运用语料库手段考察学术语篇中的外壳名词,但是国内外依然缺乏对科技类学术语篇中外壳名词的大规模实证研究。中国英语学习者与英语本族语者在科技类学术语篇中对外壳名词的使用异同以及外壳名词在此类语篇中的独特语篇特征值得探究。

三、研究设计

1. 研究问题

本研究尝试回答以下问题:
(1)中外理工科硕士生外壳名词使用的结构性特征如何?他们在外壳名词的选择、词汇-语法构式的使用方面有何异同?
(2)中外理工科硕士生外壳名词使用的功能性特征如何?外壳名词如何在他们的英文摘要写作中发挥语义、语篇衔接及评价功能?

2. 研究语料

本研究的语料来自本项目两个自建英语语料库:中国理工科大学生书面英语语料库—学术子库(WECCSEM - EAP)为观察语料库,英语本族语理工科学生学术英语语料库(WECESEM - EAP)为参照语料库。

3. 数据收集和处理

(1)确定备选外壳名词。本研究将极有可能作为外壳名词使用的抽象名词归类为"备选外壳名词"。首先,利用词性赋码工具 TreeTagger 对两个语料库中的所有生文本进行词性标注,并将观察语料库中的词性赋码文本导入 WordSmith 5.0 软件,依次检索 8 类外壳名词词汇-语法构式 (Schmid 2000),获取每个构式的高频抽象名词词表及其频数。然后,在 Excel 软件中汇总 8 类构式的高频抽象名词词表,计算标准化频数,并按频数从高到低获得高频前 50 "备选外壳名词"列表。重复以上步骤,获取参照语料库的高频前 50 位"备选外壳名词"。

(2) 确定词汇-语法构式。外壳名词甄别显示,Schmid(2000)的词汇-语法构式分类框架并不细致、全面,遗漏了部分词汇-语法构式,比如"外壳名词+介词短语",我们却发现这一构式是外壳名词发挥功能的主要构式之一。因而,本研究对 Schmid(2000)的分类框架进行了调整和修改,补充新的词汇-语法构式,具体如表 4-38 所示。

表 4-38 本研究外壳名词的词汇-语法构式

词汇-语法构式	简　写
1. 外壳名词+后接型名词性小句	N-cl 结构
变体：+that 从句	N-that
+to 的不定式	N-to
+介词短语	*N-PP(N-of, N-for, the/a/an-N-of, etc.)*
+wh 从句	N-wh(which, why, when, etc.)
+介词+which 从句	*N-P-which(N-in-which, N-for-which, etc.)*
固定短语	*in fact, as a result, etc.*
2. 外壳名词+be/Verb+补语从句	N-be/V-cl 结构
变体：+that 从句	N-be/V-that
+to/doing 结构	*N-be/V-to/doing*
+名词短语	N-be/V-NP
+wh 从句	N-be/V-wh(what, when, whether, etc.)
3. 外壳名词+列举性短语	N-EP 结构 (like, such as, including, to mention a few, etc.)
4. 多个名词或短语+be +外壳名词	NG-be-N 结构
5. 回指型小句+指称词类+外壳名词	th-N 结构
6. 回指型小句+指称词类+be+外壳名词	th-be-N 结构
7. 外壳名词+后指型小句	N-C-cl 结构

注：斜体部分为对 Schmid(2000)分类框架新增或改动的构式。

（3）确定外壳名词。备选外壳名词及词汇-语法构式确定之后,采用人工筛选的方法将备选外壳名词中不充当概念外壳的词汇予以剔除。将备选外壳名词代入词汇-语法构式逐一排查之后,得到两个语料库中真正作为外壳名词的词频表,并在 Excel 软件中将外壳名词按照词频从高至低排序,获取两个语料库中前 30 个高频外壳名词。两组外壳名词之间的频数差异则用对数似然率统计工具进行检验(梁茂成等 2010)。

四、研究结果和讨论

1. 外壳名词的结构性分析

高频外壳名词

两个语料库中前 30 个高频外壳名词如表 4-39 所示。

表 4-39　WECCSEM-EAP 与 WECESEM-EAP 中前 30 个高频外壳名词

语料库	词汇列表						
WECCSEM -EAP	**results**	**analysis**	**method**	*performance*	*properties*	*model*	
	system	*design*	**process**	*influence*	**effect**	*result*	
	problem	**methods**	*structure*	*characteristics*	**research**	*study*	
	effects	*application*	*algorithm*	*condition*	*field*	*technology*	
	use	*theory*	*impact*	*surface*	*quality*	*existence*	
WECESEM -EAP	**results**	*performance*	**analysis**	*properties*	*model*	*behavior*	
	objective	**methods**	*system*	*ability*	**study**	*purpose*	
	design	*changes*	**method**	**approach**	**process**	*models*	
	result	*applications*	*techniques*	*conditions*	**problem**	*way*	
	technique	*solution*	*structure*	*algorithm*	*parameters*	*focus*	

注:粗体部分为两个语料库中的"体裁凸显词",斜体部分为"语域界定词"。

整体来看,科技类学术语篇中外壳名词的选用呈现一定的区别性特征,部分体裁凸显词(genre-based words)和语域界定词(register-specific words)频繁出现。依据 Hinkel(2004)的高频外壳名词表,表 4-39 中的 results、problem、method、analysis 是学术语篇中的常用高频外壳名词。这类外壳名词具有明显的体裁特征,被称为体裁凸显词。有些外壳名词并不在 Hinkel(2004)的高频词表中,如 performance、techniques、parameters

177

等。这类词与文本涉及的学科领域——科学技术紧密相关,具有显著的语域特征,因而被称为语域界定词。

具体来看,中国理工科硕士生与英语本族语学生在外壳名词的选用上具有一定差异性。一方面,在语域界定词的选择方面,两组学生表现出不同倾向。例如,在概括"性能、特性"语义内涵时,除了 performance、properties,中国理工科硕士生偏好使用 quality,而英语本族语者倾向于使用 behavior、ability 等词。另一方面,两组学生在外壳名词单复数的使用上也明显不同。表 4-39 共有六对单复数词: result-results、method-methods、model-models、application-applications、condition-conditions、technique-techniques,其中 result-results、method-methods 为英语本族语学生高频使用的两组词,且中国理工科硕士生也能灵活使用这两组词。对于 model、application、condition 这三个词,中国理工科硕士生更倾向于使用其单数形式,英语本族语学生则更习惯于使用其复数形式。

表 4-40 呈现了两个语料库中前 30 个高频外壳名词的原始频数、标准化频数和对数似然率检验结果。

表 4-40 WECCSEM-EAP 与 WECESEM-EAP 中高频外壳名词的频数及对数似然率

参数	WECCSEM-EAP		WECESEM-EAP		对数似然率	p 值
	原始频数	标准化频数	原始频数	标准化频数		
词次	18,306	8,711.48	18,284	8,575.86	2.25	0.133

由表 4-40 可知,两组学生在外壳名词的使用频率方面差异较小,中国理工科硕士生在学术论文英文摘要撰写中呈现相对过度使用外壳名词的倾向。外壳名词在两个语料库中的高频出现也与本研究涉及的文本体裁与语域相关。学术语篇文体和科学技术语域会不可避免地涉及研究方法、研究目的、研究结果、实验过程、技术应用等方面,因而与这些方面相关的 method、purpose、result、application 等抽象名词得到频繁运用。再者,"信息型"论文摘要文体的简洁性与精炼性特征在客观上要求作者用最为简练的语言概括一项科学研究的核心成果(沈育英 2001),外壳名词的打包信息功能正好能够满足这一要求。

外壳名词的频率分布

图 4-15 显示了表 4-39 两个语料库中 15 个 "重合" 外壳名词的标准

化频数(每100万词次)比较结果。这15个抽象名词是中外理工科硕士生频繁使用的外壳名词,但使用频率在两组学生之间存在一定差异。中国理工科硕士生更高频使用 method、process、system、results 等11个词,这可能是由于他们的外壳名词储备不够丰富。比如,对于 method 一词,英语本族语学生高频使用了 technique、way、approach 等语义相近的替换词,而这些替换词均未被中国英语学习者高频使用,反映出中国英语学习者词汇量不足的问题。此外,两组学生对 model、methods、properties 三词的使用频率最为接近,本族语学生更高频使用 study 一词。

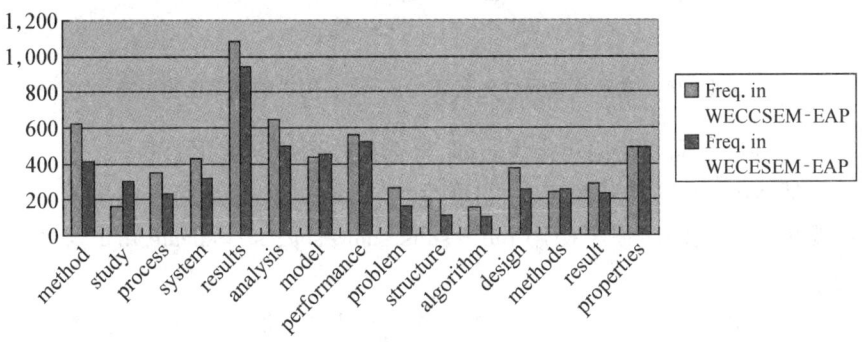

图4-15 WECCSEM-EAP 与 WECESEM-EAP 中"重合"外壳名词的标准化频数

外壳名词词汇-语法构式的频率分布

依据表4-38词汇-语法构式的分类,我们得到15个高频"重合"外壳名词在每类词汇-语法构式中的频率比重分布(见图4-16)。由此图可见,两组学生的15个高频外壳名词词汇-语法构式的使用特点相似。具体而言,两组学生对 N-cl 和 N-be/V-cl 这两种构式的较高频使用表明其为外壳名词在科技类学术语篇中最主要的实现形式。外壳名词的 th-N 构式使用频率仅次于 N-cl 和 N-be/V-cl,而外壳名词在 N-EP、NG-be-N、th-be-N 和 N-C-cl 构式中使用率极低。相比之下,英语本族语者更频繁地使用 th-N,而较少使用 N-C-cl。

进一步分析这15个高频外壳名词在每类词汇-语法构式中的频率分布可以发现,15个外壳名词均普遍用于 N-cl 构式,而且 N-PP 是其主要使用形式。这可能是由于介词短语结构更能将抽象笼统的语义概念变得具体明确。比如,N-PP 构式中的 N-of 结构可被视为外壳名词的"万能结构",几乎所有抽象名词都可通过此构式打包前后文信息,并且 N-of 结构

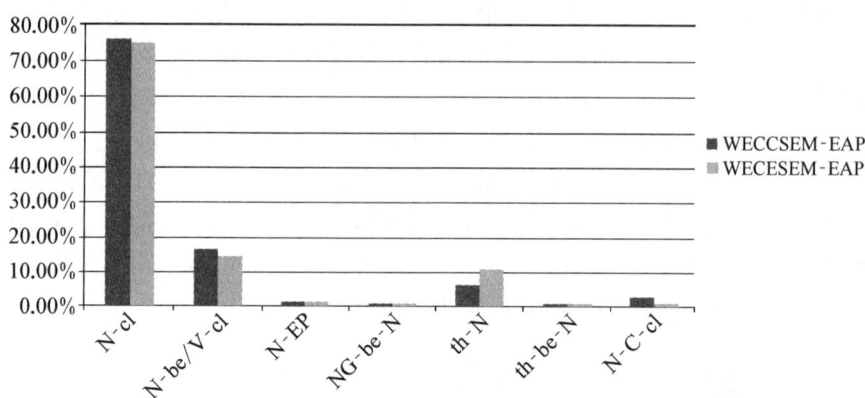

图4-16 本研究高频外壳名词词汇-语法构式的频率比重分布

有助于将形容词或动词转化为名词,符合科技语篇名词化的要求。

就 N-be/V-cl 构式而言,两组学生均将 result 高频运用于此构式。这主要是因为他们习惯于使用 the results show/suggest/indicate that 这类搭配结构。

N-EP 构式为本研究的新增构式。such as、like、including 这类引出后接名词短语以举例说明的固定表达在本研究中被界定为列举性短语。列举性短语在语篇中发挥后指功能,是不可忽视的衔接手段。例如,15个高频外壳名词中的 properties 常出现于此构式。在一篇土木建筑类的学术论文摘要中,properties 与列举性短语 such as 搭配使用,引出 desirable appearance、high hardness、low density 等表示建筑材料性质特征的名词短语。

NG-be-N 是另一新增构式。虽然15个高频外壳名词在这一构式中的使用频率极低,但部分抽象名词确实通过这一构式发挥"概念外壳"功能。例如,WECESEM-EAP 中 factors 常出现于该构式,用来概括前文线性呈现的各类"因素"。

英语本族语者较频繁地使用 th-N 构式,而中国理工科硕士生对该构式的使用频率相对较低。这在一定程度上反映了中国理工科硕士生缺乏使用该外壳名词构式的意识。

中国英语学习者在 N-C-cl 构式中运用 results 的频率大大高于英语本族语者。导致这一显著差异的主要原因在于中国理工科硕士生习惯于使用 the results are as follows 句式。中国高校在大学英语教学中常将语法衔接手段的熟练使用程度作为英语写作质量的重要评判标准之一(宋美华、夏纬荣 2002),因而中国理工科硕士生对"The results are as follows."句式的高频使用可能是教师对此类"一劳永逸"的衔接短语过度教学的结果。

2. 外壳名词的功能性分析

语义功能

外壳名词的语义"概括性"便于对外壳名词进行语义范畴划分。Schmid(2000:4)依据语义内涵将外壳名词分为"事实型(factual)、语言型(linguistic)、心理型(mental)、情态型(modal)、事件型(eventive)和环境型(circumstantial)"。客观表达事实的外壳名词为事实型,与书面或口头语言相关的为语言型,表达信念、观点、期望、思维过程等心理活动的为心理型,表达可能、能够、需要等情态的为情态型,涉及动作发生、位置转移、状态变化等语义内涵的为事件型,与位置、地点、环境等相关的为环境型。

图4-17显示,两个语料库中排名前30的高频外壳名词在不同语义范畴内的比重分布趋势大致相近。这表明中国理工科硕士生选择外壳名词语义的倾向性已经接近英语本族语者。然而,中国理工科硕士生在词汇语义选择的多样性方面稍显欠缺。英语本族语者使用的30个高频外壳名词覆盖六类语义范畴,而中国理工科硕士生使用的高频外壳名词仅仅涉及四类语义范畴。

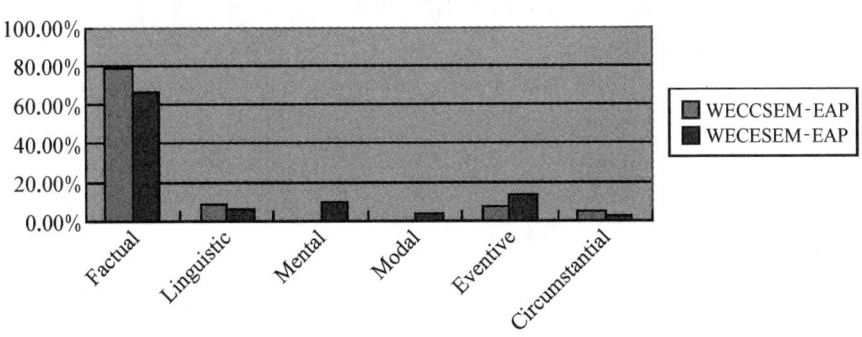

图4-17 WECCSEM-EAP 与 WECESEM-EAP 中排名
前30的高频外壳名词语义范畴比重分布

两个学生群体均倾向于使用事实型外壳名词,这与科技语篇的语域特征有关。理工科学生的实验操作、模型设计需要摆出大量事实证据以表明实验过程的科学性和结果的可靠性。两个群体对情态型、环境型外壳名词的低频使用也可归因于科技类学术语篇体裁和语域的特征限制，自然科学类语篇无须如人文社科类语篇一般大量引用权威文献或名言警句。再者，学术论文摘要文体的简洁性与概括性也要求作者摒弃细枝末节，因而情态型、环境型及语言型等细节相关名词不宜使用过多。此外，中国学生对心理型外壳名词的相对低频使用表明其在写作过程中对人的思维过程和心理活动关注不够。

衔接功能

Schmid(2000)认为，外壳名词作为一种开放性和功能性词类，对语篇和交际中复杂命题信息的解读起关键作用。外壳名词主要发挥"语义再现(semantic characterization)、临时概念构建(temporary concept formation)及衔接功能(linking)"(Schmid 2000：14)。在Schmid(2000)看来，外壳名词的语篇衔接功能通过回指功能实现。而本研究发现，外壳名词的回指和后指功能均起到语篇衔接作用。以下摘取两个语料库中的例句进行具体说明。例句 a—d 为外壳名词在小句内实现衔接功能的结构。

(1) N-cl 结构(N-PP(N-of))

a. Compared with the method of using one hash for each data object, the crossed integrity check method incarnates as compression. (WECCSEM – EAP)

(2) N-be/V-cl 结构(N-be/V-to/doing)

b. The second objective is to investigate and develop image quality enhancement techniques ... (WECESEM – EAP)

(3) N-EP 结构

c. ... coal tar, as a byproduct of coking, has excellent properties like aging resistance ... (WECCSEM – EAP)

(4) NG-be-N 结构

d. Business density, population and transit stops were also significant factors in many models ... (WECESEM – EAP)

以上例句中，除 NG-be-N 构式中的"factors"之外，其余结构中的外壳名词均发挥引出下文的后指功能。N-of、N-be/V-to、N-EP 这三种构式中的外壳名词皆作为一种引入新信息的语篇衔接机制。比如，例句 a 中的"method"与介词"of"搭配连用，预示后文阐述的是与"方法"有关的内容，建立起概念"外壳"与"内含"之间的语义联系，实现小句内的后指衔接。

NG-be-N 构式是唯一实现句内回指功能的结构。例句 d 中的"factors"出现在"business density, population and transit stops"等名词短语

之后,是对这些名词短语内涵的语义抽象和概括。这一构式中的外壳名词通过回指句内短语实现句内衔接。

例句 e—f 为外壳名词跨小句实现衔接功能的结构。

(5) th-N 结构

e. What's more, bulk composites with nanostructures made from fine powders can lower the cost. However, the key problem of this approach is to synthesize nano PbTe powders. (WECCSEM – EAP)

(6) th-be-N 结构

f. Each SVM is constructed by using a training algorithm that requires example vibration data from both classes. This is a problem for real-world applications ... (WECESEM – EAP)

(7) N-C-cl 结构

g. The main results are as follows: firstly, the relation of TiAIN film optical characterization to deposition parameters has been discussed ... (WECCSEM – EAP)

Schmid(2000)认为,th-结构是外壳名词实现语篇衔接功能的主导构式,因为这一结构中的外壳名词能够充当"回溯标签"实时指向前面小句的部分或全部信息。this、that、these、those 这类指示词起到强调前指的作用。使用这类外壳名词构式在很大程度上能够避免前文词语或语句的重复,又使小句之间的逻辑关系更为紧密,如例句 e 和 f 所示。例句 e 中的"this approach"为部分回指,"approach"指代的内容为前一小句中的部分信息,即"bulk composites ... from fine powders"。而例句 f 中的"this is a problem"为全部回指,"problem"所指代的内容为前一小句的完整信息。

N-C-cl 构式为跨小句结构中唯一通过后指功能实现语篇衔接的结构。比如在例句 g 中,这一构式中表示抽象概念的外壳名词"results"的语境意义通过后接具体小句"firstly,..."等来呈现。

评价功能

外壳名词的评价功能主要表现为作为立场标记语揭示作者组织文本和传递信息的方式。对外壳名词、词汇-语法构式的选择及其打包信息的选择反映出作者的情感、态度、思维过程以及对事物的感知。龙满英、许家金(2010)将议论文中的立场标记分为四类:知识性(epistemic)、义务性(deontic)、态度性(attitudinal)和文本性(textual)。知识性立场标记用来标记"作者对命题的确定程度、言据性及事实的相关性等",如 fact、 evidence、case 等;义务性立场标记用来标记"作者认定的某事的必要性/义务性,允许/执行的可能性/能力、因果等",如 necessity、influence、result 等;态度性立场标记用来标记"作者的评价、个人感受和情感等",如 preference、importance、problem 等;文本立场标记用来标记"作者组织篇章结构,使话语连贯,从而促进对观点的论述"(龙满英、许家金 2010:22)。鉴于所有外壳名词皆具文本性特征,在此对文本性类别不予讨论。我们依据前三种类别对两个语料库中高频外壳名词作为立场标记的比重分布进行统计(见图4-18)。

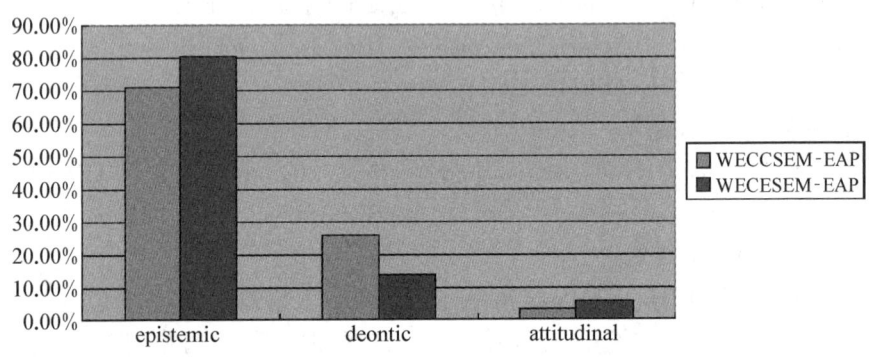

图4-18 WECCSEM-EAP 与 WECESEM-EAP 中高频外壳名词的立场标记功能比重分布

上图显示,中外理工科硕士生均高频使用知识性立场标记,极少使用态度性立场标记。这依然与本研究涉及的文本体裁与语域特征相关。一方面,学术语篇语言风格的中立性要求作者在极大程度上避免使用情感态度类的语言表达。另一方面,考虑到科技语篇的科学性和严谨性,要尽可能多地使用知识性立场标记,以凸显研究过程的客观性和作者对研究结果的确定性。尽管知识性立场标记在两个语料库中都占有很大比重,但相比之下,中国理工科硕士生的知识性立场标记使用频率低于英语本族语学生,这可能是中国理工科硕士生相关词汇能力不足造成的。对于科技类学术语篇中某些词汇的熟悉度和掌握程度不够,加之缺乏灵活运用词汇的能力,会影响作者对于认知立场的准确表达(Ventola 1997)。

中国理工科硕士生使用义务性立场标记的频率高于英语本族语学生,尤其是倾向于使用 effect、influence、result 等因果型(causality)立场标记,这表明中国理工科硕士生在学术英语写作中格外注重因果逻辑关系,擅长将因果类信息线性打包。

五、结论

本研究探讨了理工科硕士学术论文英文摘要中外壳名词的结构性和功能性特征,考察了中外理工科硕士生在英文摘要中使用外壳名词的异同。研究结果表明,科技类学术语篇中的外壳名词选择呈现明显的区别性文体特征和特定的学科属性。中外学生在语域界定词与名词单复数的选择上各有不同倾向。两组学生均高频使用部分外壳名词,且在词汇-语法构式的使用方面表现出相近特点。中国理工科硕士生在语义选择的多样性方面稍显不足。外壳名词的语篇衔接能够通过小句内和跨小句的回指和后指功能实现。在语篇评价功能方面,中外学生对知识性立场标记的高频使用以及对态度性立场标记的低频使用进一步反映了科技类学术语篇独特的体裁与语域特征。中国理工科硕士生对知识性立场标记的相对低频使用以及对义务性立场标记的相对高频使用反映了其相关词汇能力的不足和对因果逻辑关系的重视。

本研究也存在一定局限性。首先,鉴于尚未发现与本研究观察语料库相匹配的英语本族语者语料库,我们采用自建参照语料库的方式进行对比分析,研究结果可能存在一定偏差。其次,在频率分布和功能性分析方面,本研究仅考察了两个语料库中 15 个"重合"外壳名词,考察数量有限,科技类学术语篇中外壳名词使用的结构性、功能性特点的普遍性和典型性仍有待验证。今后的研究将收集更多数据,把视角从语义、语篇领域延伸到语用、认知等领域,多维度、全方位地考察外壳名词的功能特征。

第三节 被动结构

一、概述

在学习英语被动结构(be+V-ed 结构)时,由于汉语和英语在被动语态上存在诸如信息呈现方式、结构与时态特征等方面的区别,以汉语为母语的学习者会很容易受其母语——汉语的负迁移影响而遭遇障碍。因此,针对母语为汉语的学习者在学习英语被动语法时所产生的问题,有必要进行对比研究,以呈现他们使用被动语态的特征。

由于在语义特征与句法特征上的差异,被动语态不仅仅是一个通用英语(EGP)中的常见现象,也是学术英语(EAP)与科技英语(EST)论述中的常见现象。尽管在学术英语与科技英语中都有相应的被动语态研究(如 Jesperson 1993; Huddleson 1984; Quirk et al. 1985; Langacker 1991; Halliday 1994; Hacker 2003; Hyland 2009 等),但鲜有学者结合学术英语与科技英语进行过综合研究。本项目以呈现英语被动形式的频率与分布以及在元功能方面结合学术英语与科技英语范畴中调查研究被动语态的使用情况为目的,基于 Granger 的 be+V-ed 结构分类以及 Halliday 的系统功能语法的理论框架展开,旨在呈现频率信息、分布以及通过与英语被动语态在中国理工科大学生书面英语语料库——学术英语子库(WECCSEM-EAP)与英语本族语理工科学生学术英语语料库中的使用情况相比较得出的以汉语为母语的学生使用被动语态的特点。

二、相关研究综述

被动语态很早就成为语言学家重点关注的对象。不同的语言学派在不同时期对被动语态作出了诸多研究。本部分将从理论和实证两方面对科技与学术文本中的被动语态研究进行回顾。

1. 理论研究回顾

传统主义方法

对于传统的语法研究者来说,主动与被动的关系与结构和意义有密切的关系,解释描述被动语态主要根据它们相应的主动语态。比如,Palmer(1968)认为被动语态由主动语态衍生而来,通过调换主语与宾语的位置并插入系动词"be",过去分词"-ed"以及标志词"by"来实现。然而,该观点不能解释主动语态与衍生的被动语态间语义的区别,并且也不能解释为什么一些主动句不能变为被动句。因此,被动语态由主动语态衍生而来的观点缺乏科学性。

之后的语言学家更多地强调被动结构的形式以及结构特征的描述。他们指出 be+V-ed 的结构不仅仅用于表述被动结构,还可以视为系动词 be 后面的形容词(见图4-19)。

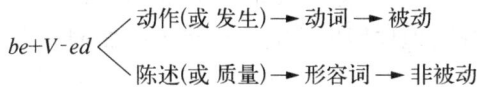

图 4-19 Pence & Emercy 的 be+V-ed 结构二分法

（转引自 Pence & Emercy 1963：304）

根据 Mihailovič(1980)的观点,be+V-ed 可进一步划分为两大类：被动与伪被动。前者指 be+V-ed 族群,该族群与主动动词族群相反,例如："She was killed by Alice."。后者也为 be+V-ed,但该族群不与主动动词族群相反,例如"Tom was drowned."。Granger(1983)指出被动语态是指在语义上与主动动词族群有同等关系的 be+过去分词模式,她将 be+过去分词分为七类。Quirk et al.(1985)对被动语态进行了详细的描述并且区分了三种被动语态,即中心被动语态,例如"This guitar was handmade by grandfather.";半被动语态,例如"I am interested in music.";以及伪被动语态,例如"The building was constructed."但有一些次要的例子没有包含在他的分析中。Givón(1990)分析了被动结构语法化,并提出功能-类型语法理论。该理论指被动结构是一种不及物的语态,即带有及物动词的语态包含不及物的功能。

由此可见,传统语法学家研究被动语态时,主要强调其分类以及特征。他们更多地强调被动形态而非语义,没有提供对形成动机的解释,也没有揭露该结构的本质。

形式主义方法

对于大多数形式主义语言学家而言,结构是他们的主题,他们旨在描述结构特征。然而,他们很少考虑语言结构的本质——语义与语用的意义。结构主义与转换生成语法是形式主义方法的两大流派。

大多数结构语言学者基于句法分析研究被动结构。在他们看来,研究语言应当是描述性的而非规范性的。刚开始,以单纯的结构方法来分析被动结构,对其剖析停留在它与主动结构的关系方面,而没有考虑它的语言与功能(Granger 1983)。转换生成语法的研究由 Chomsky(1957)开始。他的形式方法着眼于语言学元素内的模式,强调语言系统的推论性质,如衍生规律、算法等等。与研究被动语态的结构主义者方法相比,转换生成方法强调被动转换规则,即被动结构由相对应的主动结构衍生而来,有与主动结构同样深远的结构与语义。之后的语言学家根据 Chomsky

的理论进一步发展了转换生成语法（如 Fillmore 1968；Lakoff 1971；Huddleson 1971 等），但他们仍不能超越句子层面的局限而进入语境层面的探讨。

Halliday(2000)将被动语态根据其主语在被动结构中的语义功能进行了分类，提出了两大主要的被动类型，即有效被动语态与中间被动语态。在有效被动语态中，主语位置的参与者承担媒介（见例1）或受益者（见例2）的功能，而另一参与者承担实施者的功能；在中间被动语态中，主语位置的参与者承担范围（见例3）或行为（见例4）的功能，而另一参与者则承担媒介的功能。

例 1：The glass of the window was broken by a naughty boy.
　　　　媒介　　　　　　　　　　　　　　施事者
例 2：My uncle was presented this painting by a famous painter.
　　　受益者　　　　　　　　　　　　　　施事者
例 3：Music concert is conducted by a musician.
　　　范围　　　　　　　　　媒介
例 4：The seat hasn't been taken by anyone.
　　　行为　　　　　　　　　媒介

（引自 Halliday 2000：170）

形式主义方法讨论被动语态时忽略了其功能，更别说对功能进行研究了。

功能方法

与形式主义方法相比，语言被越来越多的语言学家视为一种交流的社会实践。因此，语言的功能得以逐步显现。比如，当处理语态时，Palmer(1968：65)表明"有关被动语态最困难的问题在于当没有指明'行为者'时，可以使用被动语态。"此陈述已经触及了被动语态的功能而非表面上的结构。功能方法设法解决的问题是为什么人们更倾向于使用被动语态而非主动语态，他们致力于对被动语态在语境中而非语句中所表达的意义进行研究。以 Bresnan(1982)为例，他提出被动化的过程包含两种改变：功能改变——施事者从主语变为 by 的宾语，以及形态改变——动词从主动形态变成分词。

在功能方法的框架下，许多研究对被动语态的实际应用都有所探讨（如 Christophersen & Sandved 1969；Leech & Svartvik 1975；Quirk et al. 1985；Halliday 2000 等）。

总而言之,强调不同语言学个体的功能是功能语言学学者们研究的出发点。他们认为表面与深层结构之间存在联系,通过打破主动语态与被动语态之间的转换关系限制,而使语态研究有了巨大发展。

认知方法

认知语言学是研究语言的新方法。它主要研究人类语言、人类大脑以及社会物质经验之间的关系。简而言之,人类在世界的经验和人类审视与使世界概念化的方式是认知语言学的基础。它最初出现在 20 世纪 70 年代(如 Rosch 1978)。对于认知语言学者而言,因为人类能力与认知能力有着密切关系,所以人们不应该把语法视为一种自动的系统。它是可以被刺激的,即语言结构的句法特征是由它们所要表达的语义结构衍生而来的,这反映了人类的认知规律。

作为认知语言学的先驱之一,Ronald Langacker 在认知语言学范畴内给出了最详细全面的语法理论。他认为被动结构并非由主动结构衍生而来,而是由语言使用者观察同一件事情的不同角度衍生而来。为了让被动结构成为主句与从句结构定义的一部分,Langacker(1991)也作出了假设,即用于形成被动句的-ed 词素保留了主动形态的图形/背景结构,将句法背景(直接宾语)转变为被动句的句法图形(主语)。

在认知语言学中,原型与分类理论也占了很大比重。根据该理论,一个或一些中心成员被视为分类原型的核心,外围的成员围绕着核心聚集。Klaiman(1988)提出了基本语态概念:诱发的、开端的、状态的事件观代表主动、中动、被动的基本语态类型。据此,Croft(1993)提出了理想化的事件认知模型(ICM),并将单词划分成三类:诱因类、开端类以及状态类。

综上所述,认知方法是对形式方法的对应,也弥补了后者的一些不足。但它似乎又走到了另一个极端,摒弃了一些其他语言学派的合理思想。

2. 实证研究回顾

国外研究

诸多语言学者研究阐述了被动语态在科学与学术文本中的用途。Svartvik(1966)对科学、新闻、艺术、体育、小说、广告、戏剧等不同类型文本中被动语态的分布频率进行对比研究,得出科学文本中最常采用被动语态的结论。一些语言学家和学者研究了被动语态与其他语法特征之间的关系,比如动词、时态、体态的用法。Swales & Feak(1994)研究得出 done、found、 given、made、shown、used 等词常用于被动结构,并在现在时中被大量使用。其他的研究者认为英语被动结构是最常搭配且最惯用的(如 Hinkel 2004)。

随着语料库语言学的发展,越来越多的学者通过观察在真实语言交流中的被动语态,呈现被动语态的功能。Francis & Kucera(1982)提供了对布朗语料库中不同流派的主动与被动语态预测比重分析,他们发现与虚构的文章相比,被动语态更常用在提供实用信息的文章中。在提供信息的文章类型中,政府文件与各种部门的报告以及学术文本占更大比重。Granger(1983)研究了被动语态在口语语域的归属。她以英语口语语料库(Survey of English Usage,简称 SEU)使用调查为基础,在研究了对话、会话、讨论、独白、评论、演说、喜剧等领域的 32 个文本后,发现被动语态广泛分布在英语口语中,在通俗语体中出现比重较小,而在非通俗语体中比重较大。Hyland(2000)进行了基于语料库的科学文本与学术文本研究,发现大量作者在选择词块时使用被动语态或被动结构来表明立场与客观性。

国内研究

近年来国外研究者对被动语态的研究抱有浓厚的兴趣,无论在深度还是在广度上都开展了丰富的研究。相比之下,我国对被动语态在科学文本与学术文本中的研究起步较晚,且研究者较少,尤其缺乏大规模的量化与功能研究分析。王还(1990)分析了《傲慢与偏见》与《人性的枷锁》中的被动语态频率,发现前者在最初的 40 页中有 115 句被动句,类似地,后者在最初的 40 页中被动句的出现达到 115 次。雷秀云(2000)研究了基于交大科技英语语料库(JDEST)以及 LOB(Lancaster-Oslo/Bergen)语料库的 41 个通用英语语篇和学术英语语篇的句法特征,发现无施事者的被动句在学术英语中的比率为 17.24 个/1,000 词,在通用英语中的比率则为 9.95 个/1,000 词,并进而证明了被动语态是学术英语最明显的文体标志之一。李睿(2005)基于中国学习者英语语料库(CLEC)对母语为汉语的学习者的被动结构使用作了错误分析。许明武(2008)从最具影响力期刊之一的《科学》(Science)中选取了 15 个语篇,根据 Halliday 的功能语法架构分析了被动结构在科技文本中的功能。刘敬伟、冯宗祥(2010)通过两个自建语料库调查了母语为汉语的英语专业研究生与英语母语者的被动语态使用特征区别。

综上所述,传统方法与形式方法的共同点在于两种学派都注重形式而忽略了被动语态的功能。由被动语态的相关评述来看,两种方法间的鸿沟并非不能逾越。由相关文献可知,许多功能语言学者倾向于将他们对语言功能的解释建立在被动结构模式之上。事实上,最好将传统方法、形式方法以及功能方法结合于语言研究中。

为了让本项目研究更为全面,我们引入三种传统的理念,一方面研究被动的形式,另一方面解释它们的功能,以期能够逾越前文所提及的鸿沟。值得一提的是,认知方法强调人类在世界上的经历,与本研究的思想不一致,因而我们没有考虑认知方法。

三、理论基础

本研究旨在综合研究被动语态的形式与功能,所采用的理论基础包括 Grander 的被动结构分类和 Halliday 的系统功能语法。

1. Granger 的被动结构分类

Granger(1983)认为可以通过两条主要标注来对 be+V-ed 结构进行分类——潜在的相对应的主动结构以及 be+V-ed 的状态。她第一次使用相交圆对 be+V-ed 结构进行清晰的解释(Granger 1983:107)(见图 4-20)。

如图所示,有三种明确的类型,也就是被动、动词伪被动以及形容词伪被动,它们占据了所在圆的大部分面积。阴影部分是交叉情况,指混合 be+V-ed 组合、常用被动和外围组合。中心是一种特殊的类型,称为状态组合。下文将对这些分类进行详尽的解释。

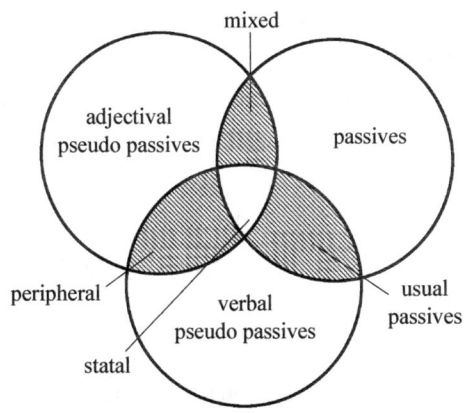

图 4-20 Granger 的 be+V-ed 结构相交圆

三种明确类型

在被动结构中,有三种被清晰定义的类型,也就是被动语态(下文简写为 p.),形容词伪被动语态(下文简写为 pspa.),以及动词伪被动语态(下文简写为 pspv.)。

被动语态是 be+过去分词组合,它们直接由语义相同的主动动词词组替换而来。如果包含显性的施事者,则为带施事者(见例 5 和例 6);如果施事者仅仅是潜在的,则为无施事者(见例 7 和例 8)。

例 5:This house is built by many workers.(带施事者)
   (主动句:Many workers build this house.)

例 6:This room has been booked by a foreigner.(带施事者)
   (主动句:A foreigner has booked this room.)

例 7:The glass was broken.(无施事者)

例 8:New products were introduced into Chinese market.(无施事者)

形容词伪被动语态指由语义同等的主动动词词组与那些起中心形容词作用的 be+过去分词组合。该术语由 Quirk et al.(1985)提出,其所提出的四种特征通常被视为形容词的特点,Granger 借用了该理论以支持她的观点:

a. 定语位置　　　　— the happy girl
b. 表语位置　　　　— the girl looks happy
c. 强调成分 very　　— the girl is very happy
d. 比较级与最高级　— the girl is happier now

需要指出一些问题:第一,后两种特征仅限于等级形容词——即比较级与最高级,因此不适用于所有情况。因而,形容词具有的特性让它们能在 be 动词或其他系动词如 seem 后起到表语的功能。由以上特征来看,可作定语和表语的形容词是中心形容词,这导致了第二个问题的出现。事实上,be 动词之后出现 V-ed 结构的可能性不能作为对形容词的验证,因为 be 动词可作系动词以及被动助词。因此,如果 V-ed 形式出现在 feel、seem、sound、look 等系动词之后而非 be 动词之后,可以考虑其为表语。尽管 V-ed 形式不适用于所有形容词,但它们确实被视为相关的标准,也就是当它们由显性或潜在的 V-ed 形式特征组成时。以下例子可以说明形容词伪被动语态:

例 9:The problem is too complicated to solve.

例 10:The problem is becoming more and more complicated.

例 11：During holidays, the streets are very crowded.

动词伪被动语态在与主动句关系方面与形容词伪被动语态相同，但区别在于 V-ed 形式没有具体的形容词特征。属于该类型的一些 be+V-ed 形式由单纯的习语（见例 12）组成；然而它们大多数是非习语（见例 13）短语，这些短语的动词可以用主动态表达同样的意思但两种结构之间并不存在替换关系，因为语境表明 be+V-ed 形式以一种无施事者的状态使用。

例 12：As far as I'm concerned, to finish the work within such a limited time is impossible.（习语）

例 13：You are supposed to wear uniform in the office.（非习语）

三组交叉情况

混合 be+V-ed 组合可以由同义的主动动词词组替换，但不同于被动语态的是它们显示形容词特性（显性或隐性）。这些形式中的一些是真正的融合，同时显示显性动词特征（施事者存在）与显性形容词特征（形容强调成分存在）（见例 14 和例 15）。

例 14：I was very moved after watching this movie.

例 15：She is not so embarrassed about the situation.

一些其他的形式没有或仅有一个显性动词或形容词特征。值得注意的是，该类别中的施事者通常是准施事者，即除 by 以外的其他介词所引导的施事者（见例 16 和例 17）。

例 16：He was surprised at the news.

例 17：Foreigners are amazed at the price of houses in China.

常用被动有着被动语态的共同特征，但它们的主动形式不常见，有时甚至不存在（见例 18 和例 19）。

例 18：Nowadays, people are faced with many environmental problems.

例 19：The writer's purpose is intended with the unfolding of the story.

外围组合不能作定语但可以在 be 动词以外的其他动词之后作表语，可以解释另一个形容词特征（强调成分/比较级）。一些 be+V-ed 形式非常接近 pspv.：尽管可以分级，但它们通常不使用 very 或比较级，而仅仅伴随一个有词汇标志性的系动词。它们的形容词程度非常受限，因为它们很容易被归类为 pspv.（见例 20 和例 21）。

例 20：Many volunteers are engaged in that activity.

例 21：Environmental condition is closely related with human behavior.

状态组合

状态组合有相应的主动形式,但是是间接的,这点与被动语态不同。换言之,其主动形式带有体的转变。它的确是一个混合的类型,与以上提及的三种类型(p.、pspa.、pspv.)有着密切联系,属于图 4-20 中出现在三个圆圈相交重叠的部分。所有的这些形式都与被动语态有关(连续关系),因此也与主动语态有关(转换关系)(见例 22)。除此之外,一些状态组合与形容词类型有关,另一些没有形容词特征的状态关系也与常用被动语态有关,因为它们与被动语态有明确的连续关系但与主动语态的关系却模糊不清(见例 23 和例 24)。

例 22:Many old buildings have been rebuilt to improve capability.
　　　 Many old buildings have been rebuilt to ...(连续关系)
　　　 Someone rebuilds many old buildings to ...(转换关系)

例 23:I haven't seen my cousin for many years because he's stationed in Russia.

例 24:His research is based on the theoretical framework of Chomsky's transformational-generative grammar.

2. Halliday 的三种元功能

Halliday(1975)认为语言是一种社交与互动的现象,并具有三种元功能,即概念功能、人际功能与文本功能,阐述如下:

(1) 语言为"内容"表达服务:即概念功能,指句子的认知意义。

(2) 语言为建立与维系社会关系服务:即人际功能,指的是"情绪"或"形式"的特性,比如声明、提问与命令之间的区别。

(3) 语言为其自身与所处使用环境的关系服务:即文本功能,让讲述者可以构建连贯的、与环境相关的语篇段落。

(Halliday 1975:17)

简而言之,概念功能是作者对自然或社会经历的呈现方式的痕迹或线索。正如"事物的反映"一般,该功能一方面与内容有关,另一方面与知识和信仰有关。人际功能是社会关系的痕迹与线索,是"对事物起作用的方式"(Halliday 1978:121)。它与表述目的有关,说话者可能会提问、回答、提出要求、发布信息或表达观点。文本功能是作者对相关现实评估的痕迹或者线索。

根据 Halliday(1985)的观点,有许多语言学方法适合显示这三种功能。每种方法都有自己的一套观点：概念层面上有不同的过程与参与者，人际层面上有不同的言语行为，文本层面上有不同种类的语句组织类型。这些选择的一部分与被动语态分析相关。根据 Granger(1983)的观点，被动结构常常被用来突出主要动作参与者，这一目的通过将主要动作参与者放置在句末表达来实现。从第二层面可以提取一个情态主语的概念，也就是传统意义上的"语法主语"。第三层面可以划分成两种结构，即主题结构与信息结构。主题结构包括主题与述位的概念。这里的"主题"指放在第一位的元素。被动语态在组织主题结构与信息结构方面有利于文本一致性。上述概念对被动语态的功能解释有重要作用。

四、研究设计

1. 研究问题

围绕对比中国理工科研究生与他们相对应的英语母语研究生在学术论文摘要写作中使用被动结构的情况，本研究尝试回答以下问题：

（1）根据 Granger 的 be+V-ed 结构分类，中国学习者被动语态的使用特点是什么？

（2）中国学习者与他们所对应的英语母语学习者在被动结构的使用上有何区别？

（3）如何通过三种元功能——概念功能、人际功能与文本功能在语料库中验证被动结构的使用特点？

2. 研究对象

本研究的对象来自两个自建英语语料库的语料：中国理工科大学生书面英语语料库—学术英语子库(WECCSEM－EAP)为观察语料库，英语本族语理工科学生学术英语语料库(WECESEM－EAP)为参照语料库。

3. 研究过程

数据收集

在本研究中，用常用语料库分析软件 AntConc 3.2.4 按如下步骤对数据进行收集和分析。

首先，在两个语料库中进行整体搜索。采用一致的索引工具以搜索包含助动词"be"（am、is、are、was、were、be、been 以及 being）的所有句子。这些句子被视为可能的被动结构。通过使用"Clusters"功能，设置好最小与最大的群范围，点击 AntConc 软件中"Sort by Freq"按钮，可以找出所有语料库中存在的被动模式，并按频率由高到低列出。在该步骤中，同样也会考虑不规则动词的过去分词。值得一提的是，为保证数据有效性，不会考虑出现频数少于 9 次的被动模式。

第二，手动找出 be+V-ed 形式中的真正被动结构。进行此步骤的目的是检测每一条结果的一致性，以排除无关例子，如 is red，以及一些在观察语料库中误用的例子。过去分词有各种各样的语法功能，有些可作为前修饰语，如 a broken window；或作为补语，如"She looked depressed."，这些都不纳入统计之列。

第三，依据 Granger 的 be+V-ed 结构分类，筛选出每一种时态下的 be 动词所构成的不同种类被动语态，如 am、is、are、was、were 等，见图 4 - 21。

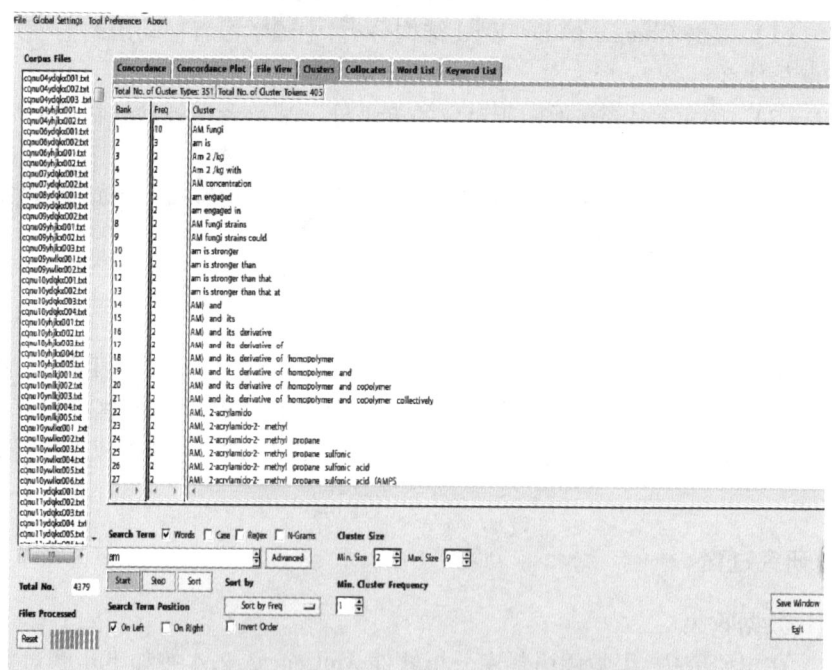

图 4 - 21　AntConc 3.2.4 中 be+V-ed 结构索引窗口

由图 4-21 可知,在收集数据期间,本研究使用"Clusters"功能,词簇大小设置为 2 至 9。该图显示第一人称 be 动词 am 的搜索情况,术语位置设置在左侧。

数据处理

所有数据收集完成后进行整体分析,以得出中国学习者在他们的摘要写作中使用 be+V-ed 结构的特征。通过分析出现 be+V-ed 结构及其成分的频率、百分比以及 Keyness G^2(即对数似然率)进行定量分析,以描述中国学习者与英语本族语者之间的差别。本研究中所采用的 Keyness G^2 的值让读者能判断所观察到的区别是否为偶然出现,也可以了解两个语料库的不同频率是否存在显著意义。这个值可以表明一个词是否被过度使用或较少使用。对数似然率前的加减号指示在与参照语料库相关的观察语料库中相应的过度使用或较少使用。对数似然率的值越大,两者的差异越大,两个语料库中单词的频率差异在统计学意义上也就存在越高的显著性。

五、被动结构的描述性分析

1. 两个语料库中被动结构的使用频率

本部分将从过度使用、极少使用、不使用这几个方面分析中国学习者与英语本族语学习者使用 be+V-ed 结构的整体模式,以得出中国学习者与英语本族语学习者使用被动结构的情况。

表 4-41 显示被动结构在两个语料库中的数量和标准化频率。

表 4-41 WECCSEM-EAP 与 WECESEM-EAP 中被动结构的出现频率

语料库名称	大小	被动结构数量	标准化频率(每一百万词次)
WECCSEM-EAP	2,101,366	22,138	10,535.05
WECESEM-EAP	2,132,031	37,666	17,666.72

由上表可以看出,中国学习者与英语本族语学习者在被动结构的使用上存在相当大的差异。被动结构在 WECCSEM-EAP 中出现的总数为 22,138,标准化频率为 10,535.05;而在 WECESEM-EAP 中出现的总数为 37,666,标准化频率为 17,666.72。这意味着每一百万词次中有 10,535.05 个被动结构出现在 WECCSEM-EAP 中,明显少于出现在 WECESEM-EAP 中的 17,666.72 个。

2. 两个语料库中被动结构的频率分布

整体分布

在七种类型的被动结构中,即被动(p.)、形容词伪被动(pspa.)、动词伪被动(pspv.)、外围组合(peri.)、常用被动(usu.)、混合组合(mix.)以及状态组合(statal.),被动(p.)是最受欢迎的模式,其他六种则不常被中国学习者与英语本族语学生使用(详见图4-22)。

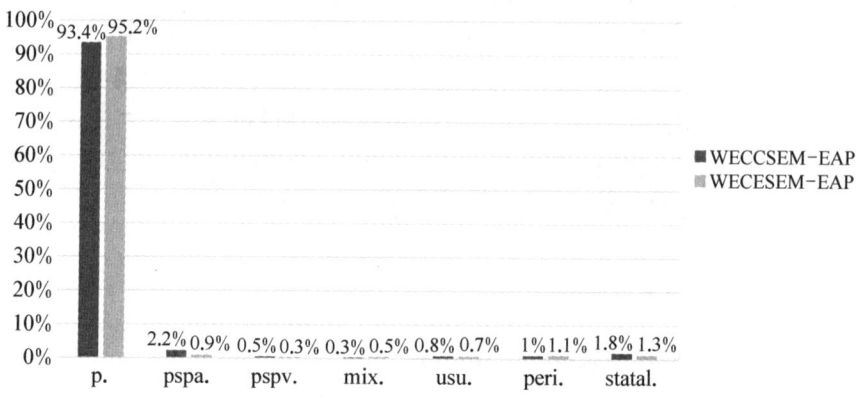

图4-22 WECCSEM-EAP 与 WECESEM-EAP 中被动结构七种类型分布

由上图可见,在 WECCSEM-EAP 中,p. 占据了被动结构的大部分,其百分比高达93.4%。接下来是 pspa.(占2.2%),statal.(占1.8%),peri.(占1%),pspv. 与 mix. 分别占0.5%与0.3%。而在 WECESEM-EAP 中,p. 也占据了 be+V-ed 结构的大部分,其百分比高达95.2%。接下来是 statal.(占1.3%),peri.(占1.1%),pspa.(占0.9%),usu.(占0.7%),mix. 与 pspv. 分别占0.5%与0.3%。表4-42呈现了七种被动结构在 WECCSEM-EAP 与 WECESEM-EAP 中的分布(频率标准化至1,000,000)。

表4-42 WECCSEM-EAP 与 WECESEM-EAP 中七种被动结构的标准化频率及对数似然率

类型	WECCSEM-EAP		WECESEM-EAP		对数似然率	显著性水平
	原始频率	标准化频率	原始频率	标准化频率		
p.	20,692	9,846.93	35,872	16,825.27	3,907.25	0.000*** -
pspa.	505	240.31	331	155.25	39.05	0.000*** +

（续表）

类型	WECCSEM-EAP		WECESEM-EAP		对数似然率	显著性水平
	原始频率	标准化频率	原始频率	标准化频率		
pspv.	60	28.55	90	42.21	5.61	0.018* -
mix.	54	25.70	201	94.28	88.08	0.000*** -
usu.	187	90	251	117.73	8.48	0.004** -
peri.	215	102.31	400	187.61	53.87	0.000*** -
statal.	410	195.11	521	244.37	14.24	0.000*** -
Total	22,138	10,535.05	37,666	17,666.72	3,856.56	0.000*** -

上表显示了不同类型的被动结构分布以及对数似然率显著性水平。pspa. 被中国学习者过度使用，它的对数似然率为 39.05，在 0.01 水平上显著。除了 pspa.，中国学习者很少使用其余六种。可以观察到的是，p. 有一个很高的对数似然率——3,907.25，也是在 0.01 水平上显著。对于 pspv. 而言，对数似然率为 5.61 且在 0.05 水平上显著。usu. 的对数似然率为 8.48，在 0.05 水平上显著。除此之外，mix.、peri. 以及 statal. 的对数似然率分别为 88.08、53.87 以及 14.24（均在 0.01 水平上显著）。

由图 4-22 和表 4-42 可以得知，被动语态占据两大语料库中被动结构的使用主体，而其余六种只占据小部分。因此，下文把分析重点放在被动语态上。

两个语料库中被动语态频率分布对比

本部分将呈现 WECCSEM-EAP 与 WECESEM-EAP 中被动语态使用的具体研究结果，包括每个语料库中使用频率最高的 30 个被动形态频率分布，以及两个语料库重叠之处。除此之外，还将研究时态与体态。

我们从两个语料库中分别选出了 30 个高频的被动语态并按频率由高到低递减的顺序（从左往右，从上往下）在下表中列出。

表 4-43　WECCSEM-EAP 与 WECESEM-EAP 中高频被动语态前 30 个

WECCSEM-EAP	used	studied	obtained	analyzed	proposed
	designed	investigated	found	established	applied
	prepared	carried out	introduced	discussed	based on
	improved	given	determined	synthesized	divided into
	developed	calculated	characterized	considered	made
	conducted	increased	achieved	presented	tested

(续表)

WECESEM -EAP	used observed shown determined measured carried out	found compared applied tested done made	developed presented studied achieved evaluated required	performed designed proposed obtained based on created	conducted investigated considered analyzed implemented discussed

注：粗体部分为两个语料库中重合的高频被动形态。

由上表可见，两个语料库中有 20 个重合的被动形态，一定程度上说明中国学习者有意识地在摘要写作中使用被动语态。Swales(1990)对学术语篇结构的研究中提到语法特征如时态、体态以及被动语态的使用是高度规约的。上述两个语料库中被动语态的使用状况一定程度上反映了先前的研究成果。

表 4-43 显示两大语料库中排名前 30 的高频被动形态，下表显示将它们进行原始频率与标准化频率比较的结果。

表 4-44 WECCSEM-EAP 与 WECESEM-EAP 中前 30 个高频被动语态频率

语料库	原始频率	标准化频率
WECCSEM-EAP	13,830	6,581.43
WECESEM-EAP	23,210	10,886.33

上表显示在 WECCESEM-EAP 与 WECESEM-EAP 中前 30 个高频被动语态在数量上有显著区别。结合表 4-42 可得出结论，中国学习者与英语本族语学习者相比会使用较少的被动语态句，且所用的动词类型也相对较少。由此可以推断，中国学习者对某些被动形态有特别的偏好。

以下将比较 20 个重合被动语态的不同频率，它们包括 used、studied、obtained、analyzed、proposed、designed、investigated、found、applied、carried out、discussed、based on、determined、developed、considered、made、conducted、achieved、presented 和 tested。图 4-23 展示其标准化频率(标准化至 1,000,000)的比较结果。

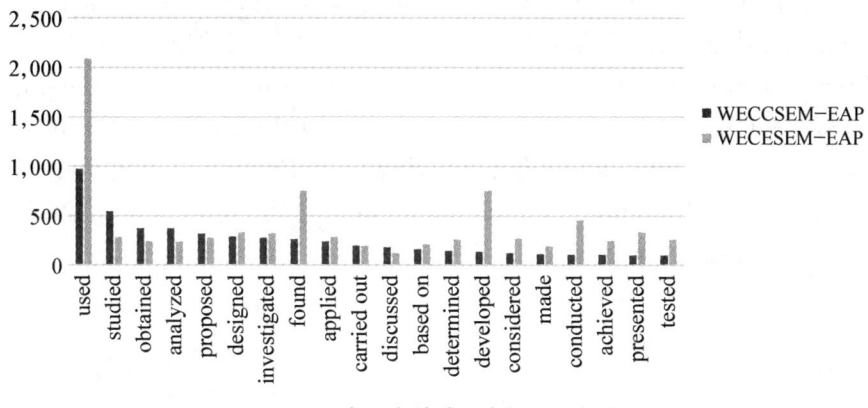

图 4-23　20 个重合被动语态标准化频率分布

上图显示，对 20 个被动语态加以比较可知，英语本族语者频繁使用其中的 14 种（used、designed、investigated、found、applied、based on、determined、developed、considered、made、conducted、achieved、presented 和 tested），而中国学习者频繁使用其中的六种（studied、obtained、analyzed、proposed 和 discussed），两者在 carried out 上的使用频率相当。由此可见，中国学习者在被动语态使用的针对性和丰富性上远不及英语本族语学习者。

有许多研究针对被动语态与其他语法结构特征如动词、时态、体态等的关系。下文将研究两个语料库中被动语态在时态与体态方面的使用情况（详见表 4-45）。

表 4-45　WECCSEM-EAP 与 WECESEM-EAP 中被动语态的时态与体态使用情况

类　型	WECCSEM-EAP		WECESEM-EAP		对数似然率	显著性水平
	原始频率	标准化频率	原始频率	标准化频率		
am+V-ed	2	0.95	4	0.94	0.65	0.420+
is+V-ed	6,165	2,933.81	8,200	3,846.10	260.53	0.000*** -
are+V-ed	3,265	1,553.75	5,252	2,463.38	439.52	0.000*** -
was+V-ed	4,468	2,126.24	8,646	4,055.29	1,294.72	0.000*** -
were+V-ed	3,867	1,837.38	7,444	3,491.51	1,099.62	0.000*** -
be+V-ed	2,655	1,263.46	5,002	2,346.12	697.51	0.000*** -
been+V-ed	1,702	787.46	2,889	1,355.05	293.46	0.000*** -
being+V-ed	20	9.52	231	108.35	205.37	0.000*** -

在两个语料库中,am+V-ed 结构的原始频率和标准化频率都很小,且不存在统计意义上的显著差异,因此不予考虑。其他七种形态(is+V-ed、are+V-ed、was+V-ed、were+V-ed、be+V-ed、been+V-ed 和 being+V-ed)的对数似然率(分别为 260.53、439.52、1,294.72、1,099.62、697.51、293.46 和 205.37)均显示 0.01 水平上的显著性差异,即相对于英语本族语学习者,中国学习者较少使用时态和体态。图 4-24 显示两个语料库中时态与体态的标准化频率分布比较。

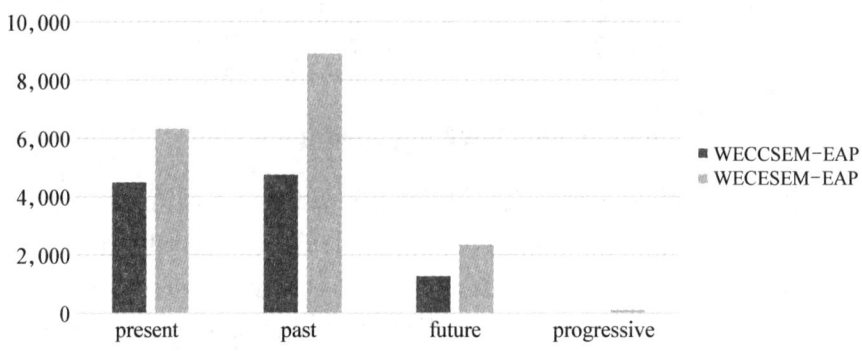

图 4-24 WECCSEM-EAP 与 WECESEM-EAP 中被动语态的时态与体态标准化频率比较

由上图可以看出,与英语本族语学习者相比,中国学习者较少使用四种被动语态的时态和体态,但其使用趋势相同,即最多使用过去时态,其次为现在时态和将来时态,进行体用得最少。

其他六种被动结构的使用情况

本部分将呈现其他六种结构(包括 pspa.,pspv.,三种交叉情况,以及 statal.)的使用情况。

表 4-46 显示两个语料库中形容词伪被动(pspa.)和动词伪被动(pspv.)的出现情况。

表 4-46 WECCSEM-EAP 与 WECESEM-EAP 中形容词伪被动和动词伪被动的使用情况

类型	WECCSEM-EAP		WECESEM-EAP		对数似然率	显著性水平
	原始频率	标准化频率	原始频率	标准化频率		
pspa.	505	240.30	331	155.24	39.05	0.000*** +
pspv.	60	28.55	90	42.21	5.61	0.018* −

上表显示,相对于英语本族语学习者,中国学习者较多使用形容词伪被动(在 0.01 水平上显著),较少使用动词伪被动(在 0.05 水平上显著)。

表 4-47 显示两个语料库中三种交叉形式(混合 be+V-ed 结构,常用被动和外围组合)的出现情况。

表 4-47　WECCSEM-EAP 与 WECESEM-EAP 中三种交叉形式的使用情况

类型	WECCSEM-EAP		WECESEM-EAP		对数似然率	显著性水平
	原始频率	标准化频率	原始频率	标准化频率		
mix	54	25.70	201	94.28	88.08	0.000*** -
usu.	187	90	251	117.73	8.48	0.004** -
peri.	215	102.31	400	187.61	53.87	0.000*** -

从上表可以看出中国学习者在常用被动(usu.)、外围组合(peri.)和混合 be+V-ed 结构(mix.)的使用上均少于英语本族语学习者(在 0.01 水平上显著)。

状态组合(statal.)是一种特殊的被动结构。Granger(1983)指出所有的状态组合都是静态的,表明动作所产生的结果。表 4-48 显示,中国学习者对状态组合的使用率要小于英语本族语学习者(在 0.01 水平上显著)。

表 4-48　WECCSEM-EAP 与 WECESEM-EAP 中状态组合的使用情况

类型	WECCSEM-EAP		WECESEM-EAP		对数似然率	显著性水平
	原始频率	标准化频率	原始频率	标准化频率		
statal.	410	195.11	521	244.37	14.24	0.000*** -

六、被动结构的功能性分析

1. 概念功能

正如 Halliday(1978)所定义的那样,概念功能代表自然世界中语言使用者的经历,主要通过及物体系来实现。及物性语法系统将世界解释成可管理的一系列过程,由三个部分组成:过程本身、过程的参与者、与过程相关的环境。展示概念功能的语态系统可以分为中性的或有效的。若句子有效,则参与者成为主语,这时就会有主动语态和被动语态之分。与主动语态相比,被动语态从改变了的新的角度反映一个经历。接下来本研究将从两个方面解释被动语态用于正式语域的原因。

目标前置

被动语态可以通过 NP_2+be+V-ed($by+NP_1$)的模式表达,即动作接收者(目标)的行为放在主语位置,而动作执行者(施事者)则放在句末。在被动语态中,将目标放在主语位置用以表明说话者或作者谈论的是动作接收者而非施事者,这样动作与动作的结果得以强调。在学术写作中,常常强调的并非是谁在做某事,而是谁在接收或经历这个动作,以及过程与结果如何。因此在学术写作中被动语态非常实用,因为作者可以通过把最重要的参与者或事件放在句首进行强调。主语位置目标所表达的主题提供了一个新的角度来陈述作者的经历。以下来自 WECCSEM – EAP 的例子可供思考。

> Four kinds of typical insulation defect models **are constructed**, and the four kinds of typical insulation defect model of partial discharge source waveform **are analyzed**. And according to the electromagnetic wave propagation theory and the finite difference time domain method, on the basis of the existing local power waveform, the unimodal partial discharge pulse waveform and bimodal partial discharge pulse waveform **are put forward**. The propagation characteristics **are comparative analysised** (are comparatively analysised) to explore the difference in the propagation process of GIS between the different partial discharge power waveform.
>
> (选自光电信息专业)

在上述段落中存在四个被动短语,它们的功能相同:从目标的角度阐述话题,并以平行句形式呈现。该段落讨论的是"典型绝缘缺陷模型"(typical insulation defect models)。至于谁**构建**了这个框架,谁**分析**了双峰部分放点脉冲波形,以及谁**比较分析**了传播特点,并没有必要知道。但如果该段落以主动语态来构建,那么陈述整个事件的方式可能与全文的目的相去甚远。

施事者后置和省略

被动语态常将施事者放在句末或直接省略。因而,无施事者的被动语态非常普遍。省略的施事者可能是因为未提及或没有必要提及,或者可从上下文语言学层面或环境层面获知。根据是否阐明省略施事者的指示物,Granger(1983)将所有情况分为三类:已说明、未说明以及普通情况。这里本研究将语料库中的被动语态分为两类：已说明类型与未说明类型，因为普通情况可归入未说明类型。

当施事者的指示物从语言或环境的上下文中移除后，它就属于已说明类型。作者指明"某人"在做某事，但它隐含在语境中（如下面两例）。

  At present, the reportion of Toll pathway is mainly involved in the innate immune in the early embryo and adult stage, but its function in the innate immunity of the pupal stage, or diapause **has not been reported**.

（选自生命科学专业）

  SPXY algorithm combinates an important indicator which **is selected** from physical and chemical indicators determining the classification value and spectral data to divide sets.

（选自光电信息专业）

在上述句子中，被动语态指明有人在执行该动作但并未明确指出是谁，因为信息已隐含在语境之中。

诸如施事者未知或者没有必要提及施事者的其他情况属于未说明的类型。通常，甚至说话人或作者自己都不知道施事者的身份。这种情况下最好的解决办法就是从语境中将其省略，否则会造成冗余。这尤其体现在学术写作和新闻报道中。以下为一些实例：

  If Đ has one of these properties for G = Aut(Đ), the prefix Aut(Đ) is often omitted and Đ **is said to** be vertex transitive, vertex primitiveï¼OEedge transiriveï¼OEor symmetric, respectively.

（选自数学专业）

  The ZT value **is estimated to** be reached 0.2. Consequently, the SrTiO films have high application potential as thermoelectric material at room temperature and low temperatures.

（选自物理专业）

  Grid, a new Internet technology, now **has been called** the third Internet.

（选自地理专业）

在上述句子中，当施事者未知或者没必要提及时，使用了被动短语 is said to、is estimated to 和 has been called，这属于未说明类型。

有施事者的被动句通常被用来达到出乎意料或者强调的效果（特别是在新闻中），或者用来帮助在句子结构方面构建一致性。前者包括被动

语态的语用学功能,而后者反映了文本功能。以下例子可作参考:

> Secondly, to enhance the phase change material thermal conductivity, the paraffin wax graphite and paraffin waxï multi wall carbon nano tube (MWCNT) composite materials **were prepared by** using an ultrasonic homogenizer and **characterized by** scanning electron microscope (SEM) ï¼OEX-ray diffraction CARD and differential scanning calorimetry (DSC).
>
> (选自能源动力专业)

由以上例子可知,were prepared by 与 characterized by 都是有施事者的被动语态中的用语,该句型的使用可以达到强调的目的。

2. 人际功能

语言是一种社交互动的现象(Halliday 1975),因此功能理论将语言视为社会符号(Halliday 1978),一种人们可以通过在语境中表达意思来达到目的的资源。简而言之,语言是一种用于交流的社交行为。这就是抽象意义上的人际功能,即"用于建立社会关系和个人态度或者将语言用作一种'动作方式'的功能"(Halliday 1978:121)。被动语态作为英语中的重要结构,在它的语用用途上发挥这种功能。它能在说话者与听话者之间建立一种理想的关系,或是起到以被动行为句描述做某事的功能。除此之外,被动语态可以透露某种态度。值得一提的是,因为当前研究所用的材料是理工科学生学术写作的内容,所以可能没有合适的例子相匹配,以下为这些被动语态实际使用上的解释。

在下例中,作者把要"be produced"的事情放在主语位置,所以读者的注意力就直接集中在了步骤上,而非谁执行这个动作的不重要信息上,因此更显示出文章的客观性。

> In the waste rocks, **the acidity can be produced** by sulphide oxidation the main sulphide minerals present in the waste rocks are pyrrhotite, pentlandite, pyrite, and chalcopyrite. The neutralization potential of the waste rocks is mainly provided by silicates and by calcite that is present in traces in the olivine-pyroxenite from mine 3. Only one waste rock type generates nickel in its drainage water: the peridotite from the Kikialik mine with an average of 0.280 mg/kg waste rock/year, and with corresponding concentrations below the Directive 019. This contamination could be produced by the dissolution of an alteration crust present on the surfaces of this rock type not present in significant quantity for the other rock types and by the oxidation of

nickel sulphides pentlandite and of pyrrhotite that can contain nickel as impurity.

（选自地理专业）

然而，与某种心理动词相关的被动语态通常表达某种态度而非客观性。在科技类文本中，经常使用 is believed 或者 is considered to be 之类的被动语态，来表明公众观点，而非作者的个人观点（如下面两例）。

However, the diffusible hydrogen content was greatest for the 100XF alloy and lowest for the X52 alloy, which **is believed** to be related to the relatively high amount of grain boundary area and high dislocation density of the 100XF alloy.

（选自生命科学专业）

Feeding **is considered** to be more powerful than starvation. Such phenomenon may be in accordance with its strong endurance against starvation.

（选自动物科学专业）

就上述两个例子而言，心理动词 believe 和 consider 用于现在时态的被动语态，表明接下来的陈述是他人的观点。但究竟是谁的观点呢？作者为了避免纷争没有透露。

3. 文本功能

如果被动语态被视为考虑到频率信息的某种语体标志，是一种对其在现实中所起作用的自然而整体的陈述，那么为何选择被动语态而非主动语态这一问题就可以通过它在语境中所实现的功能来解释。Halliday（1985）认为将观点放在主语位置是从另一个不同的角度审视与描述经历，使概念功能得到最优化的实现，最后在说话者与听者之间建立起某种联系，实现人际功能。而选择被动语态更重要的原因在于它的文本功能，它将概念功能与人际功能组织起来，一方面让发言人能够根据环境组织文本，另一方面能够让文本连贯而避免成为"失序的句子组合"（Halliday 1970：46）。作为上文所提及的文体标志，被动语态在文本功能方面可以达到三种效果：（1）突出主题；（2）强调重点；（3）保持无标记的新旧信息顺序。

突出主题

Givón（1990）指出，在主动结构中，施事者比受事者更具话题性。但在科技类文本中，需要强调的是受事者，因此常常使用被动语态将其结构加以转换。详见下面来自 WECCSEM－EAP 的例子。

① Miedema's plot is used to select the Cu/metal barrier for Cu metallization. The Cu/metal barrier system selected should have positive heat of formation (H f) so that there is no intermixing between the two layers. In this case, ② Ru is chosen as a potential candidate, and then the barrier properties of sputtered Cu/Ru thin films on thermally grown SiO_2 substrates are investigated. ③ The Cu/Ru/SiO_2 samples are analyzed prior to and after vacuum annealing at various temperatures of 400, 500, and 600 and at different interval of times of 0.5, 1 and 2 hrs for each temperature. ④ No new phase formation is observed in any of the Cu/Ru/SiO_2 samples. The XRD data indicate no new phase formation in any of the annealed Cu/Ru/SiO_2 samples and confirmed excellent thermal stability of Cu on Ru layer. The electrical resistivity measurement indicated that the electrical resistivity value of the copper thin films annealed at 400, 500, and 600 is essentially constant and the copper films are thermally stable on Ru, no reaction occurs between copper films and Ru the layer. ⑤ Cu/Ru/SiO_2 multilayered thin film samples have been shown to possess good mechanical strength and adhesion between the Cu and Ru layers compared to the Cu/SiO_2 thin film samples. ⑥ The strength evaluation is carried out under static loading conditions such as nanoindentation testing. In this study, ⑦ evaluation and comparison is done based on the dynamic deformation behavior of Cu/Ru/SiO_2 and Cu/SiO_2 samples under scratch loading condition as a measure of tribological properties. Finally, ⑧ the deformation behavior under static and dynamic loading conditions is understood using the scanning electron microscope (SEM) and the focused ion-beam imaging microscope (FIB) for topographical and cross-sectional imaging respectively.

（选自化学专业）

上例语篇中呈现出大比例的被动语态使用。以下为将其中一些句子改写为主动语态的情况。

① We use Miedema's plot to select the Cu/metal barrier for Cu metallization.

② In this case we choose Ru as a potential candidate, and then we investigate the barrier properties of sputtered Cu/Ru thin films on thermally grown SiO_2 substrates.

③ I analyze the Cu/Ru/SiO_2 samples prior to and after vacuum annealing at various temperatures of 400, 500, and 600 and at different interval of times of 0.5, 1 and 2 hrs for each temperature.

句子①与句子③都包括一个被动结构,而句子②则有两个被动结构。在句子①和③中,无施事者名词短语(Miedema's plot 与 Cu/Ru/SiO2)分别作主语,因此将 the existence of the Miedema's plot 与 Cu/Ru/SiO$_2$ samples for use and analysis 作为先决条件。类似地,句子②中的无施事者名词短语 Ru 和 the barrier properties of sputtered Cu/Ru thin films 在从句中分别作为相应的主题。因此,它们构成了前提假设"We can choose Ru as a potential candidate, and investigate the barrier properties of sputtered Cu/Ru thin films on thermally grown SiO$_2$ substrates"。

而在句子①和③中,"We use something to select the Cu/metal barrier for Cu metallization"与"I analyze something prior to and after vacuum annealing"可视为背景信息。两个 something 分别指代的 Miedema's plot 与 the Cu/Ru/SiO2 samples 在该语境中所要表达的信息似乎很少,或者说交际能动性程度非常低。因此,读者可能会感到非常无聊,并且这个语篇会显得冗长。类似地,在句子②中,若将 Ru and the barrier properties of sputtered Cu/Ru thin films on thermally grown SiO$_2$ substrates 作为主题,也会与语篇主题不符。

相较之下,句子①、②、③中的被动语态使用会使它们相应的主动语态中不重要的第一人称代词模糊化,并将重点讨论的部分放在突出主题的位置。这样一来,主语部分或者被说明解释的话题就会呈现出来。

强调重点

如上文所提,大多数的被动结构都是无施事者的。通常会强调过程和环境,这也符合在科技类语篇中讲话人想要听话人注意研究执行的过程而非其执行人这一事实。在这样的情况下,被动语态非常有用。详见下面来自 WECCSEM - EAP 的例子。

> While the vulnerability of sea otters to acute oil exposure **has been demonstrated**, chronic hydrocarbon exposure through dietary processes **is not well understood**. We measured hydrocarbon alkane, hopane and sterane biomarker, and polycyclic aromatic (concentrations in sediments, prey items, and live-captured sea otters using high resolution gas chromatography/high resolution mass spectrometry HRGC/HRMS). Background signatures **were characterized** for remote sediment sites, with polycyclic aromatic hydrocarbon PAH patterns revealing the predominance of petrogenic sources.
>
> (选自能源动力专业)
>
> After calibrating the parameters of the above mentioned PT model for each scenario, a series of multivariate analysis of variance (MANOVA) tests **were**

conducted to examine the validity of the assumption that differences in the calibrated parameters **are caused** by the external variables i. e. , work zone characteristics rather than inter-driver heterogeneity. It also showed that drivers attain higher speeds at long stretches of work zones and in low-level activity work zones. The test results showed that different parameters are sensitive to different work zone characteristics.

(选自能源动力专业)

在第一个例子中,三个出现在主句与从句中的被动结构都是无施事者的被动句。动词短语 has been demonstrated 和 is not well understood 放在句末,因此得到强调。从上下文可以看出,重点的选择并非是随机的,而是与信息流相一致。在信息流中,以下句子都围绕着"Why chronic hydrocarbon exposure through dietary processes is not well understood?"以及"How chronic hydrocarbon exposure through dietary processes should be understood now?"的中心来解释。如果该从句变为相应的主动态,"…people do not well understand the chronic hydrocarbon exposure through dietary processes",读者会很难理解这个段落。

在第二个例子中,两种被动结构都在从句之中。其中,were conducted 与第一个例子相似,无施事者。另一个则是带施事者的被动句,其施事者(the external variables i. e. , work zone characteristics rather than inter-driver heterogeneity)在句尾被强调。此处使用被动语态也实现了句尾焦点的功能,因为施事者相比受事者(differences in the calibrated parameters)而言更长且更复杂。如果该从句变为主动态,整个结构会失去平衡。

保持无标记的新旧信息顺序

尽管新旧信息的顺序是不确定的,有时旧的信息先于新的信息,有时却相反,但受话者常常保持一种无标记的信息顺序——先旧后新,因为它阐释了人们常见的认知模型,且可以实现句尾焦点与句尾重点的效果。该顺序在科技类语篇中特别常见,因为科学与学术英语的主要功能就是传播科学与学术知识与信息,而非实现特殊美学效果和欣赏效果(方梦之1998)。由于主动结构不易实现先旧后新的顺序,使用被动结构可以重新组织信息结构,还原无标记的信息顺序。表4-49详细分析了下述典型案例的信息结构。

① In our study we have taken into consideration a Dual Gate-ZRAM (DGZRAM) as it helps reduce drain-induced barrier lowering and hence leakage, while having better control of the charge in the substrate. ② TCAD simulations **have been**

performed using SILVACO ATLAS 2D device simulator for a Zero-Capacitor Random Access Memory (ZRAM), a new generation memory cell which is **being researched** as an alternative for DRAM memory cells in order to get rid of the bulky storage capacitor. ③ The states **are written** into the device using impact ionization to generate a large number of holes in the substrate, which alter the threshold voltage of the device. ④ The effect of the gate oxide thickness and substrate body thickness **are being taken into consideration** to increase the change in the threshold voltage and thereby the noise margin. ⑤ A DGZRAM structure with a Quantum well introduced into the substrate via a SiGe layer **was also simulated**. ⑥ The quantum well introduces a hole storage pocket in the substrate. ⑦ Comparisons in terms of noise margin **have been made** for both the devices, which show that the structure with the quantum well in the substrate performs better than the bulk structure.

表 4-49　被动结构中典型案例的信息结构分析

句子	已知信息	未知信息
①		In our study we have taken into consideration a Dual Gate-ZRAM (DGZRAM) as it helps reduce drain-induced barrier lowering and hence leakage, while having better control of the charge in the substrate.
②	TCAD simulations	have been performed using SILVACO ATLAS 2D device simulator for a Zero-Capacitor Random Access Memory (ZRAM), a new generation memory cell which is being researched as an alternative for DRAM memory cells in order to get rid of the bulky storage capacitor.
③	The states	are written into the device using impact ionization to generate a large number of holes in the substrate, which alter the threshold voltage of the device.
④	The effect of the gate oxide thickness and substrate body thickness	are being taken into consideration to increase the change in the threshold voltage and thereby the noise margin.
⑤	A DGZRAM structure	was also simulated
⑥	The quantum	well introduces a hole storage pocket in the substrate.
⑦	Comparisons	have been made for both the devices

Halliday(2000:296)指出,每一个信息单元"由强制性的新元素加上一个可选择的已知元素组成,因为语篇必须从某处开始"。因此,上例中第一句只包括了新的信息,因为它是"语篇开始单元"。句子②中的 TCAD simulations 由句子①中的信息衍生而出,而句子③中的已知信息 The states 由句子②中的新信息 have been performed using...which is being researched as 衍生而出,之后的句子以此类推。

七、结论

本研究利用中国理工科大学生书面英语语料库—学术英语子库(WECCSEM-EAP)和英语本族语理工科学生学术英语语料库(WECESEM-EAP)中的语料,调查了上述两种学生被动结构的使用情况。研究结果显示,与英语本族语学习者相比,中国学习者使用被动结构的频率相对较少。在七种被动结构(即被动、形容词伪被动、动词伪被动、外围组合、常用被动类型、混合组合与状态组合)中,被动是最受双方青睐的,且为中国学生最常使用的模式,占了被动结构的93.4%,而其他六种类型较少被使用。此外,中国学习者在被动、形容词伪被动、外围组合与混合组合以及状态组合的使用上与英语本族语学习者有显著不同。即中国学习者除相对过度使用形容词伪被动语态之外,对这些模式都很少使用。在时态的使用上,中国学习者更倾向于用现在时态。本研究通过三大元功能——概念功能、人际功能以及文本功能进一步验证被动语态特征。结果表明被动语态是实现沟通目的、可以用作文本与语用的工具,且选择合适的语态与文体、主题有着密切关系。当作者想要特别强调动作或结果而不是施事者时,有必要采用被动语态重组信息结构。同时,从已知信息到未知信息的变化让主题处理流程更加顺畅。

基于上述研究结果,我们建议,在被动语态的课堂教学上,教师应当首先注意到学生可能犯的错误类型,可以通过分析 WECCSEM-EAP 之类的学习者语料库中错误使用的例子让学生有直观的认识,并对学生在学习过程中可能遇到的难点进行预设并重点讲解。其次,在教学中将被动语态的语用与语篇功能作为重点,帮助学生在实际应用中按照地道的语言规则灵活使用。

第四节 语义韵

一、概述

　　语义韵(semantic prosody)不仅可以揭示词项结伴行为的语义特征,而且可以揭示人们凭借搭配方式表达态度、评价事件等语用功能特征,因而在语料库语言学中起重要作用。Stubbs(1996)将语义韵分为积极、消极和中性三类。积极语义韵指关键词吸引的几乎都是具有积极语义特点的词项,由此形成一种积极语义氛围。消极语义韵指关键词吸引的词项几乎都是具有强烈或鲜明的消极语义特点,它们使整个语境呈现一种浓厚的消极语义氛围。中性语义韵指关键词既吸引一些消极涵义的词项,又吸引一些积极涵义或中性涵义的词项,由此形成一种错综杂合的语义气氛。

　　理工科大学生在我国高校中数量众多,但由于缺乏学习兴趣和方法,他们英语水平相对于文科学生较低,并且在英语写作中不能准确掌握动词语用特征。动词在中国理工科大学生写作中占了很大的比例,但是他们很难准确地使用动词,有时仅仅记得动词的简单搭配但却忽视动词准确的语义韵,因而在写作中有很多错误的表达。如能帮助他们掌握动词的语义韵,可以有效减少写作中的错误。

　　因此,本研究基于中国理工科大学生书面英语语料库—学术英语子库(WECCSEM - EAP)以及参照语料库英语本族语理工科学生学术英语语料库(WECESEM - EAP)开展,探索中国理工科大学生在学术英语中关键动词不同形式的语义韵使用现状以及与英语本族语学习者相比,他们在上述使用中有何相似和不同。

二、文献综述

1. 国外对语义韵的研究

　　韵律(prosody)最初由 Firth(1957)提出,用来概括语音研究中切分成分在语流中具有超切分特征这一具体音韵现象。语义韵这个术语真正广为人知并受到语言学界的广泛关注始于 Louw(1993)。他从修辞角度研究语义韵,调查了人们在日常使用的搭配偏离正常语义韵的情况,发现人们可能会故意破坏正常搭配以创造一种反讽效果,或因为无意识造成的语义韵冲突而暴露说话者的真实意图。国外研究者主要从词汇层面、近义词对比、跨语言的视角等方面来研究语义韵。

  在词汇层面,Sinclair(1991)基于柯林斯-伯明翰大学国际语料库(COBUILD)发现动词短语 break out 呈消极语义韵特征。Sinclair(1996)研究动词 happen 发现其后主要连接 problem、misfortune、failure、suicide、disaster 等词,呈消极语义韵特征。Stubbs(1995)基于 COBUILD 中 40,000 个相关句子发现 cause 呈消极语义韵特征,而 provide 呈中性语义韵特征。Stubbs(2001)对 cost、cause、fan the flame、signs of、underage、teenager(s)进行了定量研究,得出它们都呈消极语义韵特征的结论。Partington(1998)对 commit、peddle/peddler、dealings 和 sit through 进行相关研究,发现它们呈消极语义韵特征。Louw(2000)基于语料库探索对 utterly、bent on、get oneself done、symptomatic of、ending up doing 和 a recipe for 进行相关研究,并总结出所有这些词和短语都倾向于产生消极语义韵。

  在对比近义词方面,Louw(1993)用基于语料库驱动的方法研究 build up 和 build up of 语义韵,发现 build up 呈积极语义韵特征而 build up of 呈消极语义韵特征。Partington(2004)基于学术英语写作语料库(EAP)研究近义词 come out、occur、happen 和 take place 的语义韵。他发现除了 come out,其他词在搭配中有特殊的倾向,且都呈消极语义韵特征。Gong & Wu(2012)根据"帮助"和"帮忙"后面的词语搭配对比分析汉语"帮助"和"帮忙"的语义韵区别,指出"帮助"后面跟的宾语主要呈消极语义韵特征,而"帮忙"后面的宾语主要呈积极语义韵特征。

  在跨语言视角方面,Partington(1998)比较英语词 impressive 和意大利语词 impressionante,发现 impressive 呈积极语义韵特征,而 impressionante 呈消极语义韵特征。Sardinha(2000)对比研究了英语和葡萄牙语中一些相关近义词的语义韵。例如,英语词 commit 和葡萄牙语 cometer 都表达出了消极的语义韵,但是英语词 set in 和它在葡萄牙语中相对应的词没有相同的语义韵。基于此研究,Sardinha 认为翻译者应该有充足的源语言和目标语的语义韵知识。

2. 国内对语义韵的研究

  卫乃兴(2002b)最早将语义韵概念介绍到国内,并就语义韵研究的三种常用方法作了详细介绍。国内基于语料库的语义韵研究主要集中于对语义韵的理论介绍、词汇语义韵的实证研究、语域的扩展及语义韵的实际应用。

在语义韵理论介绍方面,纪玉华、吴建平(2000)主要介绍语义韵的研究对象及应用方法。王泽鹏、张燕春(2005)介绍了语义韵理论的来源、理论框架和研究意义。

在词汇语义韵实证研究方面,谢银凤(2006)用语料库数据驱动方法对 commit 一词的语义韵进行研究。杨元媛(2007)基于语料库方法研究 awfully 和 bitterly 的语义韵。王海华、王同顺(2005)对英语国家语料库(BNC)和中国学习者英语语料库(CLEC)中 cause 的语义韵进行对比研究,并重点考察了 cause 与 change 以及 cause 与 great(-er、-est)的搭配,分析了中国学习者与本族语者使用过程中体现的语义韵差异。结果表明在 change 和 great(-er、-est)的搭配中,中国学习者明显少用了消极语义韵,多用了积极语义韵。卫乃兴(2006)以 COBUILD 为参照语料库,对 CLEC 和 JDEST 中的 commit、cause 和 effect 进行语义韵的对比研究。向娟(2007)基于 BNC 与现代汉语语料库(CCL)研究了动词 promise、guarantee、pledge、assure 和 swear 以及中文"承诺""答应""保证""发誓"和"许诺"的语义韵。罗时英(2011)基于当代美国英语语料库(COCA)对致使动词 get 的语义韵与语用特征进行了研究。

在语域扩展方面,卫乃兴(2002a)基于 JDEST 科技英语语料库,采用计算搭配词与随机提取词语索引两种方法研究专业文本中的语义韵。孙爱珍(2008)研究文学语篇中的语义韵结构。蔡颖(2008)基于语料库方法研究文化关键词的搭配行为及意识形态蕴涵。

在语义韵的实际应用方面,王琦(2004)在基于语料库的语义韵研究中发现语义韵的研究对双语词典的编纂具有一定的借鉴意义。李晓红、卫乃兴(2012)从平行语料库提供的汉英对等出发,重点分析汉英对等的语义趋向和语义韵错综对应关系。张北镇、周江林(2008)从英语专业和英语学习者词汇教学的角度研究语义韵的研究方法和具体应用。

3. 研究现状综述

纵观国内外相关研究可以看出,国外对语义韵的研究主要基于词汇层面、近义词对比和跨语言的视角对比,而国内主要是在理论、词汇语义韵、语义拓展、语料库对比及语域扩展方面对语义韵进行研究。虽然也有不少国内学者基于本族语学习者和中国学习者对词的使用情况进行语义韵方面的研究,但很少有研究者自己建设一种专门针对某一类学习者的语料库,对动词语义韵进行研究。因此本研究希望在前人的基础上,基于WECCSEM-EAP 及其参照语料库 WECESEM-EAP 研究中国理工科大学生在学术英语写作中动词不同形式语义韵使用现状,以及与英语本族语学习者相比,他们在学术英语写作中使用关键动词不同形式语义韵特征有何相似和不同,希望给教师在动词和近义词的写作教学上提供帮助。

三、研究设计

1. 研究对象

研究对象的选择基于以下步骤。作者首先用 WordSmith 5.0 软件在 WECCSEM-EAP 和 WECESEM-EAP 中分别检测出主要动词,并将动词出现的频数加以总结(如表4-50)。

表4-50 WECCSEM-EAP 和 WECESEM-EAP 中动词出现的频数

WECCSEM-EAP		WECESEM-EAP	
动词	频数	动词	频数
can	6,503	used	6,995
research	4,862	using	6,634
control	4,029	has	5,426
have	3,939	have	5,308
used	3,801	study	5,031
design	3,683	design	3,947
study	3,340	research	3,381
using	2,862	process	2,641
use	1,947	work	2,578
flow	1,884	control	2,250
studied	1,836	proposed	1,891
show	1,794	increase	1,753
improve	1,788	performed	1,744
showed	1,644	provide	1,454
proposed	1,451	observed	1,355
increased	1,173	applied	1,151
reduce	966	present	1,098

（续表）

WECCSEM-EAP		WECESEM-EAP	
动　词	频　数	动　词	频　数
become	929	change	974
provide	815	provides	822
combined	723	damage	759
meet	663	reduced	734
solve	660	provided	687
increases	592	given	607
modified	589	shows	572
planning	562	building	558

观察上表可以发现，表中所有动词在中国理工科大学生和英语本族语学习者的学术英语写作中出现的频数都很高。但高频数并不意味着该词具备语义韵特征。Hunston（2002）发现当 MI 值大于或等于 3 时，该词可视为显著搭配词。同时，本文是研究关键动词的不同形式，一些动词如 can 和 should 没有其他形式，所以不符合本文研究目的。Stubbs（1995）发现 provide 有重要语义韵特征，它具有丰富的形式（provide、provides、providing 和 provided），且经测算，该词的 MI 值大于 3，因而本文选择该词作为研究对象。

2. 研究问题

本研究的主要研究问题如下：
（1）中国理工科大学生学术英语写作中 provide 的不同形式语义韵现状如何？
（2）中国理工科大学生和英语本族语学生在学术英语写作中 provide 的不同形式语义韵是否存在相同和不同的特征？

3. 研究工具

我们采用的研究工具为 WordSmith 5.0 软件。首先，在 WECCSEM-EAP 和 WECESEM-EAP 中利用"Concord"界面对动词的不同形式进行检测，设定跨距为右一至右四，根据其检索行所引结果建立类联接，然后计算出其后搭配词的 MI 值。图 4-25 和图 4-26 显示对 provide 的处理结果。

N	Concordance	Set	Tag	Word #	t. #	os.	. #	os.
1	spread in large space building and also provide a simulation method for the			540	29	1%	0	7%
2	the current research work can provide the theoretical support for the fire			526	29	7%	0	5%
3	that transition k-kl-ĩ‰ model can provide better precision under the low			423	16	2%	0	7%
4	zone is explored, which may provide theoretical basis for the total			93	2	3%	0	3%
5	constant heat flux model , expect to provide some reference to normative			509	7	6%	0	8%
6	conclusions of the results, in order to provide a reference for professionals who			438	6	6%	0	4%
7	pavement detection result, which can provide the guidance for high-grade			383	12	3%	0	8%
8	6. The conclusions of this paper can provide theory reference in the			495	21	7%	0	5%
9	of building group are drawn. These will provide useful information for the optimal			477	20	9%	0	2%
10	environment. The simulation results can provide useful information in the process			156	5	0%	0	0%
11	affecting the thermal environment, and provide reference for the design of air			130	4	0%	0	2%
12	China for empirical research, in order to provide for commercial bank economic			131	4	7%	0	6%
13	there is still insufficient, but it can provide direction for further study.			445	18	5%	0	9%
14	the linkage of macroeconomic risk to provide effective assistance to the			203	8	3%	0	4%
15	development of this region, but also can provide a good reference for			332	14	1%	0	3%
16	design are optimized, so that to provide technical support and theoretical			124	3	7%	0	1%
17	design and appearance design, which provide a platform for the control circuits,			321	12	8%	0	5%
18	In a predetermined period of time, it can provide pressure to garments packaging			54	2	9%	0	4%
19	artery stenosis and FFR value, provide a reference for the diagnosis of			172	1	5%	0	4%

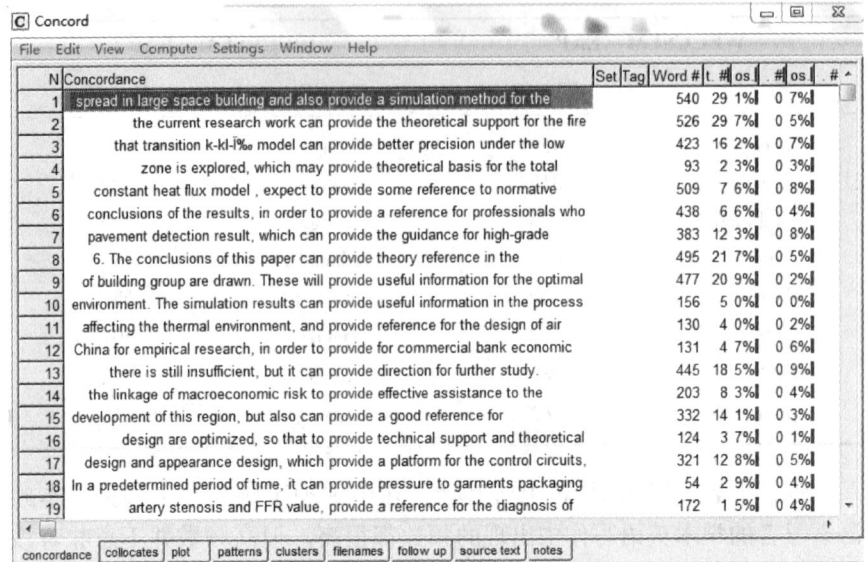

图 4－25　provide 在 WECCSEM－EAP 中的检索行

N	Word	With	elation	Texts	Total	tal Left	al Right	L5	L4
1	PROVIDE	provide	11.209	687	808	0	0	0	0
2	EVIDENCE	provide	9.531	14	15	1	14	1	0
3	REFERENCES	provide	9.209	10	11	0	11	0	0
4	REFERENCE	provide	9.140	123	132	0	132	0	0
5	GUIDANCE	provide	8.990	35	35	0	35	0	0
6	INTUITIVE	provide	8.531	4	5	0	5	0	0
7	USEFUL	provide	8.419	22	24	1	23	0	0
8	VALUABLE	provide	8.059	8	8	1	7	0	0
9	SUPPORT	provide	8.006	56	58	1	57	1	0
10	BASIS	provide	7.961	127	133	2	131	1	1
11	POWERFUL	provide	7.953	9	9	0	9	0	0
12	SCIENTIFIC	provide	7.898	26	26	0	26	0	0
13	THEORETICAL	provide	7.855	110	116	9	107	4	3
14	BENEFICIAL	provide	7.840	6	6	2	4	0	0
15	SUBSEQUENT	provide	7.546	5	6	1	5	0	1
16	TECHNICAL	provide	7.472	26	27	1	26	0	0
17	RELIABLE	provide	7.365	14	14	1	13	0	1
18	SERVICES	provide	7.271	15	15	2	13	0	0
19	DECISION	provide	7.033	13	13	0	13	0	0

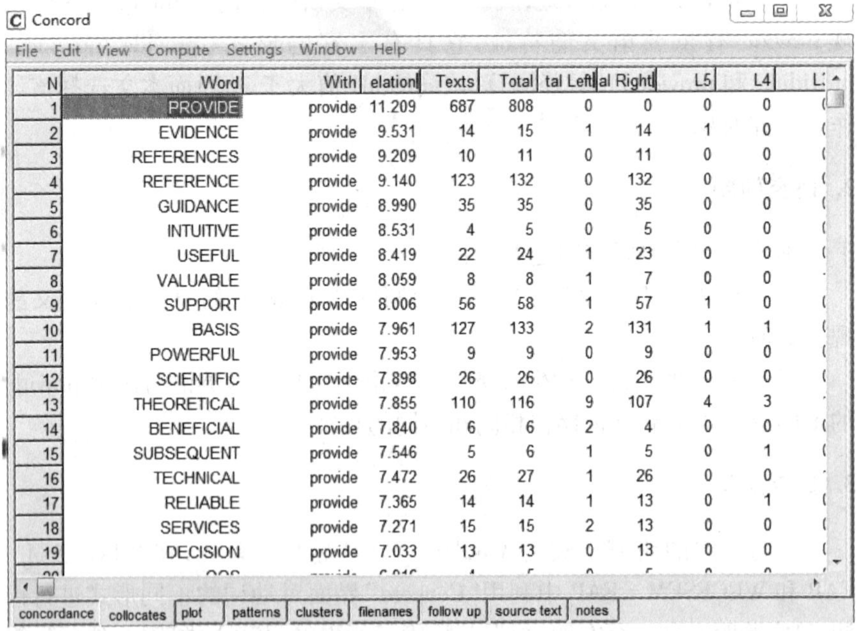

图 4－26　provide 在 WECCSEM－EAP 中的 MI 值

四、数据分析和讨论

1. 中国理工科大学生语义韵使用现状

在 WECCSEM-EAP 中,provide 有 815 个检索行,provides 有 415 个检索行,providing 有 89 个检索行,provided 有 276 个检索行。首先,作者在 WECCSEM-EAP 中通过 WordSmith 5.0 软件对 provide 的不同形式进行检测,分别建立类联接,然后再根据 MI 值找出其重要搭配,根据重要搭配判断其语义韵特征。provide、provides、providing 和 provided 的类联接如表4-51。

表4-51 provide、provides、providing 和 provided
在 WECCSEM-EAP 中的类联接

WECCSEM -EAP	provide	provides	providing	provided
类联接	N+Provide+ART+N+PREP+V	N+Provides+ART+ADJ+N	PREP+Providing+ART+ADJ+N+PREP	N+Provided+ADJ+N+PREP+N
	DET+N+Model V+Provide+ART+ADJ+N+PREP	N+Clause+Provides+ART+ADJ+N+PREP	N+Be+ADJ+PREP+Providing+N+PREP+N	N+Be+Provided+PREP+V+N
	N+PREP+Provide+ART+N+PREP+N	N+Provides+ART+N+PREP	N+Clause+Providing+ADJ+N	N+Have/Has+Provided+ART+ADJ+N+PREP
	N+Provide+ADJ+N+PREP+N	DET+N+Provides+ADJ+N+PREP+N	N+Be+ADJ+PREP+Providing+ADJ+N+PREP	
	N+PREP+Provide+ART+N			

观察上表可以发现 provide、provides、providing 和 provided 在 WECCSEM-EAP 中的类联接。Provide 的类联接主要是 N+Provide+ART+N+PREP+V,DET+N+Model V+Provide+ART+ADJ+N+PREP,N+PREP+Provide+ART+N+PREP+N,N+Provide+ADJ+N+PREP+N 和 N+PREP+Provide+ART+N。具体例子如下:

[1] Resourcing data **provide** the information to drawing a graded picture of...

[2] This method can **provide** a better method for localization of indoor small...

[3] Next beam shaping to **provide** a basis for the premise ...

[4] We **provide** a scientific basis for the bootstrap ...

[5] Waste treatment plants to **provide** a reference, the main topic on the ...

Provides 的类联接主要是 N+Provides+ART+ADJ+N, N+Clause+Provides+ART+ADJ+N+PREP, N+Provides+ART+N+PREP 和 DET+N+Provides+ADJ+N+PREP+N。具体例子如下:

[6] GTS technique **provides** an effective new way and new technique for analyzing ...

[7] DSP hardware, which **provides** a strong basis for the harmonic signal extraction ...

[8] Situation **provides** the function of all the ABS Hardware-in-loop ...

[9] The research result **provides** valuable reference for land use ...

Providing 的类联接主要是 PREP+Providing+ART+ADJ+N+PREP, N+Be+ADJ+PREP+Providing+N+PREP+N, N+Clause+Providing+ADJ+N 和 N+Be+ADJ+PREP+Providing+ADJ+N+PREP。具体例子如下:

[10] Gear body are calculated, **providing** a useful reference for the rational design ...

[11] The acquire results are expected for **providing** reference for design and optimization ...

[12] The screw theory which **providing** basic theory for the analysis of mechanism of the ...

[13] It is aimed at **providing** meaningful reference on choosing the proper ...

Provided 的类联接主要是 N+Provided+ADJ+N+PREP+N, N+Be+Provided+PREP+V+N 和 N+Have/Has+Provided+ART+ADJ+N+PREP。具体例子如下:

[14] Research **provided** theoretical basis for the popularization ...

[15] MAC layer is **provided** to solve restrictions ...

[16] Fusing temperature has **provided** the theoretical basis...

基于 provide 的不同形式在 WECCSEM – EAP 中的类联接, provide、provides、providing 和 provided 其后的重要搭配可以总结如下表。

表 4-52 provide、provides、providing 和 provided 在 WECCSEM-EAP 中的重要搭配

WECCSEM-EAP							
provide		provides		providing		provided	
搭配	MI 值	搭配	MI 值	搭配	MI 值	搭配	MI 值
evidence	9.531	reference	8.562	connection	9.372	ventilation	8.637
references	9.209	basis	8.070	basis	8.013	reference	8.190
reference	9.140	support	7.931	support	7.771	guidance	7.753
guidance	8.990	guidance	7.836	design	5.310	basis	7.521
support	8.006	decision	7.630	data	5.226	support	7.041
basis	7.961	experience	7.254			tunnel	6.908
services	7.271	way	6.858			service	6.344
decision	7.033	foundation	6.736			resources	5.999
guarantee	6.817	approach	6.575			systems	5.969
users	6.459	tool	6.520			condition	5.362
		interface	6.268			data	5.081
		platform	6.076				

观察上表，provide、provides、providing 和 provided 在 WECCSEM-EAP 中其后搭配的 MI 值都大于 3，因此均可视为重要搭配。Provide 的重要搭配中，evidence、references、reference、guidance、support 和 guarantee 呈积极语义韵特征；basis、services、decision 和 users 呈中性语义韵特征。因此，中国理工科大学生在 WECCSEM-EAP 写作中对 provide 的使用包含积极和中性语义韵。Provides 的重要搭配中，basis、decision、experience、way、approach、tool、interface 和 platform 呈中性语义韵特征；reference、support 和 guidance 呈积极语义韵特征。根据表 4-52 显示的 provides 类联接，虽然有些名词被形容词修饰，但是中国理工科大学生趋向于用积极意义形容词修饰积极语义韵特征的名词。如："It provides theoretical guidance for the D&R machine"，此句中含积极语义韵特征的 guidance 被具有积极意义的形容词修饰，但其语义并没有改变。因此，provides 呈积极和中性语义韵特征。Providing 的重要搭配中，support 呈积极语义韵特征；connection、basis、design 和 data 呈中性语义韵特征。因此，providing 呈积极和中性语义韵特征。Provided 的重要搭配中，reference、guidance 和 support 呈积极语义韵特征；ventilation、basis、tunnel、service、resources、systems、condition 和

data 呈中性语义韵特征。因此,provided 呈积极和中性语义韵特征。

基于以上分析,我们总结了 provide、provides、providing 和 provided 在中国理工科大学生学术英语写作中的具体语义韵特征分布,详见表 4-53。

表 4-53 provide、provides、providing 和 provided 在
WECCSEM-EAP 中的语义韵特征分布

语义韵	WECCSEM-EAP			
	provide	provides	providing	provided
	百分比	百分比	百分比	百分比
积极	60%	45%	20%	40%
中性	40%	55%	80%	60%
消极	0	0	0	0

根据上表可以发现,中国理工科大学生学术英语写作中的 provide、provides、providing 和 provided 都没有消极语义韵。除了在 provide 的使用中积极语义韵多于中性语义韵(60%—40%)以外,其他三种形式都呈现中性语义韵多于积极语义韵的情况。且在 providing 的使用中,中性语义韵与积极语义韵相比占明显优势(80%—20%)。由此可见,中国理工科大学生学术英语写作中一个动词的不同形式呈现不同比例的语义韵特征。

2. 英语本族语理工科大学生语义韵使用现状

在 WECESEM-EAP 中,provide 检索行有 1,454 个,provides 检索行有 822 个,providing 检索行有 358 个,provided 检索行有 687 个。表 4-54 显示 provide、provides、providing 和 provided 在该语料库中的类联接。

表 4-54 provide、provides、providing 和 provided 在
WECESEM-EAP 中的类联接

WECESEM-EAP	provide	provides	providing	provided
类联接	N + Model V + Provide + ART + ADJ+N	N + Provides + ART + ADJ + N + PREP+N	DET + N + PREP + Providing+ADJ+N	DET+N+Provided+ADJ+N+PREP+N

（续表）

WECESEM-EAP	provide	provides	providing	provided
类联接	N + Be + V + To + Provide + ART + ADJ+PREP+V	N + Clause + Provides + ADJ + N+PREP	N + Be + ADJ + PREP+Providing+ N+PREP+V	N+Be+Provided+ PREP+ART+N+ PREP+N
	DET+N+Provide+ N + PREP + ART + ADJ+N	N + Provides + ART + ADJ + N + PREP+V	N + Providing + ADJ+N	N + Have/Has + Provided + ADJ + N+PREP+N
	N + Model V + Provide+ADJ+N	DET+N+Provides+ ART+N+PREP+V		
	DET+N+Provide+ ART+N+PREP+N			

观察上表可以发现 provide，provides，providing 和 provided 在 WECESEM‐EAP 中的类联接。Provide 的类联接主要是 N+Model V+Provide+ART+ADJ+N，N+Be+V+To+Provide+ART+ADJ+PREP+V，DET+N+Provide+N+PREP+ART+ADJ+N，N+Model V+Provide+ADJ+N 和 DET+N+Provide+ART+N+PREP+N。具体例子如下：

[17] So it can **provide** a maximum energy flux at the weld interface ...

[18] Formats are introduced to **provide** a practical way of processing ...

[19] The tests **provide** guidance for the finite element modeling ...

[20] Biostimulation can **provide** a successful method for bioclogging a discrete ...

[21] These systems **provide** an opportunity to tailor the chemical function ...

Provides 的类联接主要是 N+Provides+ART+ADJ+N+PREP+N，N+Clause+Provides+ADJ+N+PREP，N+Provides+ART+ADJ+N+PREP+V 和 DET+N+Provides+ART+N+PREP+V。具体例子如下：

[22] Four drills **provides** a better performance with respect to drilling for ...

[23] Coating that **provides** adequate protection to both oxidation and hot ...

[24] Computational modeling **provides** a targeted strategy to decipher mechanisms ...

[25] This thesis **provides** an approach to overcome the aforementioned ...

Providing 的类联接主要是 DET+N+PREP+Providing+ADJ+N, N+Be+ADJ+PREP+Providing+N+PREP+V 和 N+Providing+ADJ+N。具体例子如下:

[26] Attenuated signals by **providing** external assistance such as satellite ...
[27] Behavior is useful in **providing** support in performing a risk ...
[28] Vendors are **providing** different featured RF boards with difference ...

Provided 的类联接主要是 DET+N+Provided+ADJ+N+PREP+N, N+Be+Provided+PREP+ART+N+PREP+N 和 N+Have/Has+Provided+ADJ+N+PREP+N。具体例子如下:

[29] This model **provided** greater insight into details that could not ...
[30] Data are **provided** for the elucidation of nanostructure and crystal ...
[31] Techniques have **provided** better prediction for accuracies ...

基于 provide 的不同形式在 WECESEM – EAP 中的类联接, provide、provides、providing 和 provided 其后的重要搭配可以总结如下表。

表 4–55　provide、provides、providing 和 provided 在 WECESEM – EAP 中的重要搭配

WECESEM – EAP							
provide		provides		providing		provided	
搭配	MI 值	搭配	MI 值	搭配	MI 值	搭配	MI 值
insight	12.512	insights	12.516			services	13.306
information	11.242	guidance	12.476	guidance	9.147	insight	12.166
insights	9.224	opportunity	11.875	services	7.489	recommend-ations	12.083
guidance	8.872	recommend-ations	11.446	means	7.437	feedback	11.861
data	8.597	description	11.446	protection	7.426	basis	10.861
recommend-ations	8.481	foundation	11.154	location	6.488	information	10.800
system	8.4	platform	11.068	solutions	6.020	evidence	10.553
opportunity	8.303	basis	10.476	functions	5.670	protection	9.650
results	8.148	information	10.433	accuracy	5.616	knowledge	9.547

（续表）

WECESEM-EAP							
provide		provides		providing		provided	
搭配	MI 值	搭配	MI 值	搭配	MI 值	搭配	MI 值
evidence	8.087	system	8.598	tool	5.562	support	9.498
guidelines	8.027	method	8.561	energy	4.637		
comfort	7.842	research	8.1				
means	7.436	analysis	8.058				
protection	6.556	model	7.874				
		study	7.514				
		thesis	5.524				

观察上表，provide、provides、providing 和 provided 在 WECESEM-EAP 中其后搭配的 MI 值都大于 3，因此均可视为重要搭配。Provide 的重要搭配中，insight、insights、guidance、opportunity、guidelines、comfort 和 protection 呈积极语义韵特征；data、recommendations、system、results、evidence 和 means 呈中性语义韵特征。根据表 4-55 显示的 provide 类联接，虽然 provide 有些搭配呈中性语义韵特征，但是英语本族语学习者趋向于用积极形容词来修饰这些中性搭配词，从而使整个句子呈积极语义韵特征。例如，Fitting a model to the data **provide** a useful information such as …，information 本身呈现中性语义韵特征，但本族语者趋向于使用积极形容词 useful 来对其进行修饰，使整个句子呈现积极语义韵特征。因此，provide 呈积极和中性语义韵特征。Provides 的重要搭配中，insights、guidance 和 opportunity 呈积极语义韵特征；recommendations、description、foundation、platform、basis、information、system、method、research、analysis、model、study 和 thesis 呈中性语义韵特征。和 provide 一样，本族语者趋向于使用积极语义韵特征形容词来修饰中性语义韵特征的搭配词，从而使整个句子呈现积极语义韵特征。例如："It **provides** a valuable platform for evaluating the system."一句中，platform 呈中性语义韵特征，但是本族语者趋向于使用积极语义韵特征形容词 valuable 来修饰它，从而使整个句子呈现积极语义韵特征。因此，provides 在英语本族语学习者学术英语写作中有积极和中性语义韵特征。Providing 的重要搭配中，guidance 和 protection 呈积极语义韵

韵特征;而 energy、services、means、location、solutions、functions、accuracy 和 tool 呈中性语义韵特征。因此,providing 在英语本族语学习者学术英语写作中有积极和中性语义韵特征。Provided 的重要搭配中,insight、protection 和 support 呈积极语义韵特征;recommendation、feedback、basis、information、evidence 和 knowledge 呈中性语义韵特征。因此,provided 在英语本族语学习者学术英语写作中有积极和中性语义韵特征。

基于以上分析,我们总结了 provide、provides、providing 和 provided 在中国理工科大学生学术英语写作中的具体语义韵特征分布,详见下表。

表 4-56 provide、provides、providing 和 provided 在 WECESEM-EAP 中的语义韵特征分布

语义韵	WECCSEM-EAP			
	provide	provides	providing	provided
	百分比	百分比	百分比	百分比
积极	70%	60%	35%	40%
中性	30%	40%	65%	60%
消极	0	0	0	0

根据上表可以发现,英语本族语理工科大学生学术英语写作中的 provide、provides、providing 和 provided 都没有消极语义韵。当英语本族语学习者使用 provide 和 provides 时,相比中性语义韵,他们更趋向使用其积极语义韵(分别为 70%—30% 和 60%—40%);使用 providing 和 provided 时,他们趋向于使用其中性语义韵(其与积极语义韵的比例分别为 35%—65% 和 40%—60%)。由此可见,英语本族语学习者学术英语写作中一个动词的不同形式也呈现不同比例的语义韵特征。

3. WECCSEM-EAP 与 WECESEM-EAP 对比分析

由于 WECCSEM-EAP 和 WECESEM-EAP 语料库大小不同,直接比较 provide 不同形式在其中的数据会出现偏差,故需将频数标准化。我们采用的标准化基数为 1,000,000,标准化公式为:频数×1,000,000/组总词数(参见桂诗春 2005)。表 4-57 显示标准化词频。

表 4-57　provide 不同形式在 WECCSEM-EAP 和
WECESEM-EAP 使用总体情况

	动词使用次数	动词使用标准频率 （以 1,000,000 词为基数）
WECCSEM-EAP （库容 2,101,366）	provide（815）	388
	provides（415）	197
	providing（276）	131
	provided（89）	42
WECESEM-EAP （库容 2,132,031）	provide（1,454）	682
	provides（687）	322
	providing（822）	386
	provided（358）	168

通过以上分析,将 provide 不同形式在 WECCSEM-EAP 和 WECESEM-EAP 中标准化后,可以得出 provide 不同形式在 WECCSEM-EAP 和 WECESEM-EAP 中新的语义韵特征,如下表所示。

表 4-58　provide 不同形式在 WECCSEM-EAP 和
WECESEM-EAP 中新的语义韵特征

	语义韵	积极（百分比）	中性（百分比）	消极（百分比）
WECCSEM -EAP	provide	65%	35%	0
	provides	40%	60%	0
	providing	25%	75%	0
	provided	35%	65%	0
WECESEM -EAP	provide	75%	25%	0
	provides	65%	35%	0
	providing	30%	70%	0
	provided	35%	65%	0

上表显示，中国理工科大学生和英语本族语学习者在使用 provide 不同形式时，其相似处是都没有使用消极语义韵；provided 的语义韵使用比例相同；积极和中性语义韵比例分别为 35% 和 65%；并且他们都趋向使用 providing 的中性语义韵，所占比例接近，分别为 75% 和 70%。其不同处是 provide、provides 和 providing 的积极和中性语义韵特征使用比例不同，如 provide 的积极和中性语义韵特征在 WECCSEM－EAP 所占比例分别是 65% 和 35%，而其在 WECESEM－EAP 所占比例分别是 75% 和 25%。虽然他们都趋向于使用其积极语义韵，但是从这一侧面可以反映出英语本族语学习者比中国理工科大学生更趋向于使用 provide 的积极语义韵特征。同时，英语本族语学习者趋向于使用 provides 的积极语义韵特征，其比例为 65%，而中国理工科大学生趋向于使用其中性语义韵特征，其比例为 60%。

此外，英语本族语学习者趋向于使用积极语义韵特征形容词去修饰中性语义韵的搭配，使整句呈现积极语义韵特征，而中国理工科大学生则使用积极语义韵特征形容词去修饰积极语义韵特征的重要搭配，并不改变整个句子的语义韵特征。

五、结论

本研究通过对比中国理工科学习者和英语本族语理工科学习者在学术英语写作中动词 provide 不同形式的语义韵特征，发现中国理工科大学生在学术英语写作中对动词语义韵的使用与其偏向不一致，可能由于母语迁移和学习策略的影响使动词偏离了其典型语义韵特征，造成语用偏误。以 provide、provides、providing 和 provided 为例，中国理工科大学生在使用这些词时会出现错用、滥用并混淆其语义韵特征等问题。准确掌握动词用法对于中国理工科大学生的学术英语写作至关重要，因为这不仅可以帮助他们正确表达自己的意思，还可以帮助他们准确选取动词后合适的搭配词。此外，语义韵的研究可以拓展教师词汇教学内容，建议教师在教学中引入语义韵概念，借助语料库准确指出词汇语义韵的倾向，讲授本族语学生的搭配方式，让学生对例句进行总结以增强其语义韵意识，从而可以更加地道地使用动词。

第五节 句干特征

一、概述

共选(co-selection)指的是语言交际活动中,词汇与词汇、词汇与语法、形式与意义、形式与功能的相互制约。Sinclair 所提出的成语原则(1991)和扩展意义单位(2004)揭示了语言使用者如何利用由形式、意义、功能集结而成的多词意义单位来实现交际目的。根据共选理论,语言交际的基本意义单位是由节点词、搭配(词语-词语之共选)、类联接(词语-语法之共选)、语义选择趋向(形式-意义之共选)和语义韵(形式-意义-态度之共选)等参量共同构筑而成的半固定短语,作为单一选择单位供交际者使用。同时,"短语的功能实现与语域也密不可分:一旦选定语域,语言的变异范围便随之选定"(Sinclair 1991:110)。基于上述观点,近些年,学术语篇中的短语学特征成为语料库驱动的短语学的主要研究对象之一(Biber et al. 1999;Cortes 2002;卫乃兴 2002c;李晶洁、卫乃兴 2013;梁茂成、刘霞 2014)。这些研究根据大数量语料库提供的证据,采取自下而上的词语观察手段,系统描述学术文本中的复现短语,探索形式、意义和功能的共选机制。在讨论语言使用时,无一例外地指向短语在给定语域中承担的语篇功能。

本研究所说的"句干"(sentence stem)指的是语料库中反复出现、形式上兼具固定性与变异性、实施一定语篇功能的小句。学术文本中的复现句级语言手段是 EAP 领域的研究热点之一(Cortes 2013;Hyland & Tse 2005;Hewings & Hewings 2002;张乐、李晶洁 2012;张乐、卫乃兴 2013;张乐、陆军 2015)。这些研究表明,专业人员经常使用半固定小句来组织语篇、表达态度,是学术论文不可缺少的惯例化用语。毋庸讳言,能否准确使用这些语言手段也是检验学习者学术英语使用能力的重要标准。但是,正如 Gilquin et al. (2007) 所言,无论是研究论文还是教材,EAP 研究者关注的重点始终是本族语专业语料库,极少将目光聚焦于学习者文本。再者,近些年基于语料库的中国学习者学术英语能力研究已触及短语层面的讨论(如娄宝翠 2013;王敏、刘丁 2013 等),但对句级语言手段仍关注不多。

本研究在共选理论框架下，考察中国理工科硕士学位论文英文摘要中的句干特征，特别是词汇、语法、意义的共选特征，以期对专门用途英语教学提供借鉴。

二、研究设计

本研究使用的学习者语料库为中国理工科大学生书面英语语料库的学术英语子库（WECCSEM–EAP），共包含 4,400 余篇理工科硕士学位论文英文摘要，覆盖了数学科学、自然科学、机械制造、能源动力等 20 个学科领域，规模为近 200 万词次。

对学术论文摘要的文本特征检查初见于话语分析领域（Graetz 1985; Van Bonn & Swales 2007）。20 世纪 90 年代初，随着"体裁分析"（Swales 1990）日渐兴起，关注焦点逐渐从摘要的语言层面描述转向语篇结构与交际功能解释。其核心内涵是：语言使用与社会交际行为不可分割；隶属于同一话语社团的全体成员务必遵循一套约定俗成的语言使用惯例。Salager-Meyer（1990）最早利用体裁分析方法来检查论文摘要结构。一系列研究（如 Dahl 2004; Hyland 2000; Lores 2004）从各自角度提出，学术论文摘要由若干体裁要素构成，称为"语步"（move）。摘要的语步划分观点各异。Swales（1990），Bhatia（1993）等人提出 Purpose—Method—Result（Finding）—Conclusion 的四步分析法。Dahl（2000）主张以 Background—Purpose—Methodology—Results—Comments on Results 的五步模型来剖析科技论文摘要。Anderson & Maclean（1997）则认为，Background 通过揭示其他研究之薄弱以确立研究目的，因此应视为与 Purpose 隶属于同一语步。

根据上述摘要语步划分原则，本研究集中报道 WECCSEM–EAP 语料库中实现三个语步的主要句干，即"评述研究背景""说明研究目的"以及"宣布研究结果"。所讨论的短语序列中，大写缩写字母为短语的语法表征（即类联接），大写单词表示容许一定屈折变化的动词和名词，小写单词表示具体词语实现形式。为便于对照，使用 JDEST 语料库的自然科学文本子库作为参照语料库。该库包含了由本族语专业人员撰写的、涵盖多个自然科学领域的学术论文、著作章节等文本，规模约为 360 万词次。下文中，符号"↑"表示"该实例在 WECCSEM–EAP 中出现超过五次，但在 JDEST 语料库中出现不超过一次"（视为学习者过度使用，即 overuse）；符号"↓"表示"该实例在 WECCSEM-EAP 中出现不超过一次,而在 JDEST 语料库中出现超过五次"(视为学习者使用不足,即 underuse)。

三、研究结果

1. "评述研究背景"句干特征

所谓"评述研究背景",主要指概括、评价同行学术观点的语步行为。实现该语步的典型句干为 ADJ-previous N-studies V-SHOW,在 WECCSEM-EAP 中共出现 37 次(见下表)。

表 4-59　学习者"评述研究背景"句干

ADJ-previous	N-studies	V-SHOW
previous（25）	studies（16）	SHOW（15）
recent（12）	researches（5）↑	FOCUS（5）
	research（4）	FIND（5）
	study（4）	INDICATE（4）
	work（4）	SUGGEST（1）↓
	其他（4）	其他（7）

对比分析表明,中国学习者利用该句干作研究背景综述时,其词语选择范围与本族语专业人员大体一致,主要有 ADJ：previous、recent；N：studies、research、study、work；以及 V：SHOW、FOCUS、FIND、INDICATE。但是,中国学习者在 N-studies 的单复数形式区分方面表现出一定程度的不确定性。JDEST 语料库证据表明,N-studies 的屈折变化与文献数量关联不大,即只能为 research(而非 researches),只能为 work(而非 works),大多数为 studies,少数为 study。进一步说,如若选定 study,须同时使用不定冠词,如 A previous study revealed that ...。而在 WECCSEM-EAP 中,更常见的是零冠词(Previous study showed that)、定冠词(The recent study indicates that)及其他限定词(Our previous study found that)。此外,该句干中,中国学习者最常使用的动词依次为 SHOW、FOCUS、FIND 和 INDICATE。这一频数排序与 JDEST 有所不同。本族语专业人员的最常用动词依次为 SUGGEST、FIND、DEMONSTRATE 和 SHOW。其中,SUGGEST 在 JDEST 中出现次数最多,而在 WECCSEM-EAP 中仅出现一次,显示出明显过少使用态势。

2. "说明研究目的"句干特征

"说明研究目的"指的是概述所期望的研究结果(outlining purposes)或宣布研究特征(announcing present research)。语料库证据显示,中国理工科研究生最常使用如下三个句干:

(a) DET-the N-purpose PREP-of DET-this N-paper V-is
(b) PREP-in DET-this N-paper, PRON-we V-STUDY
(c) DET-this N-paper V-INTRODUCE

句干(a): DET-the N-purpose PREP-of DET-this N-paper V-is

句干(a)在 WECCSEM - EAP 中共出现 76 次。表 4-60 显示组成部分的出现次数。

表 4-60 学习者"说明研究目的"句干(1)

DET-the	(optional)	N-purpose	PREP-of	DET-this	N-paper	V-is	
the (76)	main (14)	purpose (43)	of (76)	this (67)	study (29)	is (55)	to-inf (68)
	overall (2)	aim (19)		the (3)	paper (22)	was (20)	其他(8)
		objective (14)		the present (2)	thesis (12)	were (1)	
				our (2)	research (4)		
				/(2)	article (3)		
					其他(6)		

总体来看,中国理工科研究生善于使用该句干来介绍研究目的。与本族语专业人员相比,他们仅在 V-is 的表语选择上存在分歧。JDEST 中,紧接 V-is 的表语全部为 to+动词不定式;而中国学习者还使用了少量其他形式的短语,如:

[1] The purpose of the research is whether ARF is related to the progress of diapause.

[2] In this paper, the purpose of the research is that on the basis of the existing data ...

句干(b): PREP-in DET-this N-paper, PRON-we V-STUDY

句干(b)在 WECCSEM - EAP 中共出现 395 次。表 4-61 显示了具体词语的频数。限于篇幅,V-STUDY 仅列举出现超过 10 次的动词。

表 4-61　学习者"说明研究目的"句干(2)

PREP-in	DET-this	N-paper	PRON-we	V-STUDY
in (395)	this (365)	paper (276)	we (383)	STUDY (64) ↑
	the (21)	thesis (56)	I (12)	USE (37) ↑
	the present (5)	study (25)		DISCUSS (20)
	our (4)	article (17)		PROPOSE (15)
		research (11)		ANALYZE (13)
		dissertation (10)		DESIGN (13) ↑
				INTRODUCE (13)
				FOCUS (12)
				INVESTIGATE (12)
				SYNTHESIZE (12) ↑
				CONSIDER (11)

统计显示,出现超过 10 次的动词中,大多数用于表明调查分析的焦点(对象),称之为研究聚焦动词,如 STUDY、DISCUSS、PROPOSE、ANALYZE、INTRODUCE、FOCUS、INVESTIGATE、SYNTHESIZE、CONSIDER 等。也有少数动词表示具体研究步骤,称之为研究行为动词。USE 和 DESIGN 是后者的典型实例。对比分析表明,V-STUDY 在 JDEST 中的最常见实例(按频数排序)为 DISCUSS(13),PRESENT(11),EXAMINE(9),DESCRIBE(9),REVIEW(6),FOCUS(6),CONSIDER(6),ADDRESS(6),REPORT(5) 和 PROVIDE(5),均为研究聚焦动词。这意味着,该句干的主要功能是划定研究范围、对象和内容。而在中国理工科硕士论文英文摘要中,该句干不仅实现上述主要功能,还常用于说明研究工具、模型和方法,例如:

　　[3] In this paper we use the co-integration theory.
　　[4] In the paper we design a group of object lens used in the …

我们还发现,在 JDEST 中,in this paper we study,in this article we study 等短语仅出现了 3 次,远不及学习者使用 STUDY 的次数。这说明,在词汇丰富程度受限的情况下,中国理工科研究生趋于使用覆盖面更广、概括性更强的上义词。

句干(c): DET-this N-paper V-STUDY
　　与句干(b)相比,句干(c)的使用降低了作者对文本的干预程度,使研究行为显得更为客观公正。句干(c)在WECCSEM–EAP中极为高频,共计出现超过3,000次。表4–62显示它的主要实现形式。限于篇幅,仅列举出现次数最多的10个动词。

表4–62 学习者"说明研究目的"句干(3)

DET-this	N-paper	V-STUDY
this (3,022)	paper (2,013)	STUDY (198)↑
the present (21)	thesis (378)	INTRODUCE (197)
	article (307)	ANALYZE (149)
	study (173)	FOCUS (131)
	dissertation (87)	PROPOSE (106)↑
	research (85)	DESIGN (101)↑
		USE (96)
		PRESENT (94)
		DESCRIBE (73)
		RESEARCH (66)↑
		DISCUSS (65)

学习者在使用句干(c)时同样过度使用了研究聚焦动词STUDY和RESEARCH,以及研究行为动词DESIGN。另外值得注意的是,本族语专业人员常使用in this paper we propose来说明研究目的。而中国理工科硕士研究生更趋于使用this paper proposes,该短语序列在JDEST语料库中并未出现。

3. "宣布研究结果"句干特征

"宣布研究结果"即指呈述研究结论和/或对结论的解释。学习者语料库证据显示,中国理工科硕士研究生最常使用如下三个句干来实现这一语篇功能:

(d) N-RESULT V-SHOW that-clause

(e) PRON-it VLINK-is VED-found that-clause

(f) PRON-we V-found that-clause

句干(d): N-RESULT V-SHOW that-clause

句干(d)在WECCSEM–EAP中出现2,843次,是理工科硕士研究生最经常使用的实现陈述研究结论功能的半固定小句。表4–63显示了它的主要词语实现形式。限于篇幅,此处仅列举出现超过10次的动词。

表 4-63　学习者"宣布研究结果"句干(1)

N-RESULT	V-SHOW	that-clause
RESULT (2,340)	SHOW (2,208)	that (2,843)
ANALYSIS (144)	INDICATE (360)	
EXPERIMENT (135)↑	DEMONSTRATE (61)	
STUDY (110)	SUGGEST (54)	
TEST (61)↑	REVEAL (45)	
DATA (34)	PROVE (41)↑	
PAPER (18)	FIND (41)	
	ILLUSTRATE (12)	
	其他(21)	

本族语者语料库和学习者语料库证据均表明，N-RESULT V-SHOW that-clause 是自然科学领域最常使用的惯例语化表达之一。究其原因，主要是这个句干使专业人员以客观公正的方式报道研究结果、提出个人解释，而一切以事实为依据是自然科学研究的重要特征。中国理工科硕士研究生的主要搭配失当为 EXPERIMENT 和 TEST 的过度使用。根据 JDEST 数据，主语 N-RESULT 的具体实例主要有 RESULT、ANALYSIS、DATA、EVIDENCE 等。这些词语尽管表达不尽相同的意义，但均暗含了"已获研究结果"之意。换言之，它们在句干中的出现即意味着测试、调查、计算等具体研究过程已结束。正因如此，表达具体研究过程的词语（EXPERIMENT 和 TEST）鲜见于这一句干中。

句干(e): PRON-it VLINK-is VED-found that-clause

句干(e)在 WECCSEM-EAP 中出现 442 次，如表 4-64 所示。以 it 为主语的被动语态外位结构(extraposition)同样能降低作者在文本中的显现度，从而增强结论客观性。从表 4-64 可以看出，除了极个别被动语态过去分词出现过度使用的趋势，总体来看，理工科硕士研究生能较为准确地使用这个句干来概述研究结果。

表 4-64　学习者"宣布研究结果"句干(2)

It is (also) found that	112	It is suggested that	6
It was found that	97	It was suggested that	4
It has been found that	14	It has been suggested that	2
It can be found that	7↑		

（续表）

		it is demonstrated that	7
It is (also) shown that	37	it was demonstrated that	3
It was (also) shown that	12		
		it is reported that	6
It is concluded that	21	it was reported that	2
It can be concluded that	16		
It was concluded that	9	it was observed that	3
		it is observed that	2
It is proved that	19↑	it could be observed that	2
It has been proved that	7↑		
It was proved that	5↑	it is proposed that	8
It can be seen that	16	it is noted that	6
It could be seen that	2		
		it is believed that	5
it is indicated that	6↑		
it was indicated that	6↑		

句干(f): PRON-we V-found that-clause

　　句干(f)凸显作者在研究过程中的个人贡献以及作者与读者间的互动,在WECCSEM-EAP中出现314次。从表4-65可以看出,学习者文本中,人称代词集中于we,偶见I,这一点与JDEST数据基本一致。同时,中国理工科硕士研究生极少使用不定代词one,这可能是由于one没有直接的汉语翻译,也就不太可能使用one can see that、one may conclude that等短语。在WECCSEM-EAP中,与we频繁共现的动词有FIND、PROVE、SHOW、SEE等,有时与CAN共现。对比分析显示,在动词选择上,学习者与本族语专业人员有明显不同。JDEST中,该句干的高频动词依次为FIND、SEE、NOTE、ASSUME、BELIEVE、KNOW、SUGGEST等,其频数排序、词语选择与表4-65所显示的数据有较大差异。

表4-65　学习者"宣布研究结果"句干(3)

we (306)	FIND (165)	that (314)
I (8)	PROVE (39)↑	
one (1)↓	SHOW (29)	

（续表）

```
CAN FIND (15)
CAN SEE (15)
CAN CONCLUDE (12)
CONCLUDE (9)
ASSUME (7)
BELIEVE (6)
THINK (6)
CAN KNOW (5) ↑
SUGGEST (5)
```

上表中的短语序列显示出中国理工科学生有别于本族语者的若干短语使用特征。首先，CAN KNOW 作为该句干的谓语动词在学习者语料库中出现五次，而在 JDEST 中仅出现一次；第二，CAN FIND 高频出现于两个语料库，但是，本族语专业人员更趋于使用 one can find that，而非 we can find that；第三，我们注意到，在表 4-63、表 4-64 和表 4-65 中，PROVE 均被过度使用。尽管 PROVE 与 DEMONSTRATE、SUGGEST 等词语有相近意义，但从共选角度来说，PROVE 并不是这三个句干的常见动词手段。

四、句干特征与学术英语教学

中国理工科硕士研究生是中高级英语学习者；就这一群体而言，遵循特定语域的本族语体裁标准不仅涉及正确的语法和词汇选择，而且涉及符合惯例的词语搭配。学术论文英文摘要中存在相当数量的半固定复现小句，是特定语域和体裁中的惯例语化词语组合。词汇、语法和意义的共选不仅受传统语法约束，更无法脱离话语社团的专业交流方式。

首先，词语之间有相互制约和影响。许多词语共现方式虽未破坏语法规则，却并不经常为本族语专业人员接受。例如，在说明研究目的时，中国理工科硕士研究生大量使用 we mainly … 这一词语搭配，如 in this paper we mainly use …，in this study we mainly focus on …，in chapter three we mainly discuss …等等。这些短语在学习者语料库中发生 80 余次，却并未在本族语语料库中出现。

其次，词汇之间的共选制约大多可追溯到词汇、结构和意义的关联。语料库驱动的短语学研究表明，词语的选择与该词语经常所在的结构密不可分(Hunston & Francis 2000)。学习者词语选择失当的更深层次原因可能是难以厘清句干与具体实现形式的关联。通过对 PREP-in DET-this N-paper，PRON-we V-STUDY，DET-this N-paper V-STUDY，N-RESULT V-SHOW that-clause 等句干在学习者与本族语者语料库中的特征对比分析，可以清楚地看出，V-STUDY 和 V-SHOW 的具体实现形式"以意而聚"：它们似乎都具备某种共同的语义属性；而当其他动词"侵入"时，整个短语不再显得自然地道。从这个意义上说，学习者亟须掌握的不仅仅是词语和词语的共现规律，更重要的是结构对词语选择的制约。

第三，Sinclair(2004)认为，语言交际活动发生时，说话者总是根据事先设定的交际目的来考虑词语和结构的选择。上述讨论中，我们以语步作为句干分类的初步标准。语步揭示了微观层面上的语篇功能(卫乃兴 2002c)，因此，句干的使用、词语的取舍都是语用功能特征与形式特征关联的结果。

第四，词语-结构-功能综合体的确立不可脱离具体的语域环境。理工科学术论文大量使用 it 外位结构(如 it is found that ...)和抽象修辞词结构(abstract rhetor, Hyland 1996：257)(如 this paper describes ...)。这种命题呈现方式抛却了作者个人情感和态度，是自然科学领域的经典元话语特征。就本文所述及的 3 个语步而言，抽象修辞词极为高频出现于句干中，说明从事于自然科学研究的中国研究生与本族语专业人员有着基本一致的学科认知和语言选择。但同时，某些过度使用的实例也说明学习者有时不能准确掌握语域、语篇和词语特征的关联。例如，在概述研究目的和特征时，他们使用了一定数量的 I describe ...，I introduce ...等短语。而根据英国国家语料库(BNC)提供的数据，这些短语主要发生于演讲、小说、传记等类型的文本中，例如 And now I introduce Mr. (unclear) to present his paper on ...。

综上所述，词语、结构、意义、语域等要素的共选行为构成了学术英语在短语层面上的惯例性、地道性。中国理工科研究生毕业论文英文摘要中的词语搭配情况在一定程度上反映了他们是否掌握了这种专业交流方式。当选定了语域和主要语步，常用的结构即可大致确定，高频出现于这些结构中的词语的选择范围大大缩小。因此，一般所说的"科技英语常见句型"实际上可视为科技英语中实施特定语篇功能的复现半固定小句。它们的功能和结构趋于稳定，但其具体实现形式又有多种变异可能。从观察角度上说，只有自下而上地归纳语言证据才能析出这些句干；而从课堂讲授、教材编写角度上说，有必要指导学生在"词语-结构-功能"综合体的框架内摸索短语使用的制约因素，写出符合科技英语语篇特征和语言惯例的句子。

五、结论

本研究在共选理论视角下，采用语料库驱动的短语学研究方法，检查中国理工科硕士研究生毕业论文英文摘要中的句干使用特征。摘要中存在大量揭示语篇结构信息的复现半固定小句，可被话语社团认可为表达固定篇章意义的标准语言实例，是专业人员最常使用的惯例化篇章组织手段。在这里，语域特征、体裁结构特征与短语特征之间关联紧密，语步的衔接与过渡与短语使用息息相关。

中国理工科硕士研究生可视为"理工科专业研究人员"这一话语社团的成员。他们已经能够比较熟练地使用一系列揭示摘要语步特征、实现特定体裁功能的典型小句。但同时，在很多时候，他们熟知词语之意义，却不知词语与其他词语的组合方式；抑或者，了解实现语篇功能的基本词汇-语法结构，但不清楚词语的核心意义。由于基于语料库的词语观察手段日渐普及，学术英语基本句型的讲授可将语言形式的练习拓展至语义和功能的归纳总结。共选机制能为学术英语教学理论与实践提供重要的理论框架和观察视角。

本章根据已建成的语料库对中国理工科大学生的英语写作能力进行分析。

首先，以 that 为例，对通用英语（EGP）、职场英语（EOP）和学术英语（EAP）三个子库作整体分析，阐述进行重点检索词分析时可以采用的方法。并对应职场英语和学术英语两个参照库，对 that 在学习者语料库中的特征进行深入挖掘。此部分提出了共性研究范式、检索词在 EGP 子库中的研究重点、检索词在 EOP 子库中的研究重点、检索词在 EAP 子库中的研究重点等多个研究模型，可供开展类似研究进行参考。其次，本章对中国理工科硕士研究生毕业论文英文摘要的外壳名词、被动结构、语义韵和句干特征四方面进行深入探讨。我们对中国理工科大学生书面英语语料库—学术英语子库（WECCSEM-EAP）中语料的上述四个方面进行特征分析，并以英语本族语理工科学生学术英语语料库

(WECESEM-EAP)和交大科技语篇语料库(JDEST)为参照语料库进行对比分析,得出中国理工科硕士研究生在英语论文写作中的主要问题,并基于此提出教学建议。

第五章　教学反馈研究

　　在本章中,我们从写作自主学习模式构建和写作教学方法研究两方面探讨本研究对教学的反馈意义。在学习模式方面,项目组针对如何提高学生英语写作能力的问题,结合自主学习理论与语料库技术,构建了基于语料库的中国理工科大学生英语写作自主学习模式(Corpus-based Self-regulated Learning Model of English Writing for Science and Engineering Majors,简称 CSLM),并运用行动研究方法进行了两轮教学实验,验证该模式的有效性。在教学方法方面,项目组首先开展了关于理工科大学生英语写作课程需求的问卷调查。针对问卷调查中发现的问题,并根据主题式内容依托教学模式(Content-Based Instruction,简称 CBI)的特点,设计了大学英语课堂中写作模块的教学活动,进行了一个学期的教学实验,以表明主题式 CBI 对理工科大学生英语写作能力的影响。

第一节　写作自主学习模式构建[①]

一、概述

　　写作能力作为英语语言能力的重要组成部分,体现了学习者的综合英语水平,然而中国大学生的英语写作能力普遍提升缓慢。在传统教学法逐渐无力应对此问题时,专家学者们提出自主学习(Self-regulated

---

① 本节主要内容曾发表于《外语电化教学》2017 年第 6 期,此处略作修改。

Learning)的教学理念以促进英语教学的持续发展。

　　自主学习的概念由 Heloc 引入语言教学中,并逐渐成为英语教学中的一大热点(胡杰辉 2011)。自主学习就是学习者管理自己学习(Heloc 1981),具体可从两个方面进行理解:一是学习者对于自身的选择有足够的了解,并且有能力作出正确的选择;二是学习者有作出正确选择的意愿和信心(Littlewood 1996)。这种能力并非天生,而需经过后天的系统培训(如在学校的学习)获得(Heloc 1981)。当今教育体系中,培养学生的自主学习能力已成为教育的终极目标。学生通过学习活动培养自主学习能力,同时以自我学习的方式开展学习活动。

　　随着自主学习的研究从理论走向实践,越来越多的学者将高科技工具与自主学习相结合,研究如何能更好地进行自主学习。国内多位学者提出利用强大的网络资源促进自主学习(如冯霞、黄芳 2013;邓隽等 2012 等)。国外研究更为深入具体,比如 Walker et al. (2014)提出学生需要通过网络平台进行互动,Duffy & Azevedo(2015)推出元导师智能软件(MetaTutor Intelligent Software)协助自主学习。

　　本文以语料库为学习工具构建自主学习模式,具体阐述学生如何通过自主学习方式提高英语写作水平。将该模式应用于上海理工大学的大学英语课堂中,运用行动研究方法进行两轮教学实验,以验证其是否对理工科大学生的英语写作学习有益。研究问题如下:

　　(1)本研究所构建的基于语料库的中国理工科大学生英语写作自主学习模式是否有助于学生提高英语写作水平?

　　(2)教师在学生的自主学习过程中应起到什么作用?

二、理论基础

1. 建构主义学习理论

　　Piaget 于 19 世纪 60 年代提出的建构主义理论认为,人类的学习是一个自我构建知识体系的过程(李子建、宋萑 2007)。学习者既有的知识结构被称为图式,通过同化,学习者将外部环境提供的信息纳入图式之中,丰富图式的内容;通过顺应,学习者改变既有的图示内容或者结构,以适应新环境。此两种方式使学习者知识与周围环境持衡。同化、顺应和平衡三个过程的不断交替使得学习者的图式逐渐走向成熟,这是学习者主动学习的过程。建构主义学习理论突出了人在学习中的主体位置,为自主学习方式的施行提供了理论依据。

建构主义学习理论在另一方面提出了环境的重要性。学习者的信息来自自身经验,学习的目的是为了达到与外部环境的平衡。当知识的建构发生在课堂中,教师和同学即为学习环境,认知结构需要在教师和同学的帮助下才能得以完成重构(黄慧、王海 2007)。基于中国英语学习主要在课堂完成的事实,教师和同学成为最主要的外部环境。因此,在以学习者为主导的学习中,无法忽略教师和同学的重要作用。

2. 输入理论

Benson(2013)认为足够的语料是语言学习者进行自主学习的最佳环境保障。Krashen(1985)的输入理论(Input Theory)为该种说法提供了理论依据。在 Krashen 看来,人类通过接触可理解输入(Comprehensible Input)习得语言。"可理解输入"指学习者听到或者看到的能够理解的语言材料,其难度应略高于学习者已经掌握的语言知识,但同时不会超出学习者的理解范围。Krashen 用"i+1"的公式来表示输入理论。"i"代表学习者当前的语言能力,"i+1"则表示学习者即将达到的更高层次。学习者通过对可理解输入语料的学习,完成从"i"到"i+1"的转变。输入理论认为学习者是在接触足够的语料之后自然习得语言知识的,而不是通过教师讲解获得知识。

Krashen 的输入理论给外语教学带来了新的变革。传统的外语教学以教师讲授语言规则为主,而新的教学方式从语言习得的角度出发,以学生为中心,为学生提供语言环境,让学生自己从语料中发现语言规则。

然而正如上文所说,中国的英语教学缺乏天然的英语环境,如何为学生创造语言环境是个难题。随着现代技术与语言学研究的结合,语料库的发展逐渐进入大家的视野。

3. 语料库语言学

无论语料库是一种研究工具还是一门独立的科学,其强大的真实语料资源都为语言学研究提供了重要支持。语料库驱动的语言学研究已经成为一股不可忽视的力量。

语料库存储着大量的真实语料,其配套搜索工具可用于自动/半自动文本分析,且可追溯具体上下文语境。根据不同的语料提供者,语料库可分为本族语者语料库与学习者语料库,如美国当代英语语料库(COCA)、英国国家语料库(BNC)、中国学习者英语语料库(CLEC)等。根据不同的语料来源,又可将语料库分为通用英语(EGP)语料库、职场英语(EOP)语料库、学术英语(EAP)语料库等。研究者依据自己的研究问题,选择不同的语料库进行研究。

在语言教学中结合语料库,可以有效提高教学成效。Leech(1994)在首届国际教学与语料库研讨会上指出,基于语料库的语言教学有利于建立以学生为中心的教学方法,鼓励学生自主学习。对中国英语学习者而言,语料库的海量真实语料恰好可以弥补英语语言环境的不足,帮助教师模拟真实的语言环境开展教学。

目前,国内已有学者将语料库应用于英语写作的教学研究中,如利用语料库研究学生写作特征(蔡少莲 2008;郝明星 2013),利用语料库提供课堂教学材料(梁茂成 2009)等。

4. Taylor 自主学习模式

Taylor 从学生的角度出发,认为课堂教学应以提高学生自我学习能力为主要任务。学习是"将自身的经验意义化的过程"(Taylor 1998:vii),就此他提出自主学习的转换生成模式(图 5-1)。

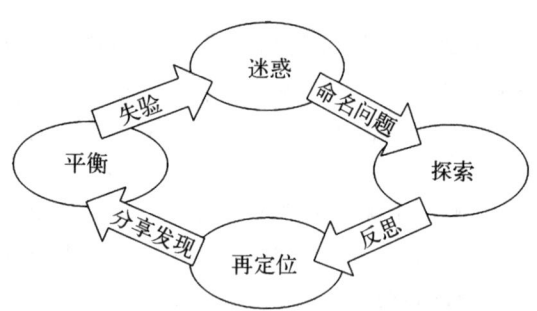

图 5-1　Taylor 自主学习的转换生成模式

(转引自赵同领、田勇泉 2013:55)

Taylor 指出自主学习过程中存在着八个节点。学习始于第一个节点失验(Disconfirmation)。学生无法将外部环境中的现象与自己的认知匹配,出现失验的状况,进入第二节点迷惑(Disorientation)。学生可能在此阶段产生厌学、退缩的情况,自信心下降。当他们走出不良情绪,决定开始探索新的答案时,则需要对问题进行命名(Naming the Problem),即第三个节点。识别问题是走向新认知的关键点,之后进入第四节点探索(Exploration)。学生通过各种渠道找寻问题相关的信息,并进行第五节点反思(Reflection),产生一个自我倾向。在第六节点再定位(Reorientation)中,学生得到一个新的认知,然而需要进一步确认其合理性,可通过第七节点与他人的交流分享(Sharing the Discovery)获得。最终,学生到达最后一个节点,认知与外部环境中的现象再次匹配,形成平衡(Equilibrium),学生将新的认知应用于实践中。

本研究亦认同学习的过程是个自我转变发展的过程,学生可以通过对各个阶段的控制完成自我提升。因此本研究以 Taylor 自主学习模式为原型加以开展。

三、研究实施

1. 模型建构

本研究基于 Taylor 的自主学习模型,融入教师角色与语料库,首先构建了基于语料库的理工科大学生英语写作自主学习模式(CSLM)的原始模型,如图 5-2 所示。

CSLM 分为两大部分:教师角色和学生角色。虽然在自主学习模式中学生为教学的中心,但是教师作为英语学习中近乎必然存在的影响因素,亦处于重要地位,只是其角色更加倾向于引导者。教师对于课本和知识的了解通常都多于学生,因此,由教师根据教学大纲和课本为学生指明学习方向,相比学生靠着本身不足的知识进行摸索,更加有效。

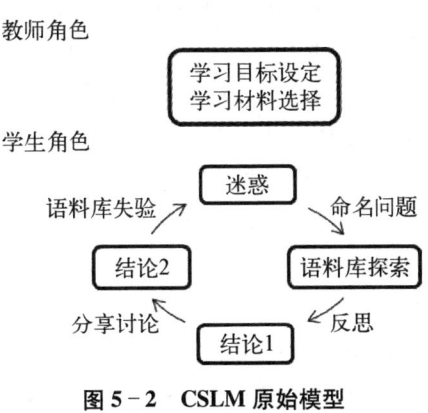

图 5-2 CSLM 原始模型

在具体操作上,教师首先为学生制订长期和短期学习目标。长期目标如学期目标的制订大多根据学校统一安排而定;短期目标如学习周目标则可依据班级具体的英语水平制订。其次,教师可为学生挑选合适的学习材料。对于中国的多数大学,非英语专业的英语课程中不会设置专门的英语写作课程,学生的学习材料可能仅限于课本上的写作部分,这明显是不够的。本研究提出利用语料库为学生提供写作学习语料,可以有效解决这个问题。然而语料库容量庞大,学生漫无目的地寻找必然会浪费精力与时间。所以,教师可先为学生挑选部分学习材料以供课堂讨论,在学生有一定认知之后,再进行自主探索。

在自主学习中,学生必然是学习的主角。在 CSLM 模式中,学生的自主学习过程依然包括八个节点,从学生产生怀疑直至逐渐走向独自探索,最后经过与同学和教师交流,获得结论。本模式的独特点在于语料库的利用。根据此模式学习的学生在语料库中验证自己对新语言现象的假设,当假设与搜索结果发生冲突时,学生产生迷惑,并继续在语料库中进行搜索,通过对更多语料的归纳与概括,寻找问题答案。结论 1 指学生在进行独立探索之后得到的答案,而这个答案可能由于个体的原因存在局限性,学生与同学和教师讨论此结论,在此过程中对其进行完善,最终在语料库中得到验证,取得认知与语言现象的平衡。如果学生依然无法达到平衡解决此问题,则此过程可能会持续,直到学生最终获得满意的结论 2。

在教学过程中,教师根据课程要求在每节课的开始与学生明确教学目标。由于学生个体水平不同,在基本完成目标的情况下,可依据自身情况进行调整。写作课堂上,除了教材上的写作范文,教师会向学生展示其他几篇相同题目的文章。这些文章由教师从语料库中搜索获得,师生共同探讨其中的优点与缺点,学习本族语者的表达方式。

学生则依据教师上课重点和制订的学习目标以及自己在上课过程中遇到的问题,在语料库中进行检索,比较英语学习者与本族语者相关表达的异同点,并与自己的理解进行对比。在此过程中,学生须注意重点分析本族语者的相关语料,对不同的表达进行总结归类,得到自己的理解。并将自己的理解在课内外与同学和教师交流,吸取意见及建议,补充自己的认识。最后带着自己的结论回到语料库中进行验证。自主学习之后,每位学生都将在英语写作交互学习平台上提交写作练习。教师在该平台上进行批改并反馈给学生,并将有代表性的错误在课堂上指出,与学生共同讨论形成原因及解决办法。

2. 研究对象

参与本研究的对象为本项目依托单位上海理工大学的一名大学英语授课教师和她的两个大学英语班级。该教师已教授大学英语课程近20年，专业知识深厚，教学经验丰富。参与两轮教学实验的学生均来自该校理工科专业，人数分别为37名和26名。

3. 研究工具

本研究涉及两个语料库。其一为本族语者语料库，本研究使用的是美国当代英语语料库(COCA)；其二为英语学习者语料库，本研究选取的是中国理工科大学生书面英语语料库的通用英语子库(WECCSEM - EGP)。两者共同提供教学语料。

本研究的另一工具为项目组研发的英语写作交互学习平台，主要用于学生课后自主学习。学生在此平台提交英语写作练习，教师亦在此平台进行批改。同时，学生可利用此平台的讨论区版块分享学习心得。

4. 研究过程

本研究在项目依托单位上海理工大学进行，采用行动研究法将所构建的CLSM模式应用于该校理工科专业学生大学英语课程中。

本研究共分为三个阶段。第一阶段(2015年9月至2016年2月)将原始模式运用于第一轮教学实验中，收集数据并进行分析。第二阶段(2016年2月至2016年3月)根据第一轮实验数据及分析结果，调整教学模式，改进教学方式。第三阶段(2016年3月至2016年7月)将调整的教学模式应用于第二轮教学实验，收集数据；并对整个实验进行总结，得出结论。

四、结果与讨论

1. 第一轮教学实验结果

本轮教学实验安排学生每两周提交一篇写作练习，一共收集六篇。我们选取第一篇"Self Introduction"和最后一篇"My View on Success"从词汇、语句和篇章三大类错误上进行文本分析，并对其详细错误进行分类。其中词汇错误包括拼写错误、词语不恰当、时态错误、搭配错误及冠词错误;中式英语和句子结构错误、单复数不当、指代不清属于语句层面的错误;篇章错误则包括文章结构和文章内容两个方面。表5-1和表5-2为该轮实验数据分析结果。

对比两张表格可以发现,学生总体上错误数量减少,说明学生经过一个学期的学习之后,写作水平有了提高。

表5-1 "Self Introduction"文本错误分析

写作文本总篇数	37		
总字数	5,878	平均字数	158.9
错误类型	错误数量	百分比(%)	排序
中式英语	50	16.3	1
拼写错误	47	15.3	2
句子结构错误	41	13.4	3
搭配不当	39	12.7	4
用词不当	33	10.7	5
单复数错误	31	10.1	6
文章结构不当	21	6.8	7
时态用词错误	19	6.2	8
冠词错误	10	3.3	9
内容错误	10	3.3	10
指代模糊	6	1.9	11
错误总数	307	100	
错误平均数	8.3		

表5-2 "My View on Success"文本错误分析

写作文本总篇数	37		
总字数	6,106	平均字数	165.0
错误类型	错误数量	百分比(%)	排序
句子结构错误	34	16.3	1
单复数错误	32	15.4	2
用词不当	30	14.4	3
中式英语	23	11.1	4
搭配不当	22	10.6	5
拼写错误	22	10.6	6
时态用词错误	15	7.2	7

(续表)

错误类型	错误数量	百分比(%)	排序
文章结构不当	11	5.3	8
冠词错误	8	3.8	9
指代模糊	8	3.8	10
内容错误	3	1.4	11
错误总数	208	100	
错误平均数	5.6		

首先,学生在文本结构与内容方面的错误百分比有了明显下降,体现学生在文章架构和审题上有了较大的进步。其次,在词汇方面,学生的拼写、搭配错误显著减少,但是在其他的词汇错误中,时态和冠词所占百分比略微增多,用词不当的错误比例更是出现了较大幅度上升。最后,在语句层面,除了中式英语所占比例下降,其余的错误类型都发生了上升现象。

通过对学生错误情况的分析发现,经过一个学期的教学实验,学生能够更好地掌握基本词汇知识,并且开始学习本族语者的表达方式,但是在句法问题上,依然存在较大的问题。进一步分析错误文本可以发现,对于用词不当与句法问题,学生虽然错误比重升高,但是错误内容发生了一定变化。

在"My View on Success"的文本中,学生相较于开学时,使用了更多的高级词汇,但也引发出了词汇混淆问题,如:"Successful people can be everyone of us.";"We must steadfast in striving after our dreams."。用词难度的增加很可能是用词不当错误比重上升的一个重要影响因素。

此外,学生更加偏向于使用长句。如:"I think no one can deny the success that Albert Einstein had achieved, but it is worth considering that which factor leaded him to such a great success and lasted for such a long time."。此句共有35个单词,句子较长。此学生虽然尝试写长句,但在句子成分分析时,出现了错误,将 leaded 与 lasted 进行了并列;事实上,leaded 的主语为 which factor,而 lasted 的主语为 success,两词无法并列。

由此可见,虽然学生在英语写作上有了明显的进步,但是对复杂词汇和句子的掌握依然不够充分。

2. 模型调整

基于第一轮实验结果可知,学生对于复杂词汇和句子的归纳分析不到位,造成错误频发的状况。其原因可能是在语料库探索阶段对语料的分析不透彻。通过对师生的进一步了解,我们发现学生对语料库的使用方式存在疑问,很多的检索功能不会使用,也难以综合运用。因此在第二轮实验中,将加大教师对学生语料库知识的培训。

另一方面,通过对自主学习平台讨论版块的观察,可以发现学生并不经常使用此版块进行知识的共享与讨论。原因可能是多方面的,如学生的作息时间不同、在线时长不同、性格不同等等。因此,我们将讨论活动置于线下,将在线讨论作为辅助方式。调整后得到新的自主学习模式(图5-3)。

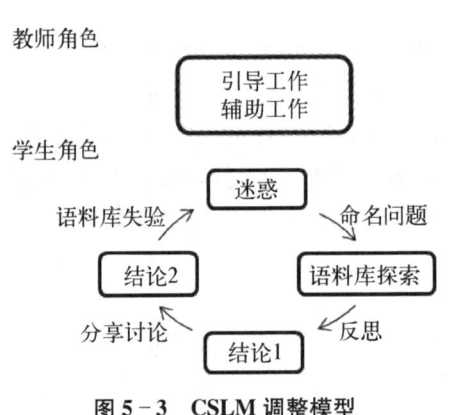

图5-3 CSLM调整模型

在CSLM调整模型中,学生的学习阶段未发生变化,但是教师的角色在原来单一的挑选材料、设定目标等引导性角色基础上增加了辅助角色,体现在组织语料库培训、课堂专题讨论等部分学生活动上。

3. 第二轮教学实验结果

第二轮实验中,同样收集了六篇作文练习,表5-3中的"New Term Wishes"为第一篇,表5-4中的"Characteristics of Creative People in My Eyes"为最后一篇。

第二轮实验着重于检验调整后的CSLM模式是否有利于培养学生的归纳分析能力,特别是对复杂词汇和句子分析的能力。

表5-3与表5-4显示,学生的错误平均数从7.2下降到4.8。相比第一轮实验,本轮实验中学生的进步更为明显。搭配错误数从28下降到13,用词不当数从16下降到13,说明学生能够更好地掌握词汇的使用方法。另外,句子结构上的错误数量从44直降到31,说明学生的句子分析能力有了较大提高。

表 5-3 "New Term Wishes" 文本错误分析

写作文本总篇数	26		
总字数	3,978	平均字数	153.0
错误类型	错误数量	百分比(%)	排序
句子结构错误	44	23.4	1
中式英语	32	17.0	2
单复数错误	28	14.9	3
搭配不当	28	14.9	4
用词不当	16	8.5	5
拼写错误	12	6.4	6
冠词错误	12	6.4	7
指代模糊	8	4.3	8
时态用词错误	4	2.1	9
文章结构不当	4	2.1	10
内容错误	0	0	11
错误总数	188	100	
错误平均数	7.2		

表 5-4 "Characteristics of Creative People in My Eyes" 文本错误分析

写作文本总篇数	26		
总字数	3,786	平均字数	145.6
错误类型	错误数量	百分比(%)	排序
句子结构错误	31	24.6	1
中式英语	24	19.0	2
用词不当	19	15.0	3
单复数错误	15	11.9	4
搭配不当	13	10.3	5
时态用词错误	8	6.3	6
拼写错误	7	5.6	7
冠词错误	5	3.9	8
指代模糊	4	3.2	9

(续表)

错误类型	错误数量	百分比(%)	排序
文章结构不当	0	0	10
内容错误	0	0	11
错误总数	126	100	
错误平均数	4.8		

从第二轮教学实验的数据分析结果可以得知，CSLM调整模型在强化了教师角色之后，学生的词汇、句法归纳分析能力有了更好的发展，使学生的自主学习效果得以提高。

五、结论与展望

Zimmerman(2000)指出，自主学习是人类最重要的本质之一。将自主学习融入课堂教学之中顺应人类发展自然规律，对于学生的学习效果以及学习能力的提高都有着重要意义。

本研究提出的CSLM模式在上海理工大学理工科专业大学英语课堂的应用中一定程度上促进了学生英语写作水平的提升，特别是在英语表达方式上，学生写作逐渐向本族语者的表达方式靠拢，开始摆脱中式英语。同时，学生的词汇、句法归纳分析能力都有了长足的进步。这些现象说明，将语料库融入英语写作的自主学习对学生写作能力的提高有着一定的效果。语料库，特别是本族语者的语料库，可以作为学生语言学习的工具。此工具可使学生直接接触庞大的语料，相比简洁概括的教材更加直观全面。学生处于相对真实的语言环境中，能够主动发现语言的使用方法，而不是被动地输入语法规则。

此外，将课堂与自主学习相结合，使教师参与自主学习的过程，在很大程度上为学生节省了学习的时间，提高了自主学习的效率。学生的水平在接触书本前，大多低于书本知识对应水平，加上他们不了解所要学习的内容，因而探索起来难以迅速确定方向。教师在这个阶段为学生指明方向，创造自主学习条件，避免了学生独立学习中可能浪费大量时间和精力的情况，保证了学生自主学习的高效。

总而言之，将语料库与自主学习相结合用于英语写作教学具有一定成效。然而,在本研究中,教学实验对象仅局限于一所高校的理工科学生,并未涉及其他高校。在此后的研究中,作者将扩大此模式所应用的对象范围,进一步发掘其中潜力。

第二节 写作教学方法研究①

一、概述

  写作体现了语言综合运用能力。然而,大学英语写作教学仍存在诸多问题,其效果也并不理想。历年大学英语四六级考试结果表明,写作是学生丢分最多的项目(陈成辉、肖辉 2012)。这极大地限制了大学生英语整体水平的提升。尤其对于理工科大学生而言,长期以来由于缺乏英语写作的学习兴趣以及忽视英语写作能力对今后专业发展的重要性,英语写作能力整体水平较低(王惠、曹课兴 2015)。随着国际交流日益频繁,词汇在语境下的灵活运用、文章思想内容的充实表达以及篇章结构的连贯衔接等方面,已成为新时代对英语写作能力提出的新要求(沙延生 1995;李丽敏 2016)。相比之下,传统的成果教学法(Product Approach)忽视了写作内容,而过程教学法(Process Approach)忽视了具体语言知识,均无法完全满足信息时代的要求(王海莺 2007)。

  《大学英语教学指南》指出,大学英语教学应该致力于建设高质量、满足大学生多样化需求的大学英语课程,重点培养学生的英语应用能力(王守仁 2016)。将语言知识的学习与主题内容的学习相结合是主题式内容为依托教学模式(CBI)的核心思想。该教学法以主题内容教学活动为主线,同时加强对语言知识的运用。它强调学生在通过学习主题知识的过程中,语言技能也得到充分提高。CBI 基于学生兴趣以及对语言学习的需求,通过运用真实丰富的语言材料,具有培养学生思维发展的特点(陈冬纯 2014)。它能使学生在课堂上成为独立自主的学习者,并且在课后持续学习,因而对培养学生的英语应用能力多有裨益。

---

① 本节主要内容曾发表于《上海理工大学学报(社会科学版)》2017 年第 4 期,此处略作修改。

二、文献综述

1. 传统写作教学法

19世纪60年代中期结果教学法在写作教学中起主导作用。该教学法起源于行为主义理论,其核心思想是通过不断的刺激反应(即集中的语言训练)使学生模仿并习得外语知识和技能(Nunan 2001)。结果教学法注重测试语法规则和语言的使用。许多研究者认识到结果教学法忽视了写作是一种复杂的认知活动,并不是机械的输入和输出过程(苏航、杨磊 2001;杨磊、宋庆华 2002;吴军赞 2006)。

由于结果教学法不能满足学习者的需求,因此过程教学法的出现受到了广大教师以及学者的接受与认可(Kroll 2003)。写作过程教学法包括四个步骤:写前构思、写作初稿、修改初稿、校订成稿。该教学法要求学生在写前自由表达观点并反复修改校订文章。在写作过程中,教师不对文章打分,只针对文章内容给出相应的反馈。在修改校订过程中,教师会逐一帮助学生解决单独的问题。这有助于学生反思自己在写作中遇到的问题并加以改正(Tribble 1996)。然而,过程教学法也存在一些问题。它强调写作过程,却忽视了基本的语言知识,这使得文章的质量较差。此外,不同体裁的语篇有不同的特点,以相同的方式教授忽略了语篇间的差异。再者,过程教学法耗时较长,因为在写作过程中教师需要关注个别的学生并与其交流(Badger & White 2000; Matsuda 2003)。

总之,这两种教学法有各自的优点与不足。研究者开始探讨其他写作教学法,如CBI,以克服传统教学法的弱点。

2. CBI 与主题式 CBI

CBI指将语言学习与内容学习相结合的教学法(Mallu 2016)。Raphan & Moser(1993)认为从某种程度而言语言教学必须基于内容。学生能够通过学习内容从而习得语言。CBI有三种模式:保护模式(Sheltered CBI)、附加模式(Adjunct CBI)和主题模式(Theme-Based CBI)。保护模式指对英语学习者与本族语者分别授课,帮助英语学习者更好地理解课程内容。对于英语学习者,本族语教师会使用经过调整、简化的语言进行授课,以便提高他们的学习效率。附加模式指语言课程与内容课程分别教授,两种课程同时设计,但内容课程的教授要先于语言课程。

这个模式的主要特点是将内容课程与精心设计的语言课程有效地协调在一起,为学习者服务。相比之下,主题式 CBI 基于主题设计教学内容,以便满足学生的兴趣和需求(Duenas 2004)。教学大纲由话题和主题组成,教师应当选择能够吸引学生的话题和相关的英语原版学习材料。这种模式不同于以往通过单一活动(如写作练习或者小组讨论)进行课堂设计的语言课程(Baecher et al. 2013)。Stoller & Grabe(1997)提出学习材料的筛选应当遵循"6T"原则,即主题(Theme)、文本(Texts)、话题(Topics)、思路(Thread)、任务(Tasks)和过渡(Transitions)。教学活动应围绕一个话题进行,将词汇、句式以及其他背景信息等语言点紧密相连。最后,通过学习过程和阶段测试评估学习效果。

　　王士先(1994)首次将 CBI 的基本原则与模式引入国内,之后许多研究者从不同角度对该教学法进行探索与实践。章文君(2008)以电子商务专业英语为例,探索了 CBI 在中国高职英语教学的作用以及教师与教材的角色,以便提高高职院校的教学质量。廖春红(2011)以法律英语课程为例,将输入理论(Input Hypothesis)、交互理论(Interaction Hypothesis)和任务教学法(Task-Based Approach)相结合,探讨内容依托教学法的科学依据。结果表明 CBI 为法律专业学生作为从业者提供真实详细的工作场景描述,是一种有效的教学方法。高璐璐、常俊跃(2013)对英语专业的写作能力进行研究,结果显示实验组比对照组对英语学习更感兴趣,且学习效率更高。米保贵、袁平华(2015)对我国内容依托教学法的研究现状进行总结,发现将 CBI 应用于大学英语课程和英语专业课程的研究占总研究数量的一半以上,但将 CBI 运用到理工科大学生英语写作的研究却寥寥无几。

　　综上所述,CBI 在大学英语教学中起到了重要作用,然而其对理工科大学生英语写作水平提高的作用研究仍处于探索阶段。因此将主题式 CBI 应用于理工科大学生写作模块,以尝试提高理工科大学生的英语写作能力显得尤为重要。

三、研究设计

1. 需求分析

　　为了了解理工科大学生英语写作的问题,全国 1,660 名大二理工科学生参加了"写作课程需求分析"问卷调查。他们分别来自 12 所不同层次的大学,包括"985 工程"高校、地方重点高校和地方普通高校。该问卷根据 Hutchinson & Waters(1987)需求分析模式设计,分为两部分。第一部分是个人信息;第二部分为主体内容,要求学生反映自己的写作现状和写作问题。该部分共有 9 题,第 1 至第 5 题为陈述项,采用李克特五级量表形式,要求学生选择最符合自己实际情况的数字;第 6 至第 9 题为多项选择题,要求学生选出最符合自己实际情况的选项。(详见附录 12)下表显示参与问卷调查学生的个人信息。

表 5-5　参与问卷调查学生的个人信息

性别	男	69.9%	
	女	30.1%	
专业	理科	36.3%	
	工科	63.7%	
大学	"985 工程"高校	上海交通大学	5.97%
		华南理工大学	2.42%
		重庆大学	9.58%
		哈尔滨工业大学	5.43%
		总百分比	23.40%
	地方重点高校	上海理工大学	11.40%
		河北师范大学	8.68%
		重庆邮电大学	7.30%
		广东工业大学	11.70%
		总百分比	39.08%
	地方普通高校	上海工程技术大学	7.12%
		广州大学	8.57%
		重庆师范大学	12.06%
		黑龙江大学	9.77%
		总百分比	37.52%

根据表 5-5 可以得出,参与问卷调查的男生与女生所占比例分别为 69.9% 和 30.1%。工科学生占总数的 63.7%,几乎是理科学生的二倍。"985 工程"高校学生占总数的 23.40%,地方重点高校和地方普通高校分

别为 39.08%和 37.52%。

下表显示学生在进行英语写作时对语言知识的运用情况。

表 5-6 参与问卷调查学生语言知识的运用情况

陈 述 项	百分比(%)				
	1	2	3	4	5
写英语作文时我会熟练运用词汇。	3.4	15.9	43.1	29.3	8.3
写英语作文时我会关注是否有语法错误。	3.6	8.8	29.2	41.0	17.4
我鼓励自己尽量把学过的词、句用于英语写作中。	1.8	8.6	29.4	42.6	17.6
我的老师在教英语写作时,会要求学生背诵作文常用句型。	6.4	11.7	27.1	35.0	18.8
我的老师在批改英语作文时,会详细纠正学生的拼写、词汇以及语法错误。	3.2	7.3	20.4	37.0	32.1

注:"1"代表"从不";"2"代表"偶尔";"3"代表"有时";"4"代表"经常";"5"代表"总是"。

从表 5-6 可以看出,43.1%的学生认为他们有时候能熟练运用词汇,另有 37.6%的学生表示经常或总是可以熟练运用词汇。58.4%的学生经常或总是在英语写作时关注是否有语法错误。经常或总是尽量把学过的词、句用于英语写作中的学生占总数的 60.2%。53.8%的学生认为老师在教英语写作时经常或总是会要求学生背诵作文常用句型。69.1%的学生认为老师在批改英语作文时,会经常或总是详细纠正学生的拼写、词汇以及语法错误。

表 5-7 反映了学生在英语写作中遇到的问题。

表 5-7 参与问卷调查学生的英语写作问题

选择题	A	B	C	D	E	F	G	H	I	J
您英语写作中的主要问题有哪些?	22.9	**31.9**	**44.4**	**53.6**	20.4	15.1	30.8			
您在写作的哪些环节需要帮助?	**41.0**	16.4	23.0	**55.8**	**50.5**	0.7				
您平时在英语写作中最容易犯的错误是什么?	11.7	**26.2**	11.3	**53.8**	**57.7**	23.5	19.7	4.8	16.9	0.2

(续表)

选择题	A	B	C	D	E	F	G	H	I	J
您在英语写作中遇到的最常见的问题是什么？	**12.8**	9.5	**10.9**	8.4	7.1	3.9	7.7	2.3		

注：A、B、C、D等字母对应选项参见附录12。

学生在英语写作中的主要问题是不会使用学过的词汇和结构（占53.6%），总是先想到汉语（占44.4%）和不知该写什么内容（占31.9%）。学生需要帮助的写作环节中有遣词造句（占55.8%），修辞润色（占50.5%）和拓展思路（占41%）。学生平时容易犯的错误为词汇量局限（占57.7%），句型单一（占53.8%）和词语乱用（占26.2%）。学生在英语写作中遇到的最常见问题有中式英语严重（占12.8%），语言不符语法（占10.9%）和不知口语和书面语的差别（占9.5%）。

总体而言，大部理工科学生在英语写作时，不能将文章结构与内容相结合。他们虽然意识到英语写作的重要性，但尚未找到合理的解决办法。他们不能在一定语境下恰当使用词汇，以及不知道如何拓展思路，丰富文章内容。

2. 研究实施

研究问题

主题式CBI是一种适合医学、文学、政法、农业、地质学等专业学生的英语教学方法。其教学目标包括语言能力发展和内容学习，以便满足学生通过英语学习专业知识的需求（束定芳 2013）。基于问卷中发现的主要问题，作者以上海理工大学为例，进行了为期六个月的实证研究，用于回答如下两个研究问题。

(1) 主题式CBI对提高理工科大学生英语写作能力是否有效？

(2) 主题式CBI能改善理工科大学生的学习动机吗？学生的学习表现有哪些具体的变化？

我们运用写作测试回答第一个研究问题，运用访谈和课堂观察回答第二个研究问题。

研究对象

66名上海理工大学二年级理工科专业学生被选为研究对象。其中来自一班的 32 名学生是实验班,二班的 34 名学生为对照班。一班采用主题式 CBI 进行教学,二班采用常规教学方法。

研究工具

写作测试

本研究中的一个实验目标是检验主题式 CBI 对学生英语写作能力的影响。我们设计前测和后测来检验研究对象在研究前和结束时的英语写作能力变化。两个写作测试卷均基于全国大学英语六级考试的写作任务予以设计,并按照相应的评分标准进行打分。所有学生在实验前和实验结束后均参加前测和后测。

访谈

实验开始后三个月,我们在实验班根据前测成绩的高中低,分别选取两名同学参加访谈。访谈的问题如下:

(1) 对基于主题式内容依托教学模式而设计的写作任务谈谈你的看法?
(2) 你认为自己在准确使用词汇方面的能力是否有所提高?
(3) 学习了三个月后你知道如何合理组织文章以及拓展思路吗?
(4) 你能对如何提高英语写作教学效果提出一些建议吗?

课堂观察

课堂观察是一种用于提高教学质量和学生课堂表现的科学研究方法。本研究根据 Balcs(1950)提出的"交互过程分析"(Interaction Process Analysis)进行课堂观察,并收集信息予以分析。每周对两组学生以及任课教师进行课堂观察并作记录,比较不同教学法下的教学效果。

数据分析

实验数据用 SPSS 19.0 软件进行分析,描述性数据用于计算数据的平均值、倾斜度、峰值、最大值、最小值等。独立样本 t 检验用于分别比较在实验前和实验后两组学生写作成绩的差异。配对样本 t 检验用于检测通过教学实验,学生写作成绩是否显著提高。

研究过程

整个研究从 2016 年 2 月底进行到 7 月底。

首先,实验班和对照班的学生均参加前测,检测学生最初的英语写作水平。然后进行一学期四个月的教学实验。实验班和对照班分别采用主题式 CBI 和常规教学法,同步进行课堂观察。在实验进行三个月后对实验班的六名学生进行访谈,了解学生对主题式 CBI 的态度和看法。教学实验结束后,对两个班同学进行写作后测。最后收集所有数据进行分析。

教学采用的教材是《新世纪大学英语综合教程4》(秦秀白、刘洊波2013),该教材的每个单元都由特定的主题构成。我们选取五个单元进行实验并设计了两种不同的教案。一种是主题式CBI教案,另一种是常规教学教案。表5-8展示了两个班级不同的教学重点。

表5-8 参与教学实验两个班的课程设计对比

班级	教学内容	任务	语言输入和教学语言	教学活动和教学方法
一班 主题式 CBI	Theme-related topics with textbook & *The Economist*, BBC, CNN, TED, etc. Focus on teaching content Content and language points of textbook & *The Economist*, BBC, CNN, TED, etc.	Read original English articles of relevant topic Summarize it in your own words and then write your ideas after reading it	Mainly from foreign original materials Mainly English (sometimes Chinese)	Teacher analyzes content; students state their opinions. Group work & discussion Multimedia teaching methods
二班 常规 教学法	Theme-related topics with textbook only Focus on teaching language points Content and language points of textbook	Review the essay in textbook Write an essay about this topic	From textbook English & Chinese	Teacher analyzes content and stresses language points; students answer the questions. Group work & discussion

四、研究结果与讨论

1. 写作测试

前测成绩分析

前测的描述性数据如表5-9。

表5-9 参与教学实验两个班的前测描述性统计数据

	学生数	平均分	倾斜度	峰值	最低分	最高分
一班	32	9.7500	-0.215	-0.334	6.00	13.00
二班	34	9.7647	-0.186	-0.591	7.00	13.00

根据表 5-9 可以看出，一班成绩的平均分、最低分和最高分分别为 9.750 0、6 和 13。二班成绩的平均分、最低分和最高分分别为 9.764 7、7 和 13。另外，一班成绩的倾斜值是 -0.215，峰值是 -0.334，二班成绩的倾斜值是 -0.186，峰值是 -0.591。这些值均在 -2 与 +2 之间，因此该测试成绩为正态分布，可以进行下一步分析。

表 5-10　参与教学实验两个班的前测独立样本 t 检验结果

Writing Results	Levene's Test for Equality of Variances		t-Test for Equality of Means						
	F	Sig.	t	df	Sig. (2-tailed)	Mean Difference	Std. Error Difference	95% Confidence Interval of the Difference	
								Lower	Upper
Equal variances assumed	0.047	0.830	-0.035	64	0.972	-0.014 71	0.417 75	-0.849 26	0.819 84
Equal variances not assumed			-0.035	63.182	0.972	-0.014 71	0.418 42	-0.850 81	0.821 40

由表 5-10 的显著值（Sig. = 0.830>0.05）可知，两个班学生的前测写作成绩无明显差异，即在实验前一班学生的写作水平与二班学生写作水平相当。

后测成绩分析

后测的描述性数据如表 5-11。

表 5-11　参与教学实验两个班的后测描述性统计数据

	学生数	平均分	倾斜度	峰　值	最低分	最高分
一班	32	13.031 2	-0.828	0.064	11.00	14.00
二班	34	12.058 8	-0.584	-0.579	9.00	14.00

根据表 5-11 可以看出，一班成绩的平均分、最低分和最高分分别为 13.031 2、11 和 14。二班成绩的平均分、最低分、最高分分别为 12.058 8、9

和 14。另外,一班成绩的倾斜度是-0.828,峰值是 0.064,二班成绩的倾斜度是-0.584,峰值是-0.579;这些值均在-2 与+2 之间,因此该测试成绩为正态分布,可以进行下一步分析。

表 5-12　参与教学实验两个班的后测独立样本 t 检验结果

Writing Results	Levene's Test for Equality of Variances		t-Test for Equality of Means						
	F	Sig.	t	df	Sig. (2-tailed)	Mean Difference	Std. Error Difference	95% Confidence Interval of the Difference	
								Lower	Upper
Equal variances assumed	8.993	0.004	0.085	64	0.003	0.972 43	0.315 25	0.342 64	1.602 21
Equal variances not assumed			3.129	54.940	0.003	0.972 43	0.310 81	0.349 54	1.595 31

由表 5-12 的显著值(Sig.=0.004<0.05)可知,两个班学生的后测写作成绩有明显差异,即在实验后一班学生的写作水平与二班学生写作水平不同。

前后测对比分析

为了考察两个班学生在前测和后测是否存在写作成绩上的差异,我们进行了配对样本 t 检验(详见表 5-13)。

表 5-13　参与教学实验两个班的配对样本 t 检验结果

		Mean	Std. Deviation	Std. Error Mean	95% Confidence Interval of the Difference		t	df	Sig.
					Lower	Upper			
Pair 1	Post-test Class1 Pre-test Class1	3.281 25	1.764 06	0.311 84	2.645 24	3.917 26	10.522	31	0.000

（续表）

		Mean	Std. Deviation	Std. Error Mean	95% Confidence Interval of the Difference		t	df	Sig.
					Lower	Upper			
Pair 2	Post-test Class2 Pre-test Class2	2.294 12	2.181 60	0.374 14	1.532 92	3.055 31	6.132	33	0.000

由表 5 - 13 两个班的显著值（Sig. = 0.000<0.05）可知，经过一个学期的学习，两个班在英语写作上的成绩都有所提高。但一班后测与前测相比平均分增加了 3.281 25，二班则增加 2.294 12，说明一班学生的进步比二班大。

2. 访谈

参加访谈的六名学生几乎全部提到，基于主题式 CBI 设计的写作任务能帮助他们理清写作思路，并且有条理地组织文章。在分析课文时，学生能有意识地找出影响文章连贯的连接词或连接句。同时，学生能积累大量与课文主题相关的词汇以及用法，同时也学到了相关的句子表达以及背景知识。在参加主题式 CBI 教学之后，学生更愿意参加课堂讨论。他们发现写作没有以前那么难。

在谈到第二个问题时，学生回答他们能够在一定语境下正确使用相关词汇，同时学会了近义词，这使学生在写作中避免重复使用词汇，从而增加了文章的美感。在经过分析文章脉络的训练后，学生理解了如何合理组织篇章结构，这使写作变得更加有趣。同时学生比以前更愿意花时间在英语学习上，而不仅仅学习专业课知识。最后，这六名学生提出了一些提高英语能力的建议。他们希望教师多提供一些课本以外的学习材料，克服教材的局限性。有些学生提倡教师在课上选取更多与学生生活以及社会相关的话题进行小组讨论。

此外，学生希望课堂活动可以更加生动活泼，比如尝试英文歌曲、讲解英文典故、表演英文短剧等。学生还希望教师给英语水平较低的同学提供一些实际易操作的学习建议与帮助。这样可以使学生在课上变得更加自信,不再害怕当堂发言。

总之,学生认为内容依托教学模式更加具有吸引力,对英语写作能力的提高有很大帮助,并且能激发学习兴趣。

3. 课堂观察

课堂观察进行了四个月,以下分别对三个主要阶段进行分析(详见表5-14)。

表 5-14　参与教学实验两个班的课堂观察记录

	一　班	二　班
学期始	1. 学生表现: 对完成写作任务感到有压力 尝试用英语与小组成员讨论问题 2. 教师表现: 鼓励学生上课多用英语发言	1. 学生表现: 不太参与课堂活动 2. 教师表现: 鼓励学生上课多用英语发言
期中前	1. 学生表现: 出色完成与作业相关的展示 用英语发言时表达自然 学会举例说明问题并更加积极参加小组讨论 2. 教师表现: 当学生积极参与讨论时给学生提出更多针对性的反馈意见	1. 学生表现: 更多地参与课堂活动 在使用英语时感到有压力 2. 教师表现: 继续鼓励学生在课堂上多使用英语并积极参与课堂讨论
期末前	1. 学生表现: 在小组讨论中表现非常积极 能针对话题进行英语辩论 2. 教师表现: 与学生一起合作完成教学任务	1. 学生表现: 能用英语发言 说英语时害怕犯错 2. 教师表现: 对课堂活动起主导作用

在学期伊始,我们发现一班学生对新的教学法很感兴趣,英语学习兴趣也大大高于二班学生。在课上和课后,他们变得更积极学习,且可以独立完成学习任务。在期中考试前,一班学生已经能够很好地完成课前展示,并且较自然地用英语进行表达。在期末考试前,一班学生能积极主动地加入课堂讨论。然而,二班学生自始至终没有太大

改变。虽然,有些学生在课堂上较为积极主动,但大部分学生害怕在课堂上发言。

五、结论

1. 主要研究成果

项目组进行了主题式 CBI 的教学实验,采用定性和定量的研究方法对数据进行分析,得出以下结论。

首先,根据实验数据以及访谈结果得出,主题式 CBI 能帮助学生有效提高英语写作能力,包括合理使用词汇和构建语篇结构。实验班学生在经过一学期的学习后能恰当使用英语词汇,并能在课堂上用举例的方法陈述自己的观点。

其次,主题式内容依托教学法能提高理工科大学生英语学习动机。根据访谈分析发现,大多数理工科大学生对语言学习不感兴趣,愿意花更多的时间在专业课学习上,因此他们不喜欢在课上用英语发言。然而,在实验中,学生可以选择自己感兴趣的材料进行补充阅读,这使得他们的学习兴趣更加浓厚。

最后,主题式 CBI 能满足学生语言学习与内容学习的双重需求。在阅读学习英文原版材料时,学生可以同步学到很多信息,包括语法、词汇、背景知识和文章的组织结构,极大程度地增加了学习的效率。

2. 研究启示以及局限性

主题式 CBI 为英语学习提供了一种有效的学习方法。相比传统教学法,该教学法不仅关注语言知识的学习,也注重内容的拓展。该教学法提供了一种较为真实的语言学习环境,这有助于学生在真实语境下交流时提高自信。在主题式 CBI 的课堂教学中,学生是中心,因而充分地调动了学生的学习积极性,有助于有效发展学生的英语语言能力。

本研究也存在一些问题。由于研究时间有限,教学实验仅进行了一个学期。此外,仅上海一所市属高校 66 名理工科学生参与本研究,研究面较窄。在将来的研究中,项目组将扩大研究范围,并延长教学实验时间,以期在广度和深度上进一步探究主题式 CBI 在理工科大学生大学英语写作模块中的教学效果,并尝试应用于其他专业学生的大学英语课堂中,开展各种层次的对比研究。

本章为本研究对中国理工类高校大学英语教学的反馈效应，一方面提出了基于语料库的中国理工科大学生英语写作自主学习模式，另一方面设计了大学英语课堂中写作模块的教学方法。教学模式和教学方法的设计都基于相应的理论和实践基础，并开展了一段时间的教学实践加以验证，可以对大学英语课堂的教学起到一定的参考借鉴作用。

第六章 结 论

在本章中,我们讨论本研究的创新点、应用前景和局限性。本研究的创新点主要体现在构建了中国理工科大学生书面英语语料库和参照语料库,基于语料库对中国理工科大学生的英语写作水平进行了深入的分析,研发了中国理工科大学生英语写作交互学习平台,并应用于课堂教学。其系列研究成果对我国大学英语有着广泛的应用前景。本研究的主要局限性在于研发的自主学习平台尚未得到全方位运用。

第一节 创新点

本研究的创新点在于语料库构建、写作能力分析、自主学习平台构建和课堂教学反馈上。

一、语料库构建

首先,项目组完成了中国理工科大学生书面英语语料库(WECCSEM)和参照语料库的建设工作。经过语料的搜集、输入和整理,最终所形成的数据库包含约363.3万词次的学习者语料库和315万词次的本族语者参照语料库。总的来说,WECCSEM 有如下几个特点。

第一,对语料库变量的取舍作了较为全面的考虑。本项目的学习者变量包括语料来源、英语学习年限、受教育程度和所学专业。任务变量包括文本类型、写作时限和工具书的使用。其根本目的是使语料库尽可能覆盖各层次的中国理工科学生在多种写作条件下的文本输出。

第二,学习者和学科领域范围的确定均体现了"核心优先、多数优先、兼顾均衡"的思路,并按照"中间大、两头小"的原则进行抽样。根据统计,WECCSEM 包含来自"985 工程"高校的语料共计 95.2 万词次,来自地方重点高校共计 182.4 万词次,来自地方一般高校共计 85.9 万词次。同时,依据《普通高等学校本科专业目录》(2012)、《学位授予和人才培养学科目录》(2011)、《国家中长期科学和技术发展规划纲要(2006—2020 年)》等指导性文件,项目组确定了数学科学、机械制造、能源动力等 10 个核心领域,以及地球科学、安全工程、农林科技等 10 个延伸领域,按照"核心领域专业为主,延伸领域专业为辅"的原则采集学习者语料。

第三,通用英语(EGP)、职场英语(EOP)和学术英语(EAP)的区别对待是一种大胆的尝试和探索。EGP 考查学生对常见社会话题的描述与评判;EOP 体现工作场所中的实用英语运用能力;EAP 显示研究生撰写研究报告的必要技能。

EGP、EOP 和 EAP 三个子库的库容分别为 80 万词次、197.6 万词次和 85.7 万词次,有利于考查学生在处理不同的交际目的、主题、语篇时所显示的写作能力。最后,为了分析 EOP 和 EAP 的中介语特征,项目组专门建设了这两个子库的参照语料库,其来源包括教材、公司/产品主页、Pro-Quest 数据库等。EOP 参照语料库的库容为 95 万词次,EAP 参照语料库的库容为 220 万词次。

二、写作能力分析

项目组根据已建成的语料库对中国理工科大学生的英语写作能力进行分析。首先以 that 为例来报道基于 EGP、EOP 和 EAP 三个子库的研究范式,并阐述进行类似分析时可以剖析的点和面。继而对应职场英语和学术英语两个参照库,对 that 在学习者语料库中的特征进行进一步阐述。为了更好地进行写作能力分析,项目组制订了共性研究范式,探讨了不同子库的研究重点,这些给将来开展类似研究提供了理论基础。在对 that 进行的深入分析中,项目组对 that 在 EGP、EOP 和 EAP 三个子库中的性状进行了描述性分析、推断性分析和语言学分析,并通过卡方检验对其进行了对比分析。

接下来,项目组对 that 在 EOP 和 EAP 学习者语料库和参照语料库中的使用特征进行了对比分析。前一组对比研究结果发现：EOP 子库和 EOP 参照库中 that 使用的共同点是"指代明确性维度的语体特征分析"，并都呈现出显著性特征。"交互性维度的语体特征分析"方面，EOP 子库比 EOP 参照库更多。这说明所构建的 EOP 子库中，学生的口语化特征明显。去除一定的口语化特征，和书面语特征平衡协调将是未来的教学研究。后一组对比研究结果发现：学生会在学术英语语料中使用 that 作为元话语的结构，即"that is"。大多数的 that 是在构建信息传递能力。这一现象的出现解释了学生需要用不同的句式对术语作出详细解读，因为学生在学术语篇的写作之中，不可能出现像专家学者那样严密地下定义的语言组织，这和学生对专业知识的认识深度有关。因此，在学术写作教学中需加强对具有术语解读功能的不同句式的学习和训练，使得学术写作的形式灵活，方便学生组织语言并增强文章的可读性，以此来提升学生的学术写作能力。

为了剖析理工学术英语特色，项目组采用语料库对比研究方法，使用 AntConc、WordSmith 等软件从外壳名词、被动结构、语义韵和句干特征四方面进行深入探讨。项目组首先考察了中国理工科硕士和英语本族语理工科硕士论文英文摘要中外壳名词及其词汇-语法构式的异同。研究结果表明：外壳名词在科技类学术语篇中显现出独特的文体特征；中外理工科硕士生在外壳名词及其词汇-语法构式的使用频率方面未表现出显著差异；中国理工科硕士生在词汇的语义选择上缺乏多样性；外壳名词通过回指和后指在摘要写作中发挥语篇衔接功能；中外理工科硕士生均倾向于高频使用知识性立场标记，较少使用态度性立场标记。

在对被动结构的研究中发现：与英语本族语学生相比，中国学习者使用被动结构的频率相对较少。在七种被动结构（即被动、形容词伪被动、动词伪被动、外围组合、常用被动类型、混合组合与状态组合）中，被动是最受青睐的，且为中国学生最常使用的模式，占了被动结构的 93.4%，而其他六种类型较少被使用。此外，中国学习者在被动、形容词伪被动、外围组合与混合组合以及状态组合上与英语本族语学生有显著不同。即中国学习者除相对过度使用形容词伪被动语态之外，对这些模式都很少使用。在时态的使用上，中国学生更倾向于用现在时态。

项目组以 provide 的不同形式为研究对象，探索中国理工科硕士研究生在动词语义韵方面的使用特征。结果显示：学生在学术英语写作中对动词语义韵的使用与其偏向不一致，可能由于母语迁移和学习策略的影响使动词偏离了其典型语义韵特征，造成语用失误。

最后，项目组在共选理论视角下，采用语料库驱动的短语学研究方法，检查中国理工科硕士研究生学位论文英文摘要中的句干使用特征。研究发现：中国理工科硕士研究生已经能够比较熟练地使用一系列揭示摘要语步特征、实现特定体裁功能的典型小句。但很多时候，他们熟知词语之意义，却不知词语与其他词语的组合方式；或者，他们了解实现语篇功能的基本词汇-语法结构，但不清楚词语的核心意义。

上述研究结果"窥一斑而知全豹"，在一定程度上体现了中国理工科大学生的写作能力和主要问题。随着基于语料库的观察手段日渐普及，项目组建议在课堂教学和课后学习中，有效应用语料库方法，帮助学生更好地掌握地道的英语表达，提升整体英语写作水平。

三、自主学习平台构建

项目组构建了"英语写作交互学习平台"，设有学习及测试、答疑区、讨论区、资料区、语音互动、课程交互作业区、学生个人主页、协作学习等主要板块。教师通过该平台指导和监控学生的课外学习、实时解答学生疑问、分享学习资源、有效评估学生的学习情况；学生通过该平台计划、管理和评估自己的学习状况，加强与教师及同学间的互动和合作。

在平台构建过程中，项目组在加强传统网络平台为师生提供的互动、监控、管理和评估等功能外，创新地采用 html 5.0 网络应用服务开发技术，有效地融合了新理念外语网络教学和测试系统以及英语作文智能批改系统，使得教师摆脱题库的束缚，可自由布置英语写作的主、客观题，系统都可自动批阅；此外，平台结合目前网络应用流行趋势开发了语音交互功能和资源市场，不仅方便了师生互动，同时提高了网络资源分享的趣味性，使整个平台功能领先、交互性强，对师生有较高的吸引力，为全校理工类学生提供了立体化、新技术、高质量的真实学术英语学习环境和全天候网络自主学习功能，全面提高了学生的英语实际应用能力。

四、课堂教学应用

本研究基于理论分析和实证研究结果，对中国理工科大学英语课堂提供了应用方案。首先，项目组针对如何提高学生英语写作能力的问题，结合自主学习理论与语料库技术,构建基于语料库的中国理工科大学生英语写作自主学习模式(CSLM),并运用行动研究方法在项目依托高校进行了两轮教学实验,验证该模式的有效性。结果显示:采用此模式进行教学在一定程度上促进了学生英语写作水平的提升,特别是在英语表达方式上,学生写作逐渐向本族语者的表达方式靠拢,开始摆脱中式英语。同时,学生的词汇、句法归纳分析能力都有了长足的进步。这些现象说明,将语料库融入英语写作的自主学习对学生写作能力的提高有着一定的效果。语料库,特别是本族语者的语料库,可以作为学生语言学习的工具。此工具使学生可直接接触庞大而全面的语料,相比简洁概括的教材更加直观,更加容易理解。学生相当于处于真实的语言环境中,能够主动发现语言的使用方法,而不是被动地输入语言规则。同时,将课堂教学与自主学习相结合,使教师参与自主学习的过程,很大程度上为学生节省了学习的时间,提高了自主学习的效率。学生在接触书本前,大多不熟悉该书本内容的相关知识,不了解所要学习的内容,因而探索起来难以迅速确定方向。教师在这个阶段为学生指明方向,创造自主学习条件,避免了学生独立学习中可能浪费大量时间和精力的情况,保证了学生自主学习的高效。

此外,项目组通过问卷调查、测验、课堂观察及访谈的方法,在项目依托高校进行了一学期的主题式内容依托教学模式(CBI)的实验。研究结果显示:主题式CBI能帮助学生有效提高英语写作能力,包括合理使用词汇和构建语篇结构。该教学方法使学生可以选择自己感兴趣的材料进行补充阅读,有助于增强他们的英语学习动机。主题式CBI能满足学生语言学习与内容学习的双重需求。在阅读学习英文原版材料时,学生可以同步学到很多知识,包括语法、词汇、背景知识和文章的组织结构,极大程度地提高了学习效率。

第二节 应用前景

本研究为综合性研究,兼有基础研究和应用研究之特点,其应用前景如下:

首先,项目组自建的中国理工科大学生书面英语语料库(分通用英语、职场英语和学术英语三个子库)可以全方位呈现该类大学生英语写作现状,为教师提供足够案例用于课堂教学。同时,项目组二次加工完成的理工科大学生英语写作对照语料库也可以为教师和学生提供丰富的教学资料。其次,理工科大学生英语写作能力标准可以为实施大学英语"分类指导"和"个性化教学"提供理论支撑和实际应用参照。该标准在项目所在高校予以试用,能较好地反映学生的全方位写作水平,对课堂教学提供反馈信息。再次,项目组搭建的理工科大学生英语写作自主学习平台可以直接用于课堂教学和课外自主学习。项目组所在高校累计有4,000余名学生使用了此学习平台,有多名教师在近10个实验班级中结合授课内容,应用了该学习平台,取得了显著的效果,可以进一步加以推广使用。

综上所述,本研究综合语料库语言学、语篇语言学、语言评估、行动研究等研究方法,可以为开展类似研究提供范例,同时对于我国大学英语教学材料的编撰和教学方法的改进具有实际指导意义。

第三节 局限性

本研究的主要不足在于虽然构建了理工科大学生英语写作自主学习平台,并基于此开展了一些教学实验,但教师在实际授课时常倾向于使用传统的教学方法,在平台附带的语料库使用频率和激励学生课后自主学习的方法上尚不够充分。这就在一定程度上影响了教学实验的实际效果。项目组拟在后期研究中,进一步对自主学习平台的界面和操作方式进行优化,使其更符合一线教师的使用习惯,提高其有效利用率。

本章探讨了本项目的研究创新点、应用前景和局限性。本研究首先从通用英语、职场英语、学术英语三个层次构建了近363.3万词次的中国理工科大学生书面英语语料库和315万词次的本族语职场英语和学术英语参照语料库。围绕上述语料库开展的中国理工科大学生英语写作水平研究和研发的中国理工科大学生英语写作交互学习平台在理论上有所创新,在实践上能加以参考应用。本研究综合语料库语言学、语篇语言学、语言评估、行动研究等研究方法,可以为开展类似研究提供范例,同时对于我国大学英语教学改革具有实际借鉴意义。

参考文献

Aktas, R. N. & Cortes, V. 2008. Shell nouns as cohesive devices in published and ESL student writing [J]. *Journal of English for Academic Purposes*, 7(1), 3-14.

Allwright, R. 1982. Perceiving and pursuing learners' needs [A]. In M. Geddes & G. Sturtridge (eds.), *Individualization*, 24-31 [C]. Oxford: Modern English Publications.

Anderson, K. & Maclean, J. 1997. A genre analysis study of 80 medical abstracts [J]. *Edinburgh Working Papers in Applied Linguistics*, 8, 1-23.

Bachman, L. 1990. *Fundamental Considerations in Language Testing* [M]. Oxford: Oxford University Press.

Badger, R. & White, G. 2000. A process genre approach to teaching writing [J]. *ELT Journal*, 54(2), 153-160.

Baecher, L., Farnsworth, T. & Ediger, A. 2013. The challenges of planning language objectives in content-based ESL instruction [J]. *Language Teaching Research*, 18(1), 118-136.

Bales, R. F. 1950. *Interaction Process Analysis* [M]. Chicago: University of Chicago Press.

Barkaoui, K. 2007. Rating scale impact on EFL essay marking: a mixed-method study [J]. *Assessing Writing*, 12(2), 86-107.

Beaugrande, R. de & Dressler, W. U. 1981. *Introduction to Text Linguistics* [M]. London: Longman.

Benson, P. 2013. *Teaching and Researching: Autonomy in Language Learning* [M]. New York: Routledge.

Bhatia, V. K. 1993. *Analysing Genre: Language Use in Professional Settings* [M]. London: Longman.

Biber, D. 1988. *Variation across Speech and Writing* [M]. Cambridge: Cambridge

University Press.

Biber, D., Johansson, S., Leech, G., Conrad, S., & Finegan, E. 1999. *Longman Grammar of Spoken and Written English* [M]. Harlow, Essex: Pearson Longman.

Bresnan, J. 1982. *The Passive in Lexical Theory* [M]. Cambridge, MA: MIT Press.

Carter, R. & McCarthy, M. 1997. *Exploring Spoken English* [M]. Cambridge: Cambridge University Press.

Chambers, F. 1980. A re-evaluation of needs analysis in ESP [J]. *ESP Journal*, 1 (1), 25-33.

Chapelle, C. 1998. Construct definition and validity inquiry in SLA research [A]. In L. Bachman & A. Cohen (eds.), *Interfaces between Second Language Acquisition and Language Testing Research*, 32-70 [C]. Cambridge: Cambridge University Press.

Charles, M. 2007. Argument or evidence? Disciplinary variation in the use of the Noun that pattern in stance construction [J]. *English for Specific Purposes*, 26(2), 203-218.

Chomsky, N. 1957. *Syntactic Structures* [M]. Oxford: Oxford University Press.

Christophersen, P. & Sandved, A. O. 1969. *An Advanced English Grammar* [M]. London: Macmillan.

Cortes, V. 2002. Lexical bundles in freshman composition [A]. In R. Reppen, S. M. Fitzmaurice & D. Biber (eds.), *Using Corpora to Explore Linguistic Variation*, 131-146 [C]. Amsterdam: Benjamins.

Cortes, V. 2013. The purpose of this study is to: connecting lexical bundles and moves in research article introductions [J]. *Journal of English for Academic Purposes*, 12(1), 33-43.

Croft, W. 1993. *Voice: Beyond Control and Affectedness* [M]. Amsterdam and Philadelphia: John Benjamins.

Dahl, T. 2000. Lexical cohesion-based text condensation: an evaluation of automatically produced summaries of research articles by comparison with author-written abstracts [D]. Bergen: University of Bergen.

Dahl, T. 2004. Some characteristics of argumentative abstracts [J]. *Akademisk Prosa*, 2, 49-67.

Douglas, D. 2000. *Assessing Languages for Specific Purposes* [M]. Cambridge: Cambridge University Press.

Dudley-Evans, T. & St. John, M. J. 1999. *Developments in English for Specific Purposes: An Interdisciplinary Approach* [M]. Cambridge: Cambridge University Press.

Duenas, M. A. 2004. A description of prototype models for content-based language instruction in higher education [D]. Murcia: Universidad de Murcia.

Duffy, M. C. & Azevedo, R. 2015. Motivation matters: Interactions between achievement goals and agent scaffolding for self-regulated learning within an intelligent tutoring system [J]. *Computers in Human Behavior*, 52, 338-348.

Ellis, R. 1994. *The Study of Second Language Acquisition* [M]. Oxford: Oxford University Press.

ETS. 2000. Test of English as a foreign language (TOEFL) [Z]. Princeton, NJ: Educational Testing Service.

Fillmore, C. J. 1968. *The Case for Case* [M]. New York: Holt, Rinehart and Winston.

Firth, J. R. Phonetic observations on Gujarati 1957. [J]. *Bulletin of the School of Oriental and African Studies*, 20(1), 231-241.

Flower, L. & Hayes, J. 1980. The dynamics of composing: making plans and juggling constraints [A]. In L. Gregg & E. Steinberg (eds.), *Cognitive Process in Writing*, 31-50 [C]. New Jersey: Lawrence Erlbaum Associates.

Flowerdew, J. 2003. Signalling nouns in discourse [J]. *English for Specific Purposes*, 22 (4), 329-346.

Flowerdew, J. 2010. Use of signalling nouns across L1 and L2 writer corpora [J]. *International Journal of Corpus Linguistics*, 15(1), 36-55.

Francis, G. 1986. *Anaphoric Nouns (Discourse Analysis Monograph)* [M]. Birmingham: University of Birmingham.

Francis, W. N. & Kucera, H. 1982. *Frequency Analysis of English Usage: Lexicon and Grammar* [M]. Boston: Houghton Mifflin.

Gilabert, R. 2005. Evaluating the use of multiple sources and methods in needs analysis: a case study of journalists in the autonomous community of Catalonia (Spain) [A]. In M. H. Long (ed.), *Second Language Needs Analysis*, 182-199 [C]. Cambridge: Cambridge University Press.

Gilquin, G., Granger, S. & Paquat., M. 2007. Learner corpora: the missing link in EAP pedagogy [J]. *Journal of English for Academic Purposes*, 6(4), 319-335.

Givón, T. 1990. Segmentation and segment cohesion: On the thematic organization of the text [J]. *Text*, 3(2), 155-181.

Gong, S. P. & Wu, P. Y. 2012. Collocation, semantic prosody, and near-synonymy: The HELP verbs in mandarin Chinese [J]. *International Journal of Computer Processing of Languages*, 24(1), 3-15.

Graetz, N. 1985. Teaching EFL students to extract structural information from abstracts [A]. In J. M. Ulign & A. K. Pugh (eds.), *Reading for professional purposes: Methods and materials in teaching languages*, 123-135 [C]. Leuven: Acco.

Granger, S. 1983. *The Be + Past Participle Construction in Spoken English* [M]. Amsterdam, New York, Oxford: North-Holland.

Granger, S. 1998. The computer learner corpus: a versatile new source of data for SLA research [A]. In S. Granger (ed.), *Learner English on Computer*, 3-18 [C]. Addison Wesley: Longman.

Granger, S. 2002. A bird's-eye view of learner corpus research [A]. In S. Granger, J. Hung & S. Petch-Tyson (eds.), *Computer Learner Corpora, Second Language Acquisition and Foreign Language Teaching*, 3-36 [C]. Amsterdam/Philadelphia: John Benjamins Publishing Company.

Hacker, D. A. 2003. *Writer's Reference* [M] (5th ed.). Boston: Bedford/St. Martin's.

Halliday, M. A. K. 1970. *Language Structure and Language Function* [M]. Harmondsworth: Perlican.

Halliday, M. A. K. 1975. *Learning How to Mean* [M]. London: Edward Arnold.

Halliday, M. A. K. 1978. *Language as Social Semiotic: The Social Interpretation of Language and Meaning* [M]. London: Edward Arnold.

Halliday, M. A. K. 1985. *Introduction to Functional Grammar* [M]. London: Edward Arnold.

Halliday, M. A. K. 1994. *An Introduction to Functional Grammar* [M]. London: Edward Arnold.

Halliday, M. A. K. 2000. *An Introduction to Functional Grammar* [M] (2nd ed.). Beijing: Foreign Language Teaching and Research Press.

Halliday, M. A. K. 2005. Notes on transitivity and theme in English [J]. *Journal of Linguistics*, 3(2): 199-244.

Halliday, A. & Cooke, T. 1982. An ecological approach to ESP [A]. In *Lancaster Practical Papers in English Language Education 5*, 123-143 [C]. Lancaster: Lancaster University Press.

Halliday, M. A. K & Hasan, R. 1976. *Cohesion in English* [M]. London: Longman.

Heloc, H. 1981. *Autonomy and Foreign Language Learning* [M]. Oxford: Pergamon Press.

Hewings, M. & Hewings, A. 2002. It is interesting to note that...: a comparative study of anticipatory 'it' in student and published writing [J]. *English for Specific Purposes*, 21(4), 367-383.

Hinkel, E. 2001. Matters of cohesion in L2 academic texts [J]. *Applied Language Learning*, 12(2), 111-132.

Hinkel, E. 2004. *Teaching Academic ESL Writing: Practical Techniques in Vocabulary and Grammar* [M]. Mahwah, NJ: Lawrence Erlbaum Associates.

Huddleson, R. 1971. *The Sentence in Written English* [M]. London: Cambridge University Press.

Huddleson, R. 1984. *Introduction to the Grammar of English* [M]. London: Cambridge University Press.
Hunston, S. 2002. *Corpora in Applied Linguistics* [M]. Cambridge: Cambridge University Press.
Hunston, S. & Francis, G. 2000. *Pattern Grammar: A Corpus-Driven Approach to the Lexical Grammar of English* [M]. Amsterdam: John Benjamins.
Hutchinson, T. & Waters, A. 1987. *English for Specific Purposes — A Learning-Centered Approach* [M]. Cambridge: Cambridge University Press.
Hyland, K. 1996. Talking to the academy: forms of hedging in science research articles [J]. *Written Communication*, 13(2), 251–281.
Hyland, K. 2000. *Disciplinary Discourses: Social Interactions in Academic Writing* [M]. London: Longman.
Hyland, K. 2009. *Academic Discourse: English in a Global Context* [M]. London: Continuum International Publishing Group.
Hyland, K. & Tse, P. 2004. Metadiscourse in academic writing: a reappraisal [J]. *Applied Linguistics*, 25(2), 156–177.
Hyland, K & Tse, P. 2005. Hooking the reader: a corpus study of evaluative that in abstracts [J]. *English for Specific Purposes*, 24(2), 123–139.
Ivanič, R. 1991. Nouns in search of a context: a study of nouns with both open- and closed-system characteristics [J]. *International Review of Applied Linguistics in Language Teaching*, 29(2), 93–114.
Jacobs, H., Zinkgraf, S., Wormuth, D., Hartfiel, V. & Hughey, J. 1981. *Testing ESL Composition: A Practical Approach* [M]. Rowley, MA: Newbury House.
Jesperson, O. 1933. *Essentials of English Grammar* [M]. London: George Allen & Unwin.
Johns, A. 1991. English for specific purposes: its histories and contribution [A]. In M. Cele-Murcia (ed.), *Teaching English as a Foreign Language*, 67–77 [C]. Boston: Heinle & Heinle.
Kemp, J. E., Morris, G. R., & Ross, S. M. 1998. *Designing Effective Instruction* [M] (2nd ed.). Englewood: Prentice Hall.
Klaiman, M. H. 1988. *Affectedness and Control: A Typology of Voice Systems* [M]. Amsterdam: Benjamins.
Knoch, U. 2009. Diagnostic assessment of writing: a comparison of two rating scales [J]. *Language Testing*, 26(2), 275–304.
Krashen, S. D. 1985. *The Input Hypothesis: Issues and Implications* [M]. London: Longman.

Kroll, B. 2003. *Exploring the Dynamics of Second Language Writing* [M]. Cambridge: Cambridge University Press.

Lakoff, R. 1971. Passive resistance [J]. *Chicago Linguistic Society*, 7, 149-162.

Langacker, R. W. 1991. *Foundations of Cognitive Grammar*, Vol. II, *Descriptive Application* [M]. Stanford: Stanford University Press.

Leech, G. N. & Svartvik, J. 1975. *A Communicative Grammar of English* [M]. London: Longman.

Leech, G. N. 1994. Text corpora in education: the grand design [A]. In *Handbook of the 1st International Conference on Teaching and Language Corpora (TALC94)*, 24-25 [C], Lancaster: Lancaster University.

Littlewood, W. 1996. "Autonomy": an anatomy and a framework [J]. *System*, 24(4), 427-435.

Long, M. 2005. *Second Language Needs Analysis* [M]. Cambridge: Cambridge University Press.

Long, M. & Norris, J. 2000. Task-based teaching and assessment [A]. In M. Byram (ed.), *Routledge Encyclopedia of Language Teaching and Learning*, 597-603 [C]. London: Routledge.

Lores, R. 2004. On RA abstracts: from rhetorical structure to thematic organization [J]. *English for Specific Purposes*, 23(3), 280-302.

Louw, B. 1993. Irony in the text or insincerity in the writer: the diagnostic potential of semantic prosodies [A]. In M. Baker, G. Francis & E. T. Bonelli (eds.), *Text and Technology-In Honor of John Sinclair*, 157-176 [C]. Amsterdam/Atlanta, GA: John Benjamins.

Louw, B. 2000. Contextual prosodic theory: bringing semantic prosodies to life [A]. In C. Heffer, H. Sauntson, & G. Fox (eds.), *Words in Context: A Tribute to John Sinclair on His Retirement*, 48-94 [C]. Birmingham: University of Birmingham.

Mallu, P. 2016. Some possible methods to introduce content-based instruction for the development of communication skills of technical students [J]. *IRA-International Journal of Education & Multidisciplinary Studies*, 1, 1-7.

Matsuda, P. K. 2003. Process and post-process: a discursive history [J]. *Journal of Second Language Writing*, 12(1), 65-83.

McEnery, A. & Wilson, A. 2001. *Corpus Linguistics* [M]. Edinburgh: Edinburgh University Press.

Mihailovič, L. 1980. Passive and pseudopassive verbal groups in English [J]. *English Studies*, 48(1-6), 316-326.

Mousavi, A. & Moini, M. R. 2014. A corpus study of shell nouns in published research articles of education [J]. *Procedia-Social and Behavioral Sciences*, 5, 1282-1289.

Munby, J. 1978. *Communicative Syllabus Design* [M]. Cambridge: Cambridge University Press.

Nunan, D. 2001. *Second Language Teaching and Learning* [M]. Beijing: Foreign Language Teaching and Research Press.

Palmer, F. R. 1968. *A Linguistic Study of the English Verb* [M]. Miami: University of Miami Press.

Partington, A. 1998. *Patterns and Meanings: Using Corpora for English Language Research and Teaching* [M]. Amsterdam and Philadelphia: John Benjamins Publishing Company.

Partington, A. Utterly content in each other's company: semantic prosody and semantic preference [J]. *International Journal of Corpus Linguistics*, 9(1), 131-156.

Pence, R. W. & Emercy, D. W. 1963. *A Grammar of Present-day English* [M]. New York: Macmillian.

Quirk, R. S., Leech, G. & Svartvik. J. 1985. *A Comprehensive Grammar of the English Language* [M]. London: Longman.

Raphan, D. & Moser, J. 1993. Linking language and content: ESL and art history [J]. *TESOL Journal*, 3(2), 17-21.

Richterich, R. 1972. *A Model for the Definition of Languages Needs of Adults Learning a Foreign Language* [M]. Strasbourg: Council of Europe.

Richterich, R. 1973/1980. *Case Studies in Identifying Language Needs of Adults Learning a Foreign Language* [M]. Oxford: Pergamon.

Rosch, E. 1978. *Principles of Categorization* [M]. Hillsdale, N. J.: Erlbaum.

Salager-Meyer, F. 1990. Discoursal flaws in medical English abstracts: a genre analysis per research- and text-type [J]. *Text*, 10(4), 365-384.

Sardinha, T. 2000. Semantic prosodies in English and Portuguese: a contrastive study [J]. *Cuadernos de Filologia Inglesa*, 9(1), 93-110.

Schmid, H. 2000. *English Abstract Nouns as Conceptual Shells: From Corpus to Cognition* [M]. Berlin: Mouton de Gruyter.

Sinclair, J. 1991. *Corpus, Concordance, Collocation* [M]. London: Oxford University Press.

Sinclair, J. 1996. The search for units of meaning [J]. *Textus*, 9, 75-106.

Sinclair, J. 2004. *Trust the Text* [M]. London: Routledge.

Stoller, F. L & Grabe, W. A. 1997. Six-T's approach to content-based instruction [A]. In M. A. Snow & D. M. Briton. (eds.), *The Content-based Classroom: Perspectives on Integrating Language and Content*, 1-13 [C]. New York: Longman.

Stubbs, M. 1995. Collocations and semantic profiles: on the cause of the trouble with quantitative studies [J]. *Functions of Language*, 2(1), 23-55.
Stubbs, M. 1996. *Text and Corpus Analysis* [M]. Oxford: Blackwell.
Stubbs, M. 2001. *Words and Phrases* [M]. Oxford: Blackbell.
Svartvik, J. 1966. *On Voice in the English Verb* [M]. Paris: Mouton & Co.
Swales, J. 1990. *Genre Analysis* [M]. Cambridge: Cambridge University Press.
Swales, J. & Feak, C. B. 1994. *Academic Writing for Graduate Students: Essential Tasks and Skills* [M]. MI: University of Michigan Press.
Taylor, E. D. 1998. *The Theory and Practice of Transformative Learning: A Critical Review* [M]. Washington: Office of Educational Research and Improvement.
Tognini-Bonelli, E. 2001. *Corpus Linguistics at Work* [M]. Amsterdam: John Benjamins.
Tribble, C. 1996. *Writing* [M]. Oxford: Oxford University Press.
UCLES. 1997. First certificate in English: a handbook [Z]. Cambridge: UCLES.
UCLES. 2002. International English language testing system [Z]. Cambridge: UCLES.
Van Bonn, S. & Swales, J. 2007. English and French journal abstracts in the language sciences: three exploratory studies [J]. *Journal of English for Academic Purposes*, 6(2), 93-108.
Vendler, Z. 1968. *Adjectives and Nominalizations* [M]. The Hague: Mouton.
Ventola, E. 1997. Modalization: probability — an exploration into its role in academic writing [A]. In A. Duszak (ed.). *Culture and Styles of Academic Discourse*, 157-180 [C]. Berlin: Mouton de Gruyter.
Walker, A. E., Kuo, Y. C., Schroder, K. E. & Belland, B. R. 2014. Interaction, internet self-efficacy, and self-regulated learning as predictors of student satisfaction in online education courses [J]. *The Internet and Higher Education*, 20, 35-50.
Weigle, S. 2002. *Assessing Writing* [M]. Cambridge: Cambridge University Press.
Weir, C. 1990. *Communicative Language Testing* [M]. New York: Prentice Hall.
Willis, D. 1993. Syllabus, corpus and data-driven learning [R]. IATEFL.
Winter, E. O. 1977. A clause-relational approach to English texts: a study of some predictive lexical items in written discourse [J]. *Instructional Science*, 6(1), 1-92.
Zamel, V. 1982. Writing: the process of discovering meaning [J]. *TESOL Quarterly*, 16(2), 195-209.
Zamel, V. 1983. The composing processes of advanced ESL students: six case studies [J]. *TESOL Quarterly*, 17(2), 165-188.
Zimmerman, B. J. 2000. Attaining self-regulation: a social cognitive perspective [A]. In M. Boekaerts, P. R. Pintrich & M. Zeidner. (eds.), *Handbook of Self-regulation*, 13-39 [C]. California: Academic Press.

参考文献

白云. 2011. 自动作文评分在大学英语教学中的应用与前景[J]. 中国成人教育, 第 18 期, 185—187.

蔡基刚. 2002. 大学英语四、六级写作要求和评分标准对中国学生写作的影响[J]. 解放军外国语学院学报, 第 5 期, 49—53.

蔡基刚. 2011. 关于大学英语课程设置与教学目标——兼考香港高校大学英语课程设置[J]. 外语教学与研究, 第 4 期, 609—617.

蔡基刚. 2012. 基于需求分析的大学 ESP 课程模式研究[J]. 外语学刊, 第 3 期, 47—50.

蔡基刚、陈宁阳. 2013. 高等教育国际化背景下的专门用途英语需求分析[J]. 外语电化教学, 第 5 期, 3—9.

蔡少莲. 2008. 基于语料库的英语写作教学实证研究[J]. 外语教学, 第 6 期, 61—64, 68.

蔡颖. 2008. 基于语料库对"文化关键词"的搭配行为及意识形态蕴涵的研究[D]. 上海交通大学.

曹荣平、张文霞、周燕. 2004. 形成性评估在中国大学非英语专业英语写作教学中的运用[J]. 外语教学, 第 5 期, 82—86.

陈成辉、肖辉. 2012. "听说写一体"写作教学模式实验研究:模因论的视角[J]. 外语界, 第 6 期, 66—73, 89.

陈冬纯. 2014. CBI 理念下的大学英语教学与教师专业发展[J]. 外语电化教学, 第 2 期, 68—73.

陈芳. 2009. 大学英语写作教学中的形成性评估的实施运用[J]. 西南民族大学学报, 第 1 期, 9—12.

陈鹏、濮建忠. 2011. 意义单位与词汇衔接的实现——基于本族语者和学习者语料库的对比研究[J]. 外语教学与研究, 第 3 期, 375—386.

陈晓平. 2013. 传统教育模式被翻转的端倪——"翻转课堂"在成人高校商务英语写作中的实践与体验[J]. 中国成人教育, 第 10 期, 122—124.

陈伟、许之所. 2008. 基于网络资源的大学生英语写作能力培养模式研究[J]. 外语界, 第 5 期, 49—53.

邓隽、黄昌朝、李娜. 2012. 网络环境下大学英语学习者自主学习的适应性分析[J]. 外语电化教学, 第 1 期, 47—51.

邓鹂鸣、岑粤. 2010. 同伴互评反馈机制对中国学生二语写作能力发展的功效研究[J]. 外语教学, 第 5 期, 59—63.

范林、朱立霞. 2004. 国外写作构思心理研究的进展[J]. 外语教学, 第 4 期, 65—69.

方梦之. 1998. EST: 从定量分析到体裁分析[J]. 上海科技翻译, 第 3 期, 21—23.

费茜、赵毓琴. 2008. 大学英语四级写作评分标准中的问题分析[J]. 外语教学理论与实践, 第 4 期, 45—53.

冯霞、黄芳.2013.基于自主学习的外语信息资源整合优化研究[J].外语电化教学,第2期,47—52.

高海英.2010.国内外二语写作评估研究现状与思考[J].外语界,第2期,77—81.

高璐璐、常俊跃.2013.英语专业基础阶段内容依托教学对学生英语书面表达能力发展的影响分析[J].中国外语,第1期,54—59.

葛诗利、陈潇潇.2009.大学英语作文自动评分中的问题及对策[J].山东外语教学,第3期,21—26.

管春林.2005.试论需求分析在经贸英语专业课程设置中的意义和方法[J].外语与外语教学,第3期,37—40.

管淑红.2003.词汇重复与英语篇章[J].华东交通大学学报,第6期,129—134.

桂诗春.2005.中国学习者英语言语失误分析[A].杨惠中,桂诗春,杨达复.基于CLEC语料库中国英语学习者英语分析,1—109[C].上海:上海外语教育出版社.

韩宝成、赵鹏.2007.高校学生英语作文自我评估与教师评估对比研究[J].外语界,第5期,28—38.

郝明星.2013.谈基于语料库的英语写作教学[J].教育探索,第8期,60—61.

黑玉琴、黑玉芬.2011.抽象名词在英语学术语篇中的评价功能[J].外语教学,第1期,37—41.

胡杰辉.2011.外语自主学习能力评价——基于二维模型的量表设计[J].外语界,第4期,12—17.

胡曙中.2005.英语语篇语言学研究[M].上海:上海外语教育出版社.

黄昌宁、李涓子.2002.语料库语言学[M].北京:商务印书馆.

黄芳.2011.以培养"卓越工程人才"为核心的大学英语教学改革探索——以上海理工大学的改革实践为例[J].外语电化教学,第1期,15—19.

黄慧、王海.2007.对基于建构主义理论的我国外语教学研究的调查与思考[J].外语与外语教学,第6期,21—24.

黄建滨、于书林.2009.国内英语写作研究述评[J].中国外语,第7期,61—65.

纪玉华、吴建平.2000.语义韵研究:对象方法及应用[J].厦门大学学报,第3期,63—68.

教育部高等教育司.2007.大学英语课程教学要求[Z].上海:上海外语教育出版社.

教育部高等学校大学外语教学指导委员会.2015.大学英语教学指南(征求意见稿)[Z].

康卉、史子明.2014.匿名约束网络反馈平台在EFL写作教学中的实证研究[J].现代教育技术,第9期,65—70.

孔繁霞.2012.基于需求分析:软系统方法应用于学术英语课程设计研究[J].外语研究,第6期,59—64.

孔文、郭泉江.2012.二语写作理论教学与评估研究五十年[J].外语测试与教学,第4

期,14—30.

孔文、李敦东、余国兴. 2013. L2写作评估中同伴中介干预和教师中介干预比较研究[J]. 外语界,第3期,77—86.

雷秀云. 2000. 基于语料库的学术英语语法的频率特征[J]. 上海交通大学学报(社科版),第1期,117—122.

李晶洁、卫乃兴. 2013. 学术文本中短语序列的语篇行为[J]. 外语教学与研究,第2期,200—213.

李丽敏. 2016. 理工科学生写作能力提高探讨[J]. 语文学刊,第8期,119—120.

李平、曹雁. 2012. 科技期刊论文英文标题抽象名词短语结构分析与应用[J]. 中国科技期刊研究,第2期,322—324.

李清华、孔文. 2010a. TEM-4写作新分项式评分标准的多层面Rasch模型分析[J]. 外语电化教学,第1期,19—25.

李清华、孔文. 2010b. 中国英语专业学生写作能力构念研究:专家和评分员的视角[J]. 外语教学,第5期,76—80.

李睿. 2005. 基于语料库的对比分析和差错分析在英语教学中的价值[J]. 甘肃高师学报,第3期,63—66.

李晓红、卫乃兴. 2012. 汉英对应词语单位的语义趋向及语义韵对比研究[J]. 外语教学与研究,第1期,25—33.

李志雪、李绍山. 2003. 对国内英语写作研究现状的思考[J]. 外语界,第6期,55—78.

李子律、宋崔. 2007. 建构主义:理论的反思[J]. 全球教育展望,第4期,44—51.

梁茂成. 2009. 微型文本及其在外语教学中的应用[J]. 外语电化教学,第5期,8—12.

梁茂成、李文中、许家金. 2010. 语料库应用教程[M]. 北京:外语教学与研究出版社.

梁茂成、刘霞. 2014. 语篇内部的短语学特征分布模式探索——以学术论文为例[J]. 解放军外国语学院学报,第4期,1—22.

廖春红. 2011. 内容依托教学模式中学科知识习得研究:一项基于法律英语课程的案例研究[D]. 上海外国语大学.

刘建达、杨满珍. 2010. 做事测试评卷中的质量控制[J]. 外语电化教学,第1期,27—32.

刘金明. 2005. 论语篇交际的构成原则[J]. 山东外语教学,第6期,29—33.

刘敬伟、冯宗祥. 2010. 我国英语专业研究生学位论文被动语态的使用分析[J]. 沈阳农业大学学报(社会科学版),第3期,327—329.

刘芹、胡银萍. 2010. 理工科大学生英语口语教学需求调查研究[J]. 西安外国语大学学报,第1期,86—89.

龙满英、许家金. 2010. 大学生英汉同题议论文中立场标记的对比研究[J]. 外语与外语教学,第3期,21—24.

娄宝翠. 2013. 基于语料库的研究生学术英语语篇中外壳名词使用分析[J]. 外语教

学,第5期,46—49,53.

鲁艳辉、谭福民、彭舜.2010.智能写作评分系统在大学英语写作中的实证研究[J].现代教育技术,第6期,67—73.

陆远.2010.探索网阅环境下的英语写作评分员培训[J].外语电化教学,第1期,33—36.

伦道夫·夸克等.1981.当代英语语法[M].沈阳:辽宁人民出版社.

罗时英.2011.致使动词get的语义韵与语用特征——一项基于COCA的研究[J].解放军外国语学院学报,第1期,19—22.

罗卫华、邓耀臣.2009.基于BNC语料库的英语篇际词汇重复模式研究[J].外语教学与研究,第3期,224—229.

米保贵、袁平华.2015.新世纪以来我国CBI研究的现状与思考[J].外国语文,第4期,123—127.

牟宜武.2007.主位述位理论浅议[J].科技信息(学术研究),第10期,55—56.

秦秀白、刘洊波.2013.新世纪大学英语综合教程4[M].上海外语教育出版社.

沙延生.1995.努力提高理工科大学生写作能力的几点思考[J].齐齐哈尔师范学院学报,第2期,153—155.

邵名莉.2009.同伴评价在英语专业写作教学中的运用研究[J].外语教学理论与实践,第2期,47—53.

沈育英.2001.科技论文英文摘要的特点及写作[J].中国科技翻译,第2期,20—22.

束定芳.2013.对接国家发展战略培养国际化人才——新形势下大学英语改革与重新定位思考[J].外语学刊,第6期,90—96.

宋美华、夏纬荣.2002.英语写作中语篇衔接手段与语篇教学——对非英语专业大一本科生好作文与次作文的统计分析[J].外语界,第6期,40—44.

苏航、杨磊.2001.结果教学法与过程教学法——谈英语写作教学改革[J].北京第二外国语学院学报,第2期,98—102.

孙爱珍.2008.文学语篇中的语义韵结构研究[J].河南大学学报(社会科学版),第1期,150—154.

孙毅.2013.中国英语专业学生写作能力构念能力研究:TEM4受试文本的视角[J].外语电化教学,第1期,48—52.

万鹏杰.2005.电子软件评估系统测试大学英语写作的研究报告[J].外语电化教学,第3期,11—13.

王斌华、刘辉.2003.大学英语学习者学习需求调查及其启示[J].国外外语教学,第3期,34—38.

王海华、王同顺.2005.CAUSE语义韵的对比研究[J].现代外语,第3期,297—307.

王海啸.2004.个性化大学英语教学大纲设计中的需求与条件分析[J].中国外语,第1期,21—26.

王海鹰. 2017. 国外写作教学法述评和大学英语写作教学[J]. 中国成人教育, 第12期, 176—177.

王还. 1990. 英语和汉语的被动句[A]. 英汉对比研究论文集[C]. 上海:上海外语教育出版社.

王惠、曹课兴. 2015. 大学英语四六级写作成绩影响因素的实证研究[J]. 语文学刊, 第12期, 123—125.

王克非、胡开宝. 2014. 基于语料库的翻译文体研究[M]. 上海:上海交通大学出版社.

王敏、刘丁. 2013. 中国学习者英语学术论文手稿中立场标记词块使用研究[J]. 现代外语, 第5期, 190—197.

王娜、张虹. 2012. 基于数字化写作平台的写作动机与能力实证研究[J]. 外语电化教学, 第2期, 36—41.

王琦. 2004. 基于语料库的语义韵研究和双语词典[D]. 苏州大学.

王士先. 1994. CBI——专业英语阅读教学的方向[J]. 外语界, 第2期, 27—31.

王守仁. 2010. 全面、准确贯彻《大学英语课程教学要求》深化大学英语教学改革[J]. 中国外语, 第5期, 4—7.

王守仁. 2013. 坚持科学的大学英语教学改革观[J]. 外语界, 第6期, 9—13, 22.

王守仁. 2016. 《大学英语教学指南》要点解读[J]. 外语界, 第3期, 2—12.

王文宇、王立非. 2004. 二语写作研究:十年回顾和展望[J]. 外语界, 第3期, 51—58.

王银泉、王微、张丽冰. 2016. 基于需求分析的大学英语多元化教学模式探析. 外语教学, 第5期, 42—47.

王颖、刘振前. 2012. 教师反馈对英语写作准确性、流利性、复杂性和总体质量作用的研究[J]. 外语教学, 第6期, 49—53.

王泽鹏、张燕春. 2005. 语义韵律理论[J]. 同济大学学报, 第4期, 86—93.

卫乃兴. 2002a. 基于数据驱动的专业文本语义韵研究[J]. 现代外语, 第2期, 165—175.

卫乃兴. 2002b. 语义韵研究的一般方法[J]. 外语教学与研究, 第4期, 300—307.

卫乃兴. 2002c. 词语搭配的界定与研究体系[M]. 上海:上海交通大学出版社.

卫乃兴. 2006. 基于语料库学生英语中的语义韵对比研究[J]. 外语学刊, 第5期, 50—54.

文秋芳. 2000. Strategies in Learning and Using Second Language (导读)[M]. 北京:外语教学与研究出版社.

文秋芳. 2001. 应用语言学研究方法与论文写作[M]. 北京:外语教学与研究出版社.

文秋芳. 2006. 从英语议论文分析大学生抽象思维特点[J]. 外国语, 第2期, 49—58.

文秋芳、丁言仁、王文宇. 2003. 中国大学生英语书面语中的口语化倾向——高水平英语学习者语料对比分析[J]. 外语教学与研究, 第4期, 268—274.

吴丹、张青妹. 2011. 大学英语作文智能评估与人工评估的对比分析[J]. 外语教学与研究,第1期,177—178.

吴军赞.2006.建构主义视野中的大学英语写作"过程法"[J].西南民族大学学报,第10期,226—229.

夏纪梅、孔宪辉.1999.外语课程设计的科学性初探[J].外语界,第1期,26—31.

向娟.2007.承诺类言语行为中的语义韵和被承诺的角色——基于语料库的承诺类言语行为的言后效果研究[D].上海交通大学.

谢敏.2008.形成性评估在大学英语写作教学中的运用[J].西南民族大学学报,第8期,245—247.

谢银凤.2006.语料库数据驱动对commit一词的语义韵研究[J].兰州工业高等专科学校学报,第3期,54—58.

徐宏亮.2011.中国高级英语学习者学术语篇中的作者立场标记语的使用特点——一项基于语料库的对比研究[J].外语教学,第6期,44—48.

许明武.2008.被动句在科技英语中的信息功能[J].高等工程教育研究,增刊,125—130.

许悦婷.2013.外语教师课堂研究评估素质述评[J].外语测试与教学,第4期,42—50.

颜静兰.2012.TEM8写作新评分标准反馈分析[J].外语测试与教学,第4期,6—13.

杨惠中.2002.语料库语言学导论[M].上海外语教育出版社.

杨磊、宋庆华.2002.写作教学与过程教学法[J].西南民族学院学报,第12期,296—298.

杨玲.2013.作文自动评价系统在高水平学生英语写作学习中的应用[J].现代教育技术,第5期,73—77.

杨永林、罗立胜、张文霞.2004.一种基于数字化教学理念的写作训练系统[J].外语电化教学,第4期,4—10,16.

杨元兴、何桂金、徐继旺.2007.英语句型大全[M].上海:上海外语教育出版社.

杨元嫒.2007.基于语料库的awfully和bitterly两词用法研究[J].宁波教育学院学报,第6期,56—61.

尹丽娟.2008.从功能句子观角度谈英语流畅段落的写作技巧[J].中国外语,第1期,60—63.

于琴妹.2008.非英语专业大学生英语写作中的口语化倾向——一项基于语料库的研究[J].江苏技术师范学院学报,第8期,106—109.

余卫华.2002.需求分析在外语教学中的作用[J].外语与外语教学,第8期,20—23.

张北镇、周江林.2008.基于语料库的语义韵研究[J].安康学院学报,第2期,54—56.

张德禄.2011.系统功能语言学[J].中国外语,第3期,1,65.

张乐、李晶洁.2012.学术语篇中的篇章性句干:型式、功能及双语对等[J].山东外语教学,第6期,45—51.

张乐、陆军.2015.科技文本中的it评价性词块:语料库驱动的短语对等原则与方法

[J].外语教学,第 5 期,35—39.

张乐、卫乃兴.2013.学术论文中篇章性句干的型式和功能研究[J].解放军外国语学院学报,第 2 期,8—15.

张漱梅.2012.英语写作档案袋实施中的动态评价[J].教育评论,第 2 期,111—113.

张晓华.2007.学生互评中英语写作评分标准的细化研究[J].内蒙古农业大学学报(社会科学版),第 1 期,214—216.

张艳红、程东元.2007.网络环境下大学英语写作能力培养模式的设计与实践.外语电化教学,第 4 期,26—31.

张艳莉、彭康洲.2012.TEM8 写作考试评分员差异性研究[J].外语电化教学,第 1 期,42—46.

章文君.2008.CBI 与工学结合的高职专业英语教学创新——以"电子商务专业英语"为例[J].外语界,第 3 期,26—32.

赵珂、王志军、蔡莉.2013.基于计算机信息技术的英语学术写作能力发展模式研究[J].外语教学,第 5 期,56—60.

赵同领、田勇泉.2013.国外自主学习的若干模型:述评和启示[J].现代大学教育,第 6 期,54—60.

甄凤超、王华.2010.学习者语料库数据在外语教学中的应用:思想与方法[J].外语界,第 6 期,72—77,90.

周莉红.2006.大学生英语写作自我评估的信度研究[J].江西教育科研,第 8 期,43—44.

祝珣.2015.基于学习者需求分析的大学英语课程设置[J].北京师范大学学报(社会科学版),第 1 期,97—103.

中华人民共和国教育部高等教育司.2012.普通高等学校本科专业目录和专业介绍(2012 年)[M].北京:高等教育出版社.

中华人民共和国教育部.2011.关于印发《学位授予和人才培养学科目录(2011 年)》的通知:学位〔2011〕11 号[Z/OL]. http://www.moe.gov.cn/srcsite/A22/moe_833/201103/t20110308_116439.html.

中华人民共和国中央人民政府.2006.国家中长期科学和技术发展规划纲要(2006—2020 年)[Z/OL]. http://www.gov.cn/ztzl/kjfzgh/.

邹申、杨任明.2002.他们如何使用写作评分标准?——TEM4 新老评分员调查[J].国外外语教学,第 3 期,1—5.

邹晓燕、陈坚林.2016.基于两种需求的大学英语生态化课程设置研究[J].外语教学,第 3 期,51—55.

附 录

附录1　EGP 子库部分词表

排　序	词　语	频　数	百分比(%)
1	the	39,369	4.92
2	to	27,546	3.44
3	and	19,290	2.41
4	of	17,602	2.20
5	in	17,469	2.18
6	is	17,066	2.13
7	a	16,616	2.08
8	we	12,690	1.59
9	can	10,540	1.32
10	it	9,405	1.17
11	that	8,600	1.07
12	I	7,951	0.99
13	you	7,773	0.97
14	are	7,109	0.89
15	for	7,104	0.89
16	more	6,901	0.86
17	on	6,439	0.80
18	as	6,392	0.80
19	people	5,911	0.74
20	they	5,876	0.73
21	with	5,869	0.73
22	have	5,847	0.73
23	be	5,606	0.70

(续表)

排序	词语	频数	百分比(%)
24	our	5,400	0.67
25	will	5,250	0.66
26	not	4,907	0.61
27	but	4,758	0.59
28	so	4,529	0.57
29	my	4,127	0.52
30	life	3,899	0.49
31	their	3,639	0.45
32	some	3,557	0.44
33	students	3,467	0.43
34	us	3,461	0.43
35	from	3,395	0.42
36	all	3,252	0.41
37	there	3,065	0.38
38	time	3,064	0.38
39	should	2,940	0.37
40	many	2,897	0.36
41	when	2,849	0.36
42	internet	2,843	0.36
43	which	2,840	0.35
44	or	2,785	0.35
45	do	2,702	0.34
46	knowledge	2,695	0.34
47	this	2,671	0.33
48	one	2,629	0.33
49	by	2,627	0.33
50	what	2,601	0.32
51	make	2,599	0.32
52	also	2,563	0.32
53	think	2,549	0.32
54	if	2,500	0.31
55	has	2,466	0.31
56	only	2,407	0.30
57	face	2,389	0.30
58	your	2,303	0.29

(续表)

排 序	词 语	频 数	百分比(%)
59	other	2,195	0.27
60	get	2,165	0.27
61	study	2,081	0.26
62	because	2,048	0.26
63	good	1,983	0.25
64	them	1,968	0.25
65	important	1,963	0.25
66	college	1,958	0.24
67	no	1,951	0.24
68	at	1,912	0.24
69	way	1,840	0.23
70	who	1,818	0.23
71	most	1,751	0.22
72	campus	1,741	0.22
73	education	1,710	0.21
74	may	1,699	0.21
75	an	1,697	0.21
76	about	1,696	0.21
77	English	1,693	0.21
78	first	1,670	0.21
79	know	1,658	0.21
80	like	1,634	0.20
81	others	1,601	0.20
82	he	1,591	0.20
83	me	1,533	0.19
84	success	1,484	0.19
85	learn	1,454	0.18
86	books	1,412	0.18
87	want	1,384	0.17
88	however	1,352	0.17
89	live	1,328	0.17
90	love	1,310	0.16
91	university	1,297	0.16
92	need	1,277	0.16
93	just	1,271	0.16

(续表)

排　序	词　语	频　数	百分比(%)
94	very	1,266	0.16
95	nature	1,239	0.15
96	reading	1,231	0.15
97	how	1,202	0.15
98	help	1,191	0.15
99	exams	1,185	0.15
100	than	1,182	0.15

附录2 EOP子库部分词表

排序	词语	频数	百分比(%)
1	the	47,566	5.55
2	and	28,097	3.28
3	to	24,621	2.87
4	of	24,471	2.86
5	I	21,398	2.50
6	in	20,990	2.45
7	a	15,874	1.85
8	is	13,645	1.59
9	company	10,282	1.20
10	for	8,939	1.04
11	you	7,208	0.84
12	my	6,682	0.78
13	it	6,523	0.76
14	can	6,336	0.74
15	that	6,200	0.72
16	have	6,033	0.70
17	as	5,457	0.64
18	with	4,984	0.58
19	we	4,854	0.57
20	on	4,740	0.55
21	your	4,714	0.55
22	will	4,625	0.54
23	our	4,358	0.51
24	more	3,963	0.46
25	so	3,784	0.44
26	has	3,778	0.44
27	work	3,773	0.44
28	be	3,603	0.42
29	this	3,573	0.42
30	are	3,425	0.40
31	from	3,069	0.36

(续表)

排 序	词 语	频 数	百分比(%)
32	at	2,974	0.35
33	am	2,808	0.33
34	which	2,798	0.33
35	me	2,780	0.32
36	also	2,552	0.30
37	by	2,527	0.29
38	time	2,494	0.29
39	if	2,432	0.28
40	was	2,428	0.28
41	all	2,345	0.27
42	an	2,335	0.27
43	China	2,308	0.27
44	products	2,308	0.27
45	some	2,210	0.26
46	development	2,093	0.24
47	job	2,092	0.24
48	make	2,052	0.24
49	not	1,990	0.23
50	one	1,989	0.23
51	but	1,964	0.23
52	construction	1,934	0.23
53	its	1,917	0.22
54	about	1,913	0.22
55	good	1,904	0.22
56	first	1,883	0.22
57	people	1,789	0.21
58	their	1,735	0.20
59	technology	1,724	0.20
60	many	1,697	0.20
61	very	1,635	0.19
62	university	1,626	0.19
63	do	1,623	0.19
64	there	1,599	0.19
65	dear	1,575	0.18
66	they	1,536	0.18

(续表)

排序	词语	频数	百分比(%)
67	customers	1,519	0.18
68	service	1,517	0.18
69	because	1,504	0.18
70	new	1,471	0.17
71	hope	1,466	0.17
72	years	1,462	0.17
73	lot	1,458	0.17
74	position	1,453	0.17
75	quality	1,404	0.16
76	business	1,399	0.16
77	experience	1,368	0.16
78	sales	1,367	0.16
79	think	1,364	0.16
80	world	1,357	0.16
81	other	1,338	0.16
82	most	1,328	0.16
83	get	1,298	0.15
84	or	1,297	0.15
85	product	1,281	0.15
86	group	1,251	0.15
87	best	1,250	0.15
88	want	1,250	0.15
89	internet	1,227	0.14
90	when	1,218	0.14
91	research	1,211	0.14
92	than	1,210	0.14
93	staff	1,197	0.14
94	would	1,187	0.14
95	information	1,185	0.14
96	market	1,185	0.14
97	like	1,172	0.14
98	well	1,168	0.14
99	Chinese	1,152	0.13
100	environment	1,147	0.13

附录3 EAP子库部分词表

排序	词语	频数	百分比(%)
1	the	162,492	8.22
2	of	92,241	4.67
3	and	73,019	3.69
4	in	33,385	1.69
5	to	29,868	1.51
6	is	26,915	1.36
7	a	18,486	0.94
8	on	15,579	0.79
9	with	14,069	0.71
10	for	12,146	0.61
11	by	11,645	0.59
12	as	10,750	0.54
13	this	10,423	0.53
14	was	10,175	0.51
15	that	10,122	0.51
16	are	9,634	0.49
17	system	8,640	0.44
18	were	7,123	0.36
19	which	7,006	0.35
20	has	6,835	0.35
21	can	6,823	0.35
22	it	6,711	0.34
23	method	6,054	0.31
24	be	5,887	0.30
25	paper	5,385	0.27
26	we	5,256	0.27
27	based	5,254	0.27
28	results	5,243	0.27
29	model	5,081	0.26
30	research	4,876	0.25
31	analysis	4,749	0.24

(续表)

排 序	词 语	频 数	百分比(%)
32	at	4,743	0.24
33	high	4,485	0.23
34	temperature	4,382	0.22
35	different	4,079	0.21
36	from	4,059	0.21
37	time	4,014	0.20
38	process	3,966	0.20
39	have	3,936	0.20
40	structure	3,810	0.19
41	used	3,803	0.19
42	control	3,698	0.19
43	also	3,697	0.19
44	development	3,535	0.18
45	design	3,529	0.18
46	more	3,476	0.18
47	an	3,466	0.18
48	been	3,421	0.17
49	technology	3,365	0.17
50	study	3,312	0.17
51	energy	3,310	0.17
52	performance	3,194	0.16
53	using	3,172	0.16
54	data	3,117	0.16
55	two	3,024	0.15
56	its	2,997	0.15
57	between	2,876	0.15
58	then	2,861	0.14
59	algorithm	2,819	0.14
60	water	2,797	0.14
61	heat	2,712	0.14
62	network	2,626	0.13
63	effect	2,584	0.13
64	than	2,574	0.13
65	not	2,550	0.13
66	simulation	2,484	0.13

(续表)

排 序	词 语	频 数	百分比(%)
67	so	2,462	0.12
68	rate	2,457	0.12
69	properties	2,443	0.12
70	main	2,434	0.12
71	through	2,420	0.12
72	important	2,417	0.12
73	when	2,409	0.12
74	under	2,396	0.12
75	test	2,333	0.12
76	low	2,308	0.12
77	but	2,275	0.12
78	new	2,270	0.11
79	one	2,146	0.11
80	theory	2,134	0.11
81	some	2,097	0.11
82	will	2,080	0.11
83	surface	2,075	0.10
84	characteristics	2,069	0.10
85	three	2,025	0.10
86	after	2,007	0.10
87	use	2,002	0.10
88	into	1,972	0.10
89	or	1,949	0.10
90	methods	1,946	0.10
91	conditions	1,940	0.10
92	parameters	1,939	0.10
93	order	1,920	0.10
94	value	1,899	0.10
95	such	1,878	0.10
96	other	1,862	0.09
97	studied	1,850	0.09
98	field	1,837	0.09
99	efficiency	1,825	0.09
100	power	1,800	0.09

附录 4　CLEC 部分词表

排　序	词　语	频　数	百分比(%)
1	the	26,722	5.52
2	to	14,863	3.07
3	and	11,545	2.39
4	in	10,845	2.24
5	we	10,627	2.20
6	of	10,094	2.09
7	is	8,759	1.81
8	a	8,510	1.76
9	it	7,408	1.53
10	I	5,881	1.22
11	can	5,815	1.20
12	you	5,209	1.08
13	that	4,517	0.93
14	do	4,471	0.92
15	for	4,395	0.91
16	water	4,281	0.88
17	they	3,793	0.78
18	are	3,587	0.74
19	more	3,420	0.71
20	people	3,343	0.69
21	so	3,310	0.68
22	will	3,226	0.67
23	our	2,912	0.60
24	have	2,809	0.58
25	job	2,798	0.58
26	but	2,772	0.57
27	on	2,772	0.57
28	fresh	2,605	0.54
29	should	2,597	0.54
30	be	2,592	0.54
31	know	2,548	0.53

(续表)

排 序	词 语	频 数	百分比(%)
32	as	2,543	0.53
33	with	2,380	0.49
34	some	2,358	0.49
35	he	2,214	0.46
36	time	2,194	0.45
37	not	2,188	0.45
38	life	2,180	0.45
39	my	2,132	0.44
40	if	2,124	0.44
41	from	2,080	0.43
42	many	2,062	0.43
43	society	2,014	0.42
44	when	1,993	0.41
45	all	1,979	0.41
46	must	1,892	0.39
47	think	1,838	0.38
48	make	1,795	0.37
49	get	1,778	0.37
50	their	1,767	0.37
51	this	1,766	0.37
52	world	1,766	0.37
53	work	1,713	0.35
54	there	1,705	0.35
55	one	1,697	0.35
56	was	1,691	0.35
57	practice	1,658	0.34
58	makes	1,615	0.33
59	good	1,561	0.32
60	very	1,559	0.32
61	us	1,541	0.32
62	fake	1,467	0.30
63	at	1,450	0.30
64	by	1,441	0.30
65	because	1,398	0.29
66	like	1,374	0.28

（续表）

排　序	词　语	频　数	百分比(%)
67	commodities	1,369	0.28
68	also	1,355	0.28
69	English	1,349	0.28
70	or	1,340	0.28
71	his	1,296	0.27
72	only	1,270	0.26
73	learn	1,240	0.26
74	them	1,221	0.25
75	well	1,220	0.25
76	first	1,210	0.25
77	about	1,160	0.24
78	developing	1,145	0.24
79	other	1,141	0.24
80	example	1,115	0.23
81	want	1,106	0.23
82	years	1,084	0.22
83	waste	1,083	0.22
84	what	1,069	0.22
85	use	1,028	0.21
86	much	1,021	0.21
87	study	1,021	0.21
88	countries	1,020	0.21
89	has	1,013	0.21
90	campus	992	0.21
91	perfect	977	0.20
92	outside	968	0.20
93	change	955	0.20
94	students	949	0.20
95	haste	941	0.19
96	up	933	0.19
97	then	932	0.19
98	can't	930	0.19
99	take	890	0.18
100	which	882	0.18

附录 5　LOCNESS 部分词表

排　序	词　语	频　数	百分比(%)
1	the	12,102	6.66
2	of	6,470	3.56
3	to	6,080	3.34
4	and	4,844	2.66
5	in	3,785	2.08
6	is	3,731	2.05
7	a	3,605	1.98
8	that	2,920	1.61
9	he	1,900	1.04
10	for	1,740	0.96
11	as	1,669	0.92
12	it	1,645	0.90
13	this	1,616	0.89
14	be	1,583	0.87
15	not	1,382	0.76
16	his	1,349	0.74
17	are	1,187	0.65
18	by	1,132	0.62
19	with	1,129	0.62
20	they	1,055	0.58
21	on	974	0.54
22	was	960	0.53
23	have	867	0.48
24	their	855	0.47
25	has	767	0.42
26	an	764	0.42
27	but	734	0.40
28	which	701	0.39
29	people	695	0.38
30	from	680	0.37
31	or	628	0.35

(续表)

排序	词语	频数	百分比(%)
32	will	628	0.35
33	would	625	0.34
34	at	597	0.33
35	one	572	0.31
36	can	569	0.31
37	more	552	0.30
38	we	524	0.29
39	who	517	0.28
40	all	516	0.28
41	there	501	0.28
42	if	477	0.26
43	when	469	0.26
44	because	468	0.26
45	life	467	0.26
46	also	439	0.24
47	these	421	0.23
48	only	397	0.22
49	been	394	0.22
50	I	388	0.21
51	were	383	0.21
52	what	381	0.21
53	other	379	0.21
54	many	369	0.20
55	so	365	0.20
56	had	361	0.20
57	no	354	0.19
58	however	351	0.19
59	him	344	0.19
60	being	340	0.19
61	do	333	0.18
62	candide	325	0.18
63	about	320	0.18
64	out	310	0.17
65	them	310	0.17
66	should	309	0.17

(续表)

排序	词语	频数	百分比(%)
67	our	300	0.16
68	does	298	0.16
69	her	285	0.16
70	could	282	0.16
71	such	279	0.15
72	into	269	0.15
73	death	263	0.14
74	how	261	0.14
75	some	259	0.14
76	time	257	0.14
77	own	256	0.14
78	its	254	0.14
79	way	254	0.14
80	then	253	0.14
81	than	248	0.14
82	even	246	0.14
83	she	243	0.13
84	up	237	0.13
85	may	233	0.13
86	very	232	0.13
87	make	230	0.13
88	after	226	0.12
89	world	226	0.12
90	European	225	0.12
91	power	224	0.12
92	you	224	0.12
93	any	217	0.12
94	fact	217	0.12
95	argument	212	0.12
96	society	212	0.12
97	theta	210	0.12
98	those	209	0.11
99	therefore	200	0.11
100	first	199	0.11

附录6 BNC 部分词表

排　序	词　语	频　数	百分比(%)
1	the	209,758	5.29
2	of	100,817	2.54
3	to	94,791	2.39
4	and	93,943	2.37
5	a	88,178	2.22
6	in	68,689	1.73
7	it	48,053	1.21
8	I	44,877	1.13
9	that	44,411	1.12
10	you	42,025	1.06
11	is	38,559	0.97
12	was	35,653	0.90
13	he	31,809	0.80
14	for	31,709	0.80
15	on	29,295	0.74
16	be	24,868	0.63
17	with	24,463	0.62
18	as	24,020	0.61
19	have	21,586	0.54
20	but	20,515	0.52
21	at	20,086	0.51
22	not	19,021	0.48
23	had	18,961	0.48
24	she	18,355	0.46
25	this	18,104	0.46
26	are	17,683	0.45
27	they	17,497	0.44
28	his	17,434	0.44
29	by	17,241	0.43
30	one	15,730	0.40
31	no	15,386	0.39

(续表)

排序	词语	频数	百分比(%)
32	there	14,577	0.37
33	her	14,575	0.37
34	from	14,562	0.37
35	yeah	14,326	0.36
36	we	14,109	0.36
37	what	13,960	0.35
38	said	13,004	0.33
39	or	12,923	0.33
40	so	12,126	0.31
41	all	11,907	0.30
42	which	11,789	0.30
43	an	11,671	0.29
44	do	11,418	0.29
45	if	11,321	0.29
46	well	11,209	0.28
47	up	11,068	0.28
48	been	10,937	0.28
49	were	10,864	0.27
50	oh	10,640	0.27
51	know	10,533	0.27
52	it's	10,197	0.26
53	can	9,933	0.25
54	out	9,862	0.25
55	like	9,258	0.23
56	has	9,139	0.23
57	then	8,970	0.23
58	when	8,911	0.22
59	about	8,862	0.22
60	would	8,822	0.22
61	them	8,784	0.22
62	got	8,712	0.22
63	don't	8,618	0.22
64	their	8,477	0.21
65	will	8,420	0.21
66	two	8,271	0.21

(续表)

排序	词语	频数	百分比(%)
67	him	8,164	0.21
68	just	8,051	0.20
69	more	7,703	0.19
70	now	7,494	0.19
71	me	7,333	0.18
72	who	7,255	0.18
73	get	7,170	0.18
74	go	7,126	0.18
75	some	6,849	0.17
76	that's	6,712	0.17
77	could	6,575	0.17
78	time	6,332	0.16
79	think	6,195	0.16
80	right	6,168	0.16
81	your	6,080	0.15
82	only	6,072	0.15
83	see	6,010	0.15
84	into	6,000	0.15
85	my	5,989	0.15
86	did	5,738	0.14
87	mm	5,690	0.14
88	other	5,626	0.14
89	than	5,461	0.14
90	down	5,253	0.13
91	over	5,133	0.13
92	back	5,106	0.13
93	yes	4,886	0.12
94	where	4,852	0.12
95	very	4,710	0.12
96	its	4,681	0.12
97	these	4,603	0.12
98	how	4,555	0.11
99	any	4,547	0.11
100	after	4,536	0.11

附录 7 EOP-letter 部分词表

排 序	词 语	频 数	百分比(%)
1	I	21,320	5.50
2	the	18,089	4.67
3	to	13,340	3.44
4	and	11,768	3.04
5	in	9,316	2.40
6	of	8,844	2.28
7	a	7,961	2.05
8	my	6,223	1.61
9	for	5,282	1.36
10	you	5,036	1.30
11	company	4,753	1.23
12	is	4,667	1.20
13	can	4,306	1.11
14	have	4,281	1.10
15	your	4,248	1.10
16	that	3,844	0.99
17	work	3,228	0.83
18	will	2,915	0.75
19	am	2,615	0.67
20	me	2,564	0.66
21	it	2,502	0.65
22	as	2,255	0.58
23	so	2,240	0.58
24	be	2,171	0.56
25	this	2,154	0.56
26	we	2,132	0.55
27	on	2,077	0.54
28	job	2,009	0.52
29	with	2,003	0.52
30	our	1,967	0.51
31	from	1,861	0.48

(续表)

排 序	词 语	频 数	百分比(%)
32	at	1,793	0.46
33	if	1,758	0.45
34	time	1,641	0.42
35	dear	1,549	0.40
36	more	1,520	0.39
37	some	1,504	0.39
38	construction	1,488	0.38
39	university	1,393	0.36
40	position	1,327	0.34
41	an	1,322	0.34
42	hope	1,293	0.33
43	make	1,237	0.32
44	also	1,206	0.31
45	do	1,177	0.30
46	good	1,168	0.30
47	are	1,154	0.30
48	which	1,129	0.29
49	lot	1,110	0.29
50	experience	1,100	0.28
51	about	1,091	0.28
52	because	1,063	0.27
53	think	1,056	0.27
54	not	1,018	0.26
55	but	1,010	0.26
56	very	1,008	0.26
57	all	972	0.25
58	get	970	0.25
59	would	967	0.25
60	hard	956	0.25
61	staff	928	0.24
62	sir	927	0.24
63	give	902	0.23
64	major	881	0.23
65	there	847	0.22
66	want	842	0.22

(续表)

排　序	词　语	频　数	百分比(%)
67	water	830	0.21
68	environment	827	0.21
69	was	818	0.21
70	electricity	797	0.21
71	working	793	0.20
72	interview	787	0.20
73	when	777	0.20
74	sincerely	765	0.20
75	best	762	0.20
76	their	760	0.20
77	many	757	0.20
78	office	728	0.19
79	customers	713	0.18
80	no	709	0.18
81	like	697	0.18
82	school	697	0.18
83	or	690	0.18
84	yours	682	0.18
85	interested	674	0.17
86	parking	673	0.17
87	should	661	0.17
88	student	659	0.17
89	notice	658	0.17
90	believe	656	0.17
91	well	651	0.17
92	what	646	0.17
93	know	638	0.16
94	first	635	0.16
95	myself	621	0.16
96	dust	614	0.16
97	knowledge	612	0.16
98	years	609	0.16
99	by	605	0.16
100	chance	601	0.16

附录8 EOP-company 部分词表

排序	词语	频数	百分比(%)
1	the	29,300	6.29
2	and	16,182	3.48
3	of	15,516	3.33
4	in	11,580	2.49
5	to	11,087	2.38
6	is	8,875	1.91
7	a	7,786	1.67
8	company	5,754	1.24
9	it	4,330	0.93
10	for	3,603	0.77
11	has	3,278	0.70
12	as	3,167	0.68
13	with	2,949	0.63
14	we	2,634	0.57
15	on	2,629	0.56
16	that	2,379	0.51
17	more	2,366	0.51
18	our	2,345	0.50
19	are	2,209	0.47
20	can	2,170	0.47
21	you	2,164	0.46
22	products	2,151	0.46
23	China	2,100	0.45
24	its	1,982	0.43
25	by	1,905	0.41
26	development	1,767	0.38
27	have	1,701	0.37
28	will	1,679	0.36
29	which	1,636	0.35
30	I	1,627	0.35
31	was	1,610	0.35

（续表）

排　序	词　语	频　数	百分比(%)
32	so	1,514	0.33
33	one	1,429	0.31
34	this	1,409	0.30
35	be	1,401	0.30
36	service	1,358	0.29
37	all	1,346	0.29
38	also	1,315	0.28
39	technology	1,247	0.27
40	world	1,231	0.26
41	first	1,227	0.26
42	quality	1,222	0.26
43	business	1,220	0.26
44	people	1,207	0.26
45	from	1,181	0.25
46	sales	1,171	0.25
47	at	1,167	0.25
48	product	1,148	0.25
49	group	1,147	0.25
50	new	1,113	0.24
51	Chinese	1,094	0.23
52	market	1,091	0.23
53	writing	1,079	0.23
54	than	1,066	0.23
55	most	1,007	0.22
56	an	999	0.21
57	they	977	0.21
58	services	959	0.21
59	their	951	0.20
60	Huawei	950	0.20
61	research	939	0.20
62	ABC	938	0.20
63	high	934	0.20
64	not	933	0.20
65	but	925	0.20
66	other	921	0.20

(续表)

排序	词语	频数	百分比(%)
67	many	901	0.19
68	food	886	0.19
69	years	868	0.19
70	time	837	0.18
71	customers	834	0.18
72	management	798	0.17
73	about	797	0.17
74	internet	791	0.17
75	make	787	0.17
76	after	767	0.16
77	production	744	0.16
78	there	741	0.16
79	mobile	737	0.16
80	good	721	0.15
81	now	719	0.15
82	enterprise	718	0.15
83	industry	718	0.15
84	brand	714	0.15
85	up	700	0.15
86	information	687	0.15
87	founded	683	0.15
88	companies	682	0.15
89	some	667	0.14
90	only	660	0.14
91	Tencent	659	0.14
92	largest	654	0.14
93	if	649	0.14
94	such	642	0.14
95	institute	626	0.13
96	very	619	0.13
97	been	615	0.13
98	system	614	0.13
99	Alibaba	606	0.13
100	or	594	0.13

附录 9 EOP 参照库-letter 部分词表

排　序	词　语	频　数	百分比(%)
1	I	2,439	4.36
2	to	2,079	3.72
3	the	2,023	3.61
4	and	2,004	3.58
5	my	1,558	2.78
6	in	1,506	2.69
7	of	1,409	2.52
8	a	1,287	2.30
9	for	1,056	1.89
10	have	677	1.21
11	you	643	1.15
12	with	638	1.14
13	as	629	1.12
14	your	619	1.11
15	that	562	1.00
16	am	450	0.80
17	me	407	0.73
18	this	393	0.70
19	at	363	0.65
20	an	337	0.60
21	be	332	0.59
22	from	313	0.56
23	is	313	0.56
24	would	304	0.54
25	on	283	0.51
26	position	270	0.48
27	company	268	0.48
28	experience	263	0.47
29	resume	262	0.47
30	time	257	0.46
31	will	239	0.43

(续表)

排　序	词　语	频　数	百分比(%)
32	was	230	0.41
33	also	209	0.37
34	work	203	0.36
35	years	198	0.35
36	can	172	0.31
37	it	168	0.30
38	dear	164	0.29
39	skills	161	0.29
40	job	145	0.26
41	working	145	0.26
42	are	140	0.25
43	sincerely	129	0.23
44	if	128	0.23
45	opportunity	128	0.23
46	like	126	0.23
47	forward	125	0.22
48	has	125	0.22
49	yours	124	0.22
50	look	119	0.21
51	thank	116	0.21
52	been	114	0.20
53	feel	111	0.20
54	business	110	0.20
55	which	108	0.19
56	well	107	0.19
57	very	106	0.19
58	information	105	0.19
59	by	103	0.18
60	please	103	0.18
61	any	102	0.18
62	new	102	0.18
63	team	101	0.18
64	career	100	0.18
65	Mr	99	0.18
66	all	95	0.17

(续表)

排 序	词 语	频 数	百分比(%)
67	more	91	0.16
68	not	91	0.16
69	worked	90	0.16
70	believe	87	0.16
71	management	87	0.16
72	one	84	0.15
73	or	84	0.15
74	qualifications	84	0.15
75	sales	84	0.15
76	contact	83	0.15
77	s	83	0.15
78	school	83	0.15
79	professional	82	0.15
80	office	80	0.14
81	background	79	0.14
82	taking	77	0.14
83	year	76	0.14
84	during	75	0.13
85	addition	74	0.13
86	current	73	0.13
87	degree	73	0.13
88	these	73	0.13
89	after	72	0.13
90	field	72	0.13
91	myself	72	0.13
92	assistant	70	0.13
93	employment	70	0.13
94	writing	70	0.13
95	about	68	0.12
96	interview	67	0.12
97	manager	65	0.12
98	training	65	0.12
99	further	64	0.11
100	over	64	0.11

附录10 EOP参照库-company部分词表

排序	词语	频数	百分比(%)
1	the	43,317	4.86
2	and	35,911	4.03
3	to	22,069	2.48
4	of	21,868	2.46
5	in	16,434	1.84
6	a	16,198	1.82
7	for	10,290	1.16
8	with	9,731	1.09
9	is	9,159	1.03
10	your	6,470	0.73
11	you	6,006	0.67
12	on	5,729	0.64
13	our	5,210	0.58
14	as	5,098	0.57
15	that	4,950	0.56
16	it	4,671	0.52
17	or	4,583	0.51
18	we	4,411	0.50
19	are	4,052	0.45
20	by	3,794	0.43
21	from	3,671	0.41
22	this	3,231	0.36
23	an	2,987	0.34
24	can	2,982	0.33
25	s	2,889	0.32
26	its	2,607	0.29
27	all	2,496	0.28
28	has	2,461	0.28
29	be	2,446	0.27
30	at	2,441	0.27
31	more	2,350	0.26

(续表)

排序	词语	频数	百分比(%)
32	will	2,232	0.25
33	company	2,221	0.25
34	have	2,076	0.23
35	also	1,965	0.22
36	new	1,910	0.21
37	business	1,788	0.20
38	one	1,752	0.20
39	up	1,710	0.19
40	which	1,672	0.19
41	use	1,615	0.18
42	was	1,561	0.18
43	not	1,523	0.17
44	product	1,509	0.17
45	quality	1,476	0.17
46	power	1,471	0.17
47	products	1,429	0.16
48	group	1,406	0.16
49	other	1,404	0.16
50	into	1,383	0.16
51	high	1,349	0.15
52	when	1,346	0.15
53	their	1,315	0.15
54	world	1,315	0.15
55	than	1,311	0.15
56	any	1,221	0.14
57	time	1,209	0.14
58	life	1,175	0.13
59	most	1,158	0.13
60	first	1,153	0.13
61	over	1,145	0.13
62	sound	1,141	0.13
63	through	1,125	0.13
64	system	1,123	0.13
65	no	1,122	0.13
66	so	1,097	0.12

(续表)

排序	词语	频数	百分比(%)
67	control	1,095	0.12
68	development	1,075	0.12
69	energy	1,053	0.12
70	out	1,035	0.12
71	easy	1,023	0.11
72	technology	1,018	0.11
73	China	985	0.11
74	customers	953	0.11
75	management	942	0.11
76	oil	931	0.10
77	well	930	0.10
78	if	922	0.10
79	they	917	0.10
80	these	915	0.10
81	but	913	0.10
82	like	889	0.10
83	such	888	0.10
84	best	883	0.10
85	music	869	0.10
86	services	865	0.10
87	features	855	0.10
88	audio	843	0.09
89	c	843	0.09
90	work	838	0.09
91	including	831	0.09
92	two	831	0.09
93	while	826	0.09
94	home	825	0.09
95	make	816	0.09
96	been	814	0.09
97	each	808	0.09
98	year	805	0.09
99	free	796	0.09
100	people	789	0.09

附录11 EAP参照语料库部分词表

排序	词语	频数	百分比(%)
1	the	149,122	6.72
2	of	85,082	3.84
3	and	68,903	3.11
4	to	57,375	2.59
5	in	44,919	2.03
6	a	44,190	1.99
7	is	25,549	1.15
8	for	25,356	1.14
9	with	17,139	0.77
10	this	16,672	0.75
11	that	16,007	0.72
12	on	14,605	0.66
13	as	14,327	0.65
14	was	14,114	0.64
15	are	13,510	0.61
16	by	11,468	0.52
17	were	11,379	0.51
18	be	10,243	0.46
19	an	9,845	0.44
20	from	9,598	0.43
21	at	7,946	0.36
22	using	7,065	0.32
23	used	6,998	0.32
24	system	6,205	0.28
25	which	6,184	0.28
26	can	6,111	0.28
27	it	6,020	0.27
28	results	5,959	0.27
29	these	5,921	0.27
30	model	5,834	0.26
31	data	5,566	0.25

(续表)

排 序	词 语	频 数	百分比(%)
32	has	5,428	0.24
33	have	5,310	0.24
34	study	5,109	0.23
35	based	4,840	0.22
36	or	4,683	0.21
37	also	4,455	0.20
38	been	4,396	0.20
39	two	4,198	0.19
40	design	4,184	0.19
41	high	4,007	0.18
42	time	3,871	0.17
43	different	3,832	0.17
44	such	3,714	0.17
45	not	3,689	0.17
46	energy	3,679	0.17
47	we	3,645	0.16
48	analysis	3,617	0.16
49	water	3,590	0.16
50	research	3,573	0.16
51	performance	3,486	0.16
52	between	3,413	0.15
53	method	3,321	0.15
54	thesis	3,294	0.15
55	use	3,229	0.15
56	more	3,170	0.14
57	power	2,965	0.13
58	systems	2,886	0.13
59	one	2,831	0.13
60	both	2,829	0.13
61	developed	2,811	0.13
62	than	2,787	0.13
63	their	2,782	0.13
64	process	2,699	0.12
65	temperature	2,656	0.12
66	work	2,609	0.12

(续表)

排序	词语	频数	百分比(%)
67	well	2,551	0.12
68	due	2,520	0.11
69	when	2,505	0.11
70	flow	2,497	0.11
71	into	2,495	0.11
72	properties	2,487	0.11
73	through	2,478	0.11
74	its	2,443	0.11
75	low	2,406	0.11
76	however	2,401	0.11
77	will	2,400	0.11
78	compared	2,395	0.11
79	control	2,363	0.11
80	order	2,362	0.11
81	surface	2,342	0.11
82	models	2,332	0.11
83	conditions	2,322	0.10
84	all	2,308	0.10
85	each	2,268	0.10
86	three	2,260	0.10
87	other	2,250	0.10
88	found	2,244	0.10
89	methods	2,239	0.10
90	test	2,229	0.10
91	during	2,213	0.10
92	new	2,210	0.10
93	but	2,100	0.09
94	while	1,996	0.09
95	over	1,991	0.09
96	most	1,988	0.09
97	parameters	1,928	0.09
98	proposed	1,903	0.09
99	first	1,857	0.08
100	effect	1,850	0.08

附录12　英语写作课程需求调查问卷

亲爱的同学：

您好！此问卷关于理工科大学生的英语写作课程需求。我们会对您的所有信息保密。请您根据个人实际情况认真填写。非常感谢您的热情参与及合作！

一、个人信息

请在符合您情况的选项上打钩或在横线上填写信息。

1. 您的性别是_____。
   A. 男　　　　B. 女
2. 您的专业是_____。
   A. 理科　　　B. 工科
3. 您所在高校_____。

二、陈述项

此部分有5项陈述句。每项陈述句右边的数字"**1**"代表"从不"；"**2**"代表"偶尔"；"**3**"代表"有时"；"**4**"代表"经常"；"**5**"代表"总是"。请在您认为合适的数字上划"√"。

1. 写英语作文时我会熟练运用词汇。　　　　　　　1　2　3　4　5
2. 写英语作文时我会关注是否有语法错误。　　　　1　2　3　4　5
3. 我鼓励自己尽量把学过的词、句用于英语写作中。1　2　3　4　5
4. 我的老师在教英语写作时，会要求学生背诵作文常用句型。
   　　　　　　　　　　　　　　　　　　　　　　1　2　3　4　5
5. 我的老师在批改英语作文时，会详细纠正学生的拼写、词汇以及语法错误。　　　　　　　　　　　　　　　　　　1　2　3　4　5

三、选择题

请在符合您情况的选项上打钩。

6. 您英语写作中的主要问题有哪些？（可多选）
   A. 不知该如何下笔　　　　　B. 不知该写什么内容

C. 总是先想到汉语 D. 不会使用学过的词汇和结构
E. 不知如何自我检查 F. 对写作没兴趣
G. 其他,请注明_____

7. 您在写作的哪些环节需要帮助?(可多选)
   A. 拓展思路 B. 撰写提纲
   C. 撰写正文 D. 遣词造句
   E. 修辞润色 F. 其他,请注明_____

8. 您平时在英语写作中最容易犯的错误是什么?(最多选三项)
   A. 审题错误 B. 词语乱用
   C. 人称使用错误 D. 句型单一
   E. 词汇量局限 F. 时态混乱
   G. 语态混乱,主动与被动不分 H. 标点乱用
   I. 句型混乱 J. 其他,请注明_____

9. 您在英语写作中遇到的最常见的问题是什么?(最多选三项)
   A. 中式英语严重 B. 不知口语和书面语的差别
   C. 语言不符合语法 D. 用词不准确
   E. 不能准确表达思想 F. 缺乏英语语感
   G. 单词拼写能力差 H. 不了解写作技巧
   I. 其他,请注明_____